LES PORTRAITS

DES

HOMMES ILLVSTRES

FRANÇOIS

QVI SONT PEINTS DANS LA GALLERIE
DV IALAIS CARDINAL DE RICHELIEV:

AVEC LEVRS PRINCIPALES ACTIONS, ARMES,
Deuiſes, & Eloges Latins; Deſſeignez & grauez par les Sieurs HEINCE &
BIGNON, Peintres & Graueurs ordinaires du Roy.

DEDIEZ A MONSEIGNEVR

SEGVIER CHANCELIER

DE FRANCE, COMTE DE GYEN, &c.

ENSEMBLE LIS ABREGEZ HISTORIQVES DE LEVRS VIES,
COMPOSEZ PAR M. DE WLSON, SIEVR DE LA COLOMBIERE,
Gentilhomme ordinaire de la Chambre du Roy, &c.

A PARIS,

Chez HENRY S.RA, Imprimeur & Libraire ordinaire de ſon Alteſſe Royale, au
Mont Sainct Hiaire, pres le Puits Certain.

Et au Palais, chez IEAN PASLE, & CHARLES DESERCY, En la Galerie Dauphine.

Et chez les AVTIEVRS, ruë S. Honoré, au Singe d'or, proche le Palais Cardinal.

M. DC. L.

AVEC PRIZILEGE DV ROY.

ÆDIS CARDINALITIÆ PORTICVS SVMMORVM
GALLIÆ REGVM PRINCIPVM DVCVM,
HEROVMQVE IMAGINES ACTA SYMBOLA
ET ELOGIA STYLO REFERENS ET VERBIS ADORNANS
a Zac: Heince delineata, Franc. Bignon Sculpta et Illustr.
D. Petro Brisset F. Concell.

PETRVS SEGVIER
FRACIÆ CANCELLARIVS

A
MONSEIGNEVR
MONSEIGNEVR
SEGVIER
CHANCELIER DE FRANCE,
COMTE DE GYEN, &c.

ONSEIGNEVR,

COMME les Lettres & le Burin sont les plus nobles Instrumens dont la Gloire se sert pour eterniser la Memoire des grands Personnages ; & qu'elle ne se contente pas que leur Nom & leurs Actions viuent dans les Histoires, mais qu'elle tâche de conseruer les traits & les lineamens de leur visage, afin que rien ne manque à l'Immortalité qu'elle leur veut donner ; Nous auons crû que nous satisferions à ce qu'elle demande de nostre trauail, si nous donnions au Public les Portraits de tous ces grands Hommes qui ont esté les Anges Tutelaires de la France, & qui par leur Valeur & par leurs Conseils l'ont renduë la plus Illustre & la plus Florissante de toutes les Monarchies. Vous sçauez, MONSEIGNEVR, que le grand Cardinal de RICHELIEV les auoit voulu auoir pour Domestiques, & qu'il auoit desiré que ces grands Exemples fussent toûjours deuant ses yeux, pour animer d'autant plus la passion qu'il auoit pour la grandeur de cet Estat. Mais si en les tirant de son Palais, & les rendant communs à tous les François, ils pouuoient produire en eux vn pareil effet, & leur inspirer le mesme courage & la mesme fidelité qu'ils ont euë, Vous iugerez bien que nous n'aurions pas rendu peu de seruice, & que nostre dessein merite quelque protection de ceux qui ont de l'amour pour le bien & pour la gloire de la France. N'auons-nous donc pas sujet, MONSEIGNEVR, de vous la demander non seulement comme à l'vn des plus fideles & des plus zelez Ministres qu'elle ait iamais eu, mais encore comme au Protecteur de tous les beaux Arts, & de toutes les belles Connoissances? Aussi bien quand nous en serions indignes, il faudroit toûjours que nous vous missions

à la teste de ces Heros, & que nous les fissions passer dans le Public sous Vostre conduite, puis qu'ils n'ont iamais voulu suiure que la Vertu, & qu'ils s'offenseroient si
on leur donnoit vn autre Chef que celuy qui l'est de la Iustice, & le premier Officier
de cette Couronne, autant par son Merite que par sa Dignité : Outre qu'estant le
Dispensateur des Graces, & l'Interprete des Loix Soueueraines, on ne pouuoit sans
vous retirer de leur Galerie ou prison dorée ces fameux Innocens, pour leur donner
la liberté de courir par tout, & faire retentir encores à present de la Gloire & du
Nom François tous les coins de l'Europe. C'est ce que nous vous demandons pour eux,
MONSEIGNEVR, auec d'autant plus de confiance, qu'ayant esté choisy par cet
Eminent Cardinal pour le digne Depositaire de ses dernieres volontez, & le fidele
Confident de ses intentions, nous esperons que V. GRANDEVR authorisera la
hardiesse que nous auons euë de les executer, & de paracheuer ses desseins : Mais
quand ces raisons cesseroient, ne trahirions-nous pas le nostre ? & ne ferions-nous
pas vne injure à la Posterité, de luy oster la Connoissance de l'Honneur de nos jours,
& de n'accompagner pas ces Morts genereux d'vn Illustre Viuant, qui par ses clartez & lumieres incomparables leur peut seruir de guide par toute la Terre ? Et com-
ment pourrions-nous satisfaire à ce que promet de Grand & d'Auguste le frontispice
de ce Temple, si voulant y representer les Grands Hommes des Siecles passez, &
du nostre, nous en suprimions vn qui possede seul toutes les Vertus dont quelqu'vne
a suffy pour faire meriter à plusieurs la place qu'ils y occupent ? L'Excellence du Iugement, la Sublimité de l'Esprit, la Pureté du Cœur, l'Amour des Sciences & des
Gens de Lettres, la Sagesse dans les Conseils, la Grandeur dans les Desseins, l'In-
tegrité dans les Actions, la Fermeté dans le Courage, la Constance dans les Perils,
la Moderation dans la Puissance, & la Tranquillité de l'Ame en toutes occasions,
ne sont-ce pas des Qualitez Infuses & Graces Preuenantes l'Immortalité qu'elles
donnent ? Si l nous estoit permis de parler, & que la Peinture ne fut pas vne Muette,
qui n'a iamais eu tant d'enuie de rompre son silence, qu'à l'aspect de V. GRAN-
DEVR, que ne dirions-nous pas estans animez d'vn si puissant Objet ? & quel
miracle ne feroit pas en nous vne Diuinité presente, de faire discourir nos Figures,
& changer nos traits en paroles ? Nous dirions que le cours de vostre belle Vie, &
toutes vos Actions, sont aussi justes & reglées que les voyes du Soleil ; Que par tout
où vous paroissez, vous y produisez la bonnace, comme ces feux de bon Augure au
fort de la Tempeste ; Qu'à trauers les Escueils & les difficultez d'vne Nauigation
fâcheuse, vous conduisez sagement au Port le Nauire agité ; Qu'enfin vous estes dans
le calme au dessus des broüillards ; & que vous foulez sous vos pieds le tonnerre &
l'orage : Mais nous esperons que nostre Burin exprimera mieux nos pensées, que
nostre voix & nostre plume, & que V. Bonté excusera la hardiesse de l'vne & de
l'autre ; nous ayant esté impossible de nous taire, & de resister à l'inclination que nous
auons euë en vous consacrant cet Ouurage, de vous offrir auec luy, la langue, le cœur,
& les mains de deux Personnes qui sont,

MONSEIGNEVR,

DE VOSTRE GRANDEVR,

Les Tres-humbles & tres-obeïssans Seruiteurs,
HEINCE & BIGNON.

ADVERTISSEMENT
AV LECTEVR.

L faut aduoüer que les beaux exemples de vertu font de puiſſants motifs pour exciter vne Ame genereuſe à produire tout ce qu'elle peut de loüable & de glorieux , & que le grand Cardinal de Richelieu n'a fait que ſuiure ſon inclination naturelle pendant toute ſa vie , faiſant remarquer en chacune de ſes actions vn miracle exemplaire à la poſterité ; & de tres-grande vtilité à la gloire de ſon Prince. Auſſi n'auoit-il iamais deuant les yeux que ce qu'il y auoit de plus recommandable , qu'il s'acquerroit à force de carreſſes & de bien-faits, comme les raretez de l'Art & de la Nature , les excellents Eſprits en toutes ſortes de ſciences , les grands courages : Enfin ce qu'il y auoit d'exquis & de magnifique ſembloit eſtre ſi neceſſaire à ce grand Genie, qu'il ne s'eſt pas contenté de poſſeder ce qu'il y auoit dans ſon ſiecle, il a voulu foüiller les ſecrets de l'antiquité Françoiſe pour en tirer & s'approprier ce qui luy paroiſſoit digne de ſon choix. Ce ſont ces Illuſtres Heros qu'il a choiſis auec leurs plus memorables actions, les a fait peindre dans ſa Galerie, & les a voulu orner de Diuiſes & d'Eloges pour recompenſer leur vertu, & s'en faire vne eternelle Compagnie. Il eſt vray qu'ayans ietté les yeux ſur tant de merueilles en ſi petit eſpace, & que c'eſtoit le grand Armand qui auoit fait ce bel aſſemblage, nous auons creu que nous rendrions quelque vtilité à noſtre Patrie, & que nous acquerrions de la gloire de noſtre trauail, ſi nous les pouuions faire reuiure par toute l'Europe, & particulierement dans cette Monarchie, auec la pompe de leurs heroyques actions pour animer les veritables François à ſuiure leur exemple. Nous y auons apporté tout ce que la capacité de noſtre Art a pû fournir afin de plaire, & de reſpondre à leur merite, qui demandoit les plus excellentes mains de noſtre âge pour les buriner auec autant de merueilles que leur vie en a produit: Mais afin que vous excuſiez plus volontiers ce qui manquera à voſtre ſatisfaction, nous vous prions de conſiderer qu'il nous falloit deſſeigner dans vn Palais où l'occaſion n'eſt pas touſiours ſi fauorable que l'on y puiſſe entrer quand on veut, qu'il y auoit trois ou quatre cens deſſeins, petits ou grands à repreſenter & grauer auec d'autres ornemens, & qu'à peine pourroit-on trouuer des perſonnes d'vne ſi haute reſolution que la noſtre, d'auoir ozé entreprendre vn ouurage de tant de dépenſe & de ſi longue haleine. Nous y auons adjouſté des Deuiſes & Eloges Latins qui ne ſont pas dans la Galerie, à cauſe de la diſpoſition de certains lieux qui ne les pouuoient contenir, & qu'il failloit quatre Deuiſes à chaſque Portrait, ainſi que nous l'auons veu dans le projet original de feu ſon Eminence, qui nous a ſeruy de ſuplément, & qui nous a fourny ſes armes & ſes glorieuſes marques auec des Diſtiques Latins qu'il auoit choiſis pour compoſer le frontiſpice de ce Liure que nous vous preſentons fidelement pour teſmoignage du reſpect que nous portons à ſa memoire : Et pour vous côtenter encore dauātage, nous y auons joint les Abregez de leurs vies compoſez à noſtre priere par Monſieur Vvlſon de la Colombiere, Gentil-homme ordinaire de la Chambre du Roy, qui les a commencez par Suger Abbé de S. Denis, comme le plus ancien de l'Hiſtoire, pour deſcendre de l'vn à l'autre qui a ſuru[esc]u iuſques à nous, & vous imprimer plus facilement ce qui eſt compris dans ce Volume. Si vous y trouuez du contentement, le ſuccés ſera ſelon noſtre intention ; mais s'il arriuoit autrement, nous vous prions de trouuer bon que nous vous diſions franchement que nous l'auons fait pour la ſatisfaction d'vn autre moins difficile que vous. Adieu.

H. & B.

SEVGERIVS ABAS
Sub Lud. 6. Crasso
Generosius quam pro monacho In
acie conflixit, hostesque non semel
occidione delevit; Religionis et regnj
Cegtbus æquilibrj tenore semper habitis.

SANDIONYSIACVS
et Lud. 7. Iuuene
tantæ aucthoritatis vir atque
prudentiæ fuit, vt Rege In siria fidej
hostes profligante, domj summa
rerum penes eum salua constiterit.

Antiquum est proceres tractare negotia sacros
Regnj huic vtiliter Credita Cura fuit.

ll s'affieta au
le chasteau de
Toury en
Beausse

de cincte
Clarior
exit

Alliance
de Suger
et prend
Son tenement
asperser

abscas
pastor
uulpi credit
ouile

Il ba
recuuoir
le Pape
Callixt en
France

Il
assiste au
Concile
tenu

a Rome
Contre
l'Empereur
Henry 5.

le Roy
pleure
sa mort

Il
fut esleu
Abé de
S. Denis

Scandit
fastigia
virtus

Il faict
rebastir
S. Denis

habitat
mens cautas
recessus

ABREGE DE LA VIE DE L'ABBE' SVGER

GRAND MINISTRE D'ESTAT, ET REGENT DV ROYAVME,
fous le Roy Louis VII. du nom.

A naiffance de Suger ne fut pas fi illuftre que fa vertu & que fa fortune, & l'on peut dire qu'il fut du nombre de ceux qui donnent plus d'efclat à ceux de leur fang qu'ils n'en reçoiuent d'eux, & dont le berceau n'eft pas fi glorieux que le tombeau. Il n'afquit l'an 1122. fous le Regne de Philippes Premier, & fut mis Nouice à l'aage de dix ans en l'Abbaye de S. Denis, au mefme temps que le fils de France L O V I S, qui fut furnommé *le Gros*, eftoit efleué & gardé dans ce Conuent, comme dans vn Seminaire de fageffe, de pieté, de fcience & d'honneur. Suger qui eftoit d'vn efprit vif & agreable fut aimé par ce ieune Prince beaucoup plus qu'aucun autre, pour ce qu'il fe montroit tres-affidu & tres-complaifant, & qu'il luy fourniffoit par fon adreffe mille diuertiffemens qui luy failoient paffer auec moins d'ennuy la contrainte où il eftoit retenu: Et comme les affections de l'enfance durent beaucoup, ce Prince eftant deuenu Roy n'oublia iamais depuis celle dont il auoit honoré Suger, qui de fon cofté profita fi bien de cet aduantage, qu'il s'en feruit comme d'vn efchelon pour s'efleuer à la grâdeur où fa vertu & fon courage luy firent atteindre; l'inclination naturelle qu'il auoit aux lettres, & la continuelle frequentation des plus grands & des plus defliez de la Cour, le rendirent vn des plus fçauans, & vn des plus habiles de fon fiecle; il fut auec l'Abbé Adam au Concile de Poictiers, où il montra les premieres preuues de fon fçauoir & de fa fageffe, & vne annee apres le Pape Pafchal eftant venu en France, il fut choifi par fes confreres pour luy aller au deuant, & y accompagna *Guy de Rochefort* Senefchal & principal Miniftre d'Eftat du Royaume; il y harangua publiquement le S. Pere & fon éloquence fut admiree de tous vniuerfellement. Et comme le Pape fut arriué à S. Denis, & que le Roy Philippes & Louis le Gros fon fils l'eurent receu tres-fplendidement, Suger fe trouua à toutes leurs conferences; & quelque temps apres comme le Pape s'en retourna en Italie, il luy fut enuoyé de la part du Roy, & affifta à vn Concile general qui fut conuoqué, auquel fe trouuerent plus de trois cents Prelats; d'où eftat de retour il trouua le Roy Philippes mort, & le Roy Louis le Gros defia facré & couronné, lequel le receut auec beaucoup de joye; & luy donna le Prieuré *de Toury* en Beauffe prés de la fortereffe *du Puifet*; le Seigneur de laquelle s'eftant rebellé contre le Roy; Suger fut choifi comme vn homme genereux, hardy & refolu, & qu'on iugeoit capable de mettre à la raifon Hugues du Puifet, alors Seigneur de cette Baronnie & de cette fortereffe; à quoy il reüffit tres-heureufement, le Roy luy ayant enuoyé des forces, auec lefquelles il fouftint vn fiege à Toury, & en fuite affiegea & reprima l'audace de ce Tyran, qui fut contraint d'implorer la grace du Roy Louis le Gros qui eftoit venu en perfonne à ce fiege, & qui ayant recogneu en ces occafions la valeur, l'induftrie & les autres bonnes qualitez de Suger l'aima toufiours dauantage, & l'efleua par degrez à vn tres-grand pouuoir; il l'enuoya au deuant du Pape Gelafe, qui apres la mort de Pafchal vint implorer le fecours du Roy contre les perfecutions de l'Empereur Henry V. & puis à Calixte II. qui fucceda audit Gelafe; d'où eftat de retour il fut efleu Abbé de S. Denis apres la mort de fon predeceffeur Adam; il fut receu en fon Abbaye par le Roy, par les Princes, par vn nombre infiny de Prelats, & partout le Monaftere auec de tres-grandes folemnitez & réjoüiffances: peu de temps apres l'Empereur Henry V. ayant attaqué la France, il fut viuement repouffé par la valeur du Roy & des François, & par les fages confeils de l'Abbé Suger, des mains duquel le Roy Louis le Gros eftoit venu prendre l'Oriflame, (fa Majefté recognoiffant qu'il la receuoit comme vaffal de l'Abbaye, & en qualité de grand Gonfannonier de fainct Denis.) Le Roy d'Angleterre qui de fon cofté voulut auffi allumer la guerre fut reprimé, & le Roy Louis triompha en mefme temps de deux Monarques. L'Empereur Henry eftant mort, le Roy députa l'Abbé Suger en Allemagne pour affifter à la creation d'vn Empereur nouueau, où il fe fit admirer de toutes les nations, & s'en reuint glorieux de fa negotiation & de fon ambaffade, où il eftoit allé accompagné de plufieurs Seigneurs & Gentils-hommes fiefez & vaffaux de l'Abbaye de S. Denis, qu'on nommoit auffi quelquefois *Abbati* ou *Vicarij Milites*, comme eftans les Cheualiers qui combatoient pour les droicts de l'Abbaye, mais Suger retrácha vne partie de fes bombances, & congedia la plufpart de fes Gentils-hommes qui le fuiuoient ordinairement, par le confeil de S. Bernard qui eftoit fon grand amy. Quelque temps apres il accompagna le Roy contre le Duc de Guyenne & contre fes adherans qui s'eftoient rebellez, & luy ayda à les mettre à la raifon par fa valleur & par fes confeils, & puis il en fit de mefme contre les Flamans; apres quoy il fut encore choifi pour aller au deuant du Pape Innocent II. qui fut recognu legitime chef de l'Eglife par le Roy Louis le Gros au Concile d'Eftampes, & qui pour l'amour de l'Abbé Suger vint paffer les feftes de Pafques à S. Denis, où il fut receu auec de grandes magnificences. La mefme annee le ieune Roy Philippes aifné de la maifon Royale mourut, & Suger confeilla au Roy de faire couronner Louis furnommé le Ieune, & luy perfuada de l'affofier à la Royauté, ce qui fut fait folemnellement à Reims en prefence du Pape qui le couronna, & qui fut rauy d'en faire toute la ceremonie: peu de temps apres le Roy Louis le Gros eftant mort, l'Abbé Suger fut declaré principal Miniftre, & le ieune Roy luy donna la direction entiere du Royaume, tant pour ce qui concernoit les affaires de la guerre qu'il eut contre quelques grands du Royaume, que pour ce qui eftoit de la nomination à toutes les charges tant Ecclefiaftiques que Seculieres. Mais le pouuoir & l'authorité de Suger augmenterent beaucoup lors que le Roy eftant voulu aller à la guerre contre les infideles à la terre Saincte, il fut declaré feul regent du Royaume, quoy que la Reyne Mere du Roy, la Reyne fon efpoufe, fes freres, & tous les grands de l'Eftat peuffent en apparence efperer cet auantage mieux que luy qui n'eftoit deuenu confiderable que par fa feule vertu; l'on voit encore à S. Denis vne tapifferie reprefentant la regence de Suger, au haut de laquelle eft cette infcription latine, *LVD. Rex Francorum SVGERIVM Abbatem & redificatorem huius Templi Vice-Regem conftituit anno* 1147. cefte qualité de Vice-Roy eftant encore plus augufte & plus éclatante que celle de Regent, car en effet il luy laiffa fon Sceptre & fa Couronne pour les gouuerner felon fa

A

volonté, comme cela est tres-naïfuement representé dans la tapisserie : Le voyage que le Roy fit en la Palestine ne fut pas si heureux comme sa deuotion & son courage le luy auoient fait conceuoir, ce qui l'obligea de s'en reuenir en son Royaume que l'Abbé Suger luy auoit conserué auec vne tres-grande prudence pleine d'hardiesse & de fidelité, contre les factions des grands qu'il auoit tousiours dissipees & confonduës. En sorte que dans les Eloges & les remerciemens qu'il luy rendit à son retour. Il luy donna le glorieux tiltre de *Pere de la Patrie.* En 'fin pour couronner vne si belle vie par vne fin glorieuse, comme son maistre fut de retour de la terre Saincte, il fit vœu d'y aller luy-mesme mener vn secours considerable à ses despens, mais comme il en faisoit les preparatifs, vne fievre le saisit qui arresta ses bons & glorieux desseins, & l'aduertit qu'il failloit partir pour aller prendre possession d'vne Ierusalem beaucoup plus glorieuse & plus permanéte; dés aussi tost qu'il se sentit malade, il se fit porter dás sa cellule à S. Denis où il mourut quelques iours apres auec tous les sentimens d'vn tres-bon Chrestien, d'vn tres-deuot Religieux, & d'vn tres-bon pere enuers ses enfans spirituels; ce fut l'an 1152. en la soixante & dixiesme annee de son aage, le quinziesme du regne de Louis le Ieune. Et pour finir l'abregé de la vie d'vn si grand homme par les loüanges que sa vertu luy acquit, nous dirons que l'Abbé Suger sceut tres-bien accorder l'esclat de son pouuoir auec la modestie; la Cour auec la solitude; l'affluance des choses auec vne temperance & retenuë incomparable; les affaires du monde auec la deuotion; la lance auec la crosse; l'authorité auec la moderation : & la Regence d'vn grand royaume auec l'humilité d'vn simple Religieux : bref ce grád personnage merita que le zelé sainct Bernard mesme chantast ses loüanges, & auoüast que Suger pour estre deuenu digne Ministre d'Estat de France, auoit vescu en Ange & en Ministre de paradis.

Les armes de l'Abbé Suger furent de gueules au frontispice de l'Abbaye de S. Denis d'or : il les prit de la sorte pour faire cognoistre à la posterité qu'il auoit fait rebastir l'Eglise, & notamment le grand portail & les deux grandes tours qui en composent le frontispice.

SIMON COMES DE MONFORT
Sub Phil. 2. Augusto.
Exiguâ mille quingentorum sed potenti dei manu dimicans centum millia hostium Ecclesiæ Cæcidit, fælix quod Lateranensis mundi voce Laudatus, prædaque et opimis Cæsori
Spolijs donatus sit, sed eo demum maxime fælix quod In albigensi bello Vnde gloriæ et fortunæ hauserat Exordium mortem Impiorum strage non Inultam oppetijt.
Siege et prise d'Acre
Cælitus viridat
Cælatus ab Ictu
Il prend la Ville de Mesteres à feu et à sang
Claret ab Ictu
Capital antien de Carcassonne
Siege et Bataille
de Muret
Il fut tue d'une pierre d'une Machine
La prise de Comte dissimulance de son refus pour se sauder
pereundo tum en honores
Il fait hommage au Roy de la Comté de Toulouze
Decus adijcit Aris
Religio Cristi tanto se vindice Iactat
Armis quo major nec pietate fuit

ABREGE DE LA VIE ET DES GLORIEVSES

ACTIONS DV COMTE SIMON DE MONT-FORT,
foubs le Regne du Roy Philippes Augufte.

E Pape Alexandre III. indigné de ce que la plus part des Prouinces Meridionales de la France poffedees par diuers Princes, s'eftoient feparees de la croyance de l'Eglife Romaine, & fuiuoient les opinions de Valdo, qui donna le nom aux Vaudois, qui en Languedoc furent nommez Albigeois à caufe de la contree d'Alby, où ils commencerent à prefcher plus hardiment leur croyance, les condamna comme heretiques au Concile de Latran ; & puis le Pape Innocent III. publia par toute la Chreftienté les Croifades, portans pardon de tous leurs pechez à ceux qui leur feroient la guerre durát quaráte iours, & promettant le paradis à ceux qui mourroient en cette expedition. Les principaux Seigneurs qui receurent la religion des Albigeois ou qui les protegerent, furent Reimond Comte de Touloufe, Reimond Roger Vicomte de Beziers & de Carcaffonne, Bernard Comte de Foix, Roger Comte de Comminge, Fierre Roger Seigneur de Gabarre, Reimond de Termes, Aimery de Montreüils, Guillaume de Minerbe, & Guillaume de Rochefort Euefque de Carcaffonne : l'on employa premierement la douceur, les Predications & les Conferences pour tâcher de leur faire quitter leurs opinions ; & le Pape Innocent Troifiefme leur enuoya plufieurs doctes Prelats, & entr'autres le Moine Dominique, qui apres fa mort fut canonifé, il eftoit docte & bien verfé en la Theologie, vehement enfes predications, & courageux dans tous les dangers ; mais tout cela n'ayát feruy de rien, l'on en vint à la force, & les Croifez y accoururent de toutes parts, pour exterminer ces nouateurs qui troubloient toute la Chreftienté. Et comme les Legats du Pape n'eftoient pas affez habiles gens pour faire la guerre auec la prudence & la vigueur qui font neceffaires à ceux qui veulent y reüffir auec honneur : Vn grand nombre de Princes & autres Seigneurs & Cheualiers renommez s'eftans Croifez, & entre-autres Eude Duc de Bourgogne, les Comtes de Neuers, de Mont-fort, de S. Pol, de Bar, d'Auxerre, de Geneve, de Poitiers, de Forets, & les Seigneurs de Beaujeu & de Ioigny : Simó Comte de Mont-fort en Beauffe, fut pour fa valeur efprouuee en plufieurs occafions, & pour fon illuftre naiffance & experience au fait de la guerre, efleu & accepté par tous pour chef general de toute la Croifade : Le Roy Philippes II. furnommé *Dieu-donné & Augufte*, fut follicité d'y venir, mais il s'en excufa, ayant l'Empereur Othon & le Roy Iean d'Angleterre, qui le tenoient occupé à repouffer & reprimer leur audace. Ainfi donc noftre braue Comte de Mont-fort pouffé du glorieux zele de feruir fa Religion, & d'adjoufter des nouueaux lauriers à ceux qu'il auoit glorieufement acquis aux guerres contre les Anglois & les Allemans ; fit marcher l'armee contre la ville de Befiers qu'il emporta d'affaut, & fit paffer par le feu & par l'efpee tout ce qui s'y rencontra, pour donner de la terreur aux autres, & les obliger à fe foufmettre à la force, puifque la douceur n'auoit fait que les irriter dauantage. Et en effet la plus grande partie des autres villes, & notamment celles qui n'eftoient pas fortes fe rendirent au victorieux, & luy enuoyerent les clefs de leurs portes ; mais Carcaffonne ayant voulu tenir bon fut affiegee & attaquee fi vigoureufement, que les habitans furent contraints de fe rendre à difcretion, la corde au col, & les parties honteufes defcouuertes ; Caftelnau-d'Arry qui

voulut auffi refifter receut vn traittement encore plus rude & plus honteux, car le Comte Simon y fit brufler cent cinquante des habitans choifis entre les plus obftinez, ces rudes exemples firent ployer le joug à Caftres, Menerbe, Termes, la Vaur, Montferrant, Bruniquel, Gaillac, Puilaurens, Rabefteins, Montagu, la Guerda Pech, Selfas, la Guipia, S. Antonin, S. Marcel, Cahors, & plufieurs autres places ; Mouffac s'eftant voulu opiniaftrer fut forcé & abandonné au pillage : bref la valeur & la bonne conduite du Comte Simon le rendirent plus redoutable à ces Princes & à ces peuples que le foudre de l'excommunication que les Papes auoient lancee contre eux, auffi fut-il comparé à ce Sagitaire celefte qui verfe & jette ces coups fans qu'on y puiffe refifter ; mais pourtant comme les quarante iours que les Croifez eftoient obligez de faire la guerre furent paffez, & que la plufpart fe trouuerent fatiguez & bleffez, l'armee du Comte Simon fe trouua diminuee, & les Albigeois commencerent à fe recognoiftre, à reprendre quelques places, & le Comte de Touloufe à fe bien deffendre dans fa ville, & mefme Aimery fils du Comte Simon fut pris prifonnier en vne occafion où fon courage l'auoit porté trop auant. Mais vn nouueau renfort de Croifez eftant arriué à l'armee du Comte Simon conduit par fa femme, qui voulut en gaignant les pardons, auoir part aux lauriers que fon mary moiffonnoit auec tant de gloire, reduifit encore les Albigeois au defefpoir, & quoy qu'ils fuffent en grand nombre, & qu'il femblat qu'ils renaquiffent du fang & des cendres de leurs compatriotes qui auoient efté exterminez, noftre genereux Hercule les combatit auec tant de conftance & de valeur, qu'ayant efcrafé toutes les teftes de cette Hydre, il cótraignit le Comte Reimond & les autres Seigneurs de fon party, à recourir au Roy d'Arragon qui s'eftant laiffé perfuader, dreffa vne puiffante armée, & la joignant au defbris de celle des Albigeois, vint auec pres de cent mille hommes pour tâcher de remettre en fes terres le Comte Reimont de Touloufe, & pour arrefter le torrent des victoires de noftre conquerant, qui ayant efté affiegé à Caftelnau-d'Arry, fit vne fi hardie fortie fur les Albigeois qu'il les obligea malgré leur refiftance enragee de leuer honteufement le fiege ; apres quoy il fe difpofa de ramaffer fes forces pour refifter vigoureufement à cefte grande nuée qui luy alloit fondre deffus ; mais elles fe trouuerent fi petites que les ennemis eftoient foixante contre vn, nonobftant quoy le courage inuincible de noftre Heros, fe difpofa à les affaillir, deuant la ville de Muret fur la Garonne, tefmoignant vne fi grande joye fur fon vifage qu'il fembloit promettre aux fiens vne victoire infaillible ; & comme quelqu'vn de fes principaux chefs voulut raifonner pour le diuertir de donner la bataille, & luy alleguer le nombre & l'obftination des ennemis, il refpondit brufquement, qu'vne armée ne conciftoit pas au nombre, mais en la bonne refolution & au courage des combatans, & que Dieu fait fouuent paroiftre fa force en la foibleffe des hommes pour abattre l'orgueil de ceux qui fe confient au bras de la chair ; de laquelle refponce tous les fiens prenans vn tres-bon augure, jointe à la confiance qu'ils auoient à fa prudence, à fa valeur, & à fon bon-heur, ils attaquerent auec vne fi grande hardieffe le camp des Arragonnois & des Albigeois, qu'ayans à l'abord tué le Roy d'Arragon, le refte prift vne telle efpouuante, que fans auoir feulement l'affeurance de les enuifager, ils prirent la fuitte à vau-de-route, & fe laifferent ef-

B

gorger fans deffence : l'hiftoire des Albigeois dreffee par vn autheur moderne fectateur de leur croyance, dit en cet endroit, que le Comte Simon fe feruant de fa victoire, & la pourfuiuant tua tant d'hommes en cette memorable iournee, qu'il en eut luy-mefme compaffion, regrettant fur tout le defaftre du Roy d'Arragon, lequel il fit foigneufemét chercher parmy les morts, & le fit enterrer auec grand honneur dans vn champ pres de S. Granier ; plus de vingt mille fuiuirent la mefme fortune de ce roy, & furent tuez fur la place ; Et ce qui eft prodigieux ou pluftoft miraculeux, c'eft qu'il n'y eut que dix ou douze des Croifez qui moururent à cefte bataille. Apres quoy noftre vaillant Gedeon profita fi bien de fa victoire qu'il affujetit à fa domination les Prouinces de Rouergue, de Quercy, de Limoufin, de Perigord, & d'Agenois, & prit les places de Cadenac, Murillac, Montpefat & Marmande, fi grande eftoit l'efpouuente, & la terreur que fes armes victorieufes auoient mis dans le cœur des plus hardis du party des Albigeois. Apres cefte memorable iournee le Legat du Pape nómé Bonauenture conuoqua deux Conciles ou Synodes de trente Euefques, & cinq Archeuefques à Montpelier, & puis à Lauaur, par les decrets defquels toutes les conqueftes du Comte Simon luy furent adiugees par prouifion, attendant que le Concile vniuerfel indit à Latran, en ordonnât abfoluëmét. Et comme Touloufe tenoit encore pour le Comte Reimond, elle fe rendit à l'arriuee du Prince Louis fils de France, le Comte Simon l'ayant prié de fe hafter de venir au camp pour receuoir les clefs & les fubmiffions des Touloufains, qui à fon arriuee receurent la loy du vainqueur ; ce jeune Prince vint à l'armee auec trente Comtes, & fon feul nom obligea les Narbonnois à fuiure l'exemple des Touloufains : En fin le Comte Simon ayant receu le decret du Concile de Latran fait en fa faueur, s'en alla en France faire hommage au Roy des Seigneu-

ries qui luy auoient efté adjugees : Et comme fa valeur & fes victoires auoient porté fa renommee, par toute la terre il eftoit reueré comme vn demy-dieu, & le peuple le confideroit par où il paffoit comme s'il eut efté vn fainct, n'y ayant perfonne qui ne s'eftimaft bien heureux de le voir, & de pouuoir toucher fes veftemens ; mais fon abfence ayant releué le cœur au Comte Reimond il fut receu à Touloufe par fes fujets, qui fortifierent leur ville pendant que le Comte Simon s'arreftoit en Dauphiné pour marier vne de fes filles au Dauphin, & pour reduire Ademar de Poitiers & Ponce de Montlaur qui fuiuoient le party des Albigeois : tellement qu'eftant arriué à Touloufe auec vn grand nombre de valeureux Seigneurs François, ils trouuerét vne refiftance merueilleufe ; & à vne fortie des ennemis, comme le Comte entendoit la Meffe il fut contraint de la quitter, & de monter à cheual pour tâcher de les repouffer dans leurs murailles ; mais fon mal-heur, & fon deftin voulurét qu'il fut atteint d'vn coup de fléche à la cuiffe, & que cóme il fe retiroit vne femme de la ville lafcha vn Mangonneau qui pouffa vne pierre qui l'atteignit auec tant de violence, qu'elle luy fepara la tefte des efpaules, en forte que fon corps tomba mort d'vn autre cofté. Ainfi mourut ce grand Heros digne d'vne meilleure fortune, & le fruict de fes conqueftes tomba auec fa tefte, femblable à vn bel arbre auquel vn coup de caillou defrobe & abat le fruict dont il eftoit enrichy ; Il fut tres-fage, tres-vaillant & tres-digne du chois qu'on auoit fait de luy, mais fur tout il fut plein de zele & de deuotion, en forte qu'on le peut comparer au feu d'vn enfenfoir qui parfume & honnore la diuinité, & fes Autels iufques à la mort.

Il porta pour armes de gueules au Lion d'argét, la queuë fourchee & paffee en Sautoir.

SCÆVOLA DE CHASTILLON   COMES STABVLI
Sub Ludouico   et Ioanne filio.
Meruit In multis Expeditionibus,   Ex eo liquet quod IOANNI ad-
quod In prima Consequitus   huc In Ventre REGI firmum
Est magistrj equitum nomen,   pacatumque Imperium quod
et omen, quam fidus Salis   nondum seruarit.

Il faict retirer le Conte de Barledue
Terroris terror
Il fait ouurir de force les portes du Palais
... nunc quærit
Iournie de Courtray

Bataille contre les Flamens
Proludit In festis
Siege de S. Omer
Regis tutela futuri
Bataille de Montcassel

le Roy Louis le faict
Executeur de son Testament

Dictus scæua, sed hoc vitij male congruit illi
Nomen, nemo magis dexter ad arma fuit.

Cum Priuilegio

ABREGE DE LA VIE ET DES ACTIONS

GLORIEVSES DE GAVCHER, SEIGNEVR DE CHASTILLON
& de Crecy, Comte de Pòrcean, Connestable de France souz six Roys.

A naissance illustre, la haute sagesse & le courage ferme & inuincible de Gaucher de Chastillon, luy acquirent vne si grande reputation dans le cœur des François, & vne estime & affection si particuliere du Roy Philippes le Bel, que l'ayant fait passer par tous les degrez militaires, il s'esleua en fin à celuy de Connestable de France, qui est la plus haute dignité où la lance & l'espée puissent atteindre : de laquelle il s'acquitta auec tant de gloire, qu'il rendit jaloux & enuieux de sa reputation les plus redoutables Princes de l'Europe, dont la plus part rendirent hommage à sa vertu, suiuirent son party & ses sentimens, & tremblerent sous le pouuoir absolu qu'il s'estoit acquis par sa prudence & par sa valeur; aussi pouuons nous dire qu'il posseda en perfection toutes les qualitez necessaires pour l'acheuement d'vn grand Heros.

Vn des plus notables seruices qu'il rendit au Roy Philippes *le Bel*, fut lors qu'il repoussa auec tát de valeur, Henry Comte de Bar, gendre d'Edoüard premier Roy d'Angleterre, lors que poussé d'vne vanité & ambition inconsideree, il entra en Champagne auec vne tres-puissante armee l'an 1297. laquelle fut deffaite & dissipee par le courage inuincible de nostre Gaucher; qui quelques annees aprés se signalla extraordinairement en Flandres à la bataille de Courtray, qui a yát esté fatale à plusieurs Seigneurs François; & notamment à Raoul de Clermont Connestable de France qui y fut tué, le Roy recompensa la valeur de Gaucher de Chastillon de l'espee de Connestable qu'il luy donna de sa propre main. Que si cet illustre Seigneur auoit rendu des preuues indubitables de son courage auparauant que d'estre honnoré de ceste dignité, il la fit encore paroistre auec plus d'esclat lors qu'il en fut reuestu, car il fut la principale cause de la signalee victoire que le mesme Roy Philippes *le Bel* obtint par le gain de la bataille *de Mons en Puelle*, où il fit des merueilles de sa personne a sagement commander & a vaillammente combatre; mais principalement quand il soustint auec tant de courage le Seigneur des Noyers son neveu qui portoit l'Oriflame; il assiegea aussi & prit la ville de S. Omer en Flandres auec plusieurs autres places, Et comme il auoit heureusemente joint la Sagesse auec la Valeur, & qu'il estoit grand politique, il fut choisi par le Roy Philippes le Bel, pour accompagner Louis son fils aisné, qui fut par aprés surnommé Hutin, au voyage qu'il fit à Pampelonne pour prendre possession du Royaume de Nauarre qui luy appartenoit par le decez de Ieanne sa mere, tellement qu'aprés auoir esté couronné auec grande solemnité & magnificence, il s'en retourna pour succeder au Roy Philippes le Bel son pere, & prendre le tiltre de Roy de France & de Nauarre.

Son Regne ne fut que le dix & huict mois, pendant lesquels par le conseil du Connestable qu'il auoit choisi pour son principal Ministre, il soulagea son peuple des subsides qu'on auoit esté contraint aux Regnes precedens d'imposer vn peu excessiuement; il rendit le Parlement de Paris sedentaire, & luy donna le beau palais qu'ils ont tousiours possedé depuis, lequel *Enguerran de Marigny* auoit fait rebastir soubs le Roy Philippes le Bel : En fin comme il estoit prés de changer ceste

vie en vne meilleure, il laissa la conduite de son Royaume au Connestable, & par son testament luy fit de grands legs, & ayant vne entiere confiance à sa fidelité à son courage & à sa suffisance, le nomma l'vn des principaux executeurs de sa volonté; desquels honneurs & biens-faits le genereux Gaucher fut si recognoissant qu'aprés la mort du Roy Louis il assista de tout son pouuoir la Reyne Clemence de Hongrie que ce Roy auoit espousee en secondes nopces, & laquelle estoit demeuree enceinte, & elle esprouua bien que ce support ne luy fut pas inutile durant sa grossesse : car le Comte de Valois, oncle du Roy deffunct, se voulant conseruer l'authorité des affaires dans l'interegne, & iusques à ce que la Reyne fut accouchee, & mesme s'opposant aux droits apparents de Philippes le Long Comte de Poictiers, qui estoit absent, & que tout le monde recognoissoit pour heritier presomptif de la Couronne, au cas que la Reyne ne fit qu'vne fille, ou qu'estant vn garçon il vint à mourir : Le Connestable creut qu'il y alloit de son honneur & de sa fidelité d'employer en ceste rencontre, comme il fit tres-bien, le pouuoir qu'il auoit dás l'Estat, pour donner le contre-poids aux entreprises de ce Prince du sang, afin de tesmoigner par ceste genereuse action qu'il n'estoit point ingrat enuers la memoire du feu Roy son maistre, & qu'il vouloit conseruer à l'enfant posthume qu'on attendoit, ou pour le moins au Comte de Poictiers, qui estoit frere de Louis Hutin le Royaume & l'authorité royale en leur entier. Et pour faire les choses auec plus de poids & plus d'esclat, il conuoqua les plus grands Seigneurs de France, dont il forma vn conseil particulier, & où il presida tousiours, par le moyen duquel toutes choses estoient expediees au contentement d'vn chacun.

Cependant que nostre Connestable seruoit si dignement l'Estat, la Reyne accoucha d'vn fils que l'on appella Iean, & le Comte de Valois contesta aussi tost la Regéce & la tutelle de cet enfant à Philippes le Long Comte de Poictiers, mais auec l'aide du Connestable Philippes l'emporta hautement, quoy qu'il fut encore absent; & la vielle chronique de Flandres porte que Gaucher de Chastillon alla au deuant de luy quand il reuint, qu'il l'amena au Louure, & de là au Palais, dont le Comte de Valois s'estoit emparé, mais qu'y estant entré par force, il y fit recognoistre Philippes pour Regent du Royaume, & obligea le Comte de Valois & tous ceux de son party à se soufmettre à l'authorité legitime.

Mais ce petit Roy Iean receut la mort presque aussi tost que la lumiere du iour, & ce fut vn astre que l'on vit tomber aussi tost qu'il commença de briller, & qui huict iours aprés sa naissance trouua son tombeau dans les langes de son berceau, bref il vescut si peu que la plus part des Historiés n'ont pas daigné de le mettre dans le nombre des Rois, faisans succeder à Louis Hutin son frere Philippes, surnómé le Long, lequel fut sacré solemnellement à Rheims le Connestable Gaucher fauorisant tousiours son party, & se rendant l'arbitre du bien public contre les factions de ceux qui vouloient troubler l'Estat : En fin Philippes *le Long* estant mort, Charles surnommé *le Bel* qui luy succeda considera le Connestable autant que le feu Roy son frere l'auoit estimé, & l'honnora tousiours de son affection, & le nomma aussi l'executeur de son testament, aprés quoy estant mort; le Royaume re-

C

uint à Philippes, fils aifné de Charles Comte de Valois, comme à celuy qui eſtoit le couſin germain des derniers Rois; ce qui obligea le Conneſtable de le recognoiſtre, comme n'ayât iamais eu autre but que de regarder le bien du royaume, & de ſe ſouſmettre à celuy que l'ordre eſtably de Dieu auoit deſtiné pour eſtre ſon Prince legitime: alors il l'honnora ainſi qu'il deuoit, quoy qu'autrefois il ſe fut declaré ouuertemét contre ſon pere, lors qu'il trauerſoit iniuſtement ceux deſquels il deuoit dépendre; ce que cognoiſſant le nouueau Roy Philippes il continũa à l'exemple des cinq Roys ſes predeceſſeurs d'aimer & d'honnorer le Conneſtable, & de dependre de ſes ſages conſeils, mais ce fut pour peu de temps: la premiere annee du Regne de Philippes de Valois ayant eſté la derniere de la vie de ce venerable viellard, car ayant conſeillé le Roy d'aller ſecourir Louis Comte de Flandres contre ſes ſujets, il fut d'auis qu'on donnaſt la bataille ſi toſt que l'on arriueroit, & il voulut eſtre de la partie à l'aage de quatre vingts ans, où il executa vaillamment ce qu'il auoit conſeillé, & ayda à gaigner la celebre iournee de *Mont-Caſſel* à la gloire de la nation Françoiſe, & à celle du Roy Philippes qui conſacra à l'Egliſe de Noſtre Dame ſon cheual & ſes armes de la meſme façon qu'il auoit combatu, & l'on y voit encore ſon ſtatuë deuant l'Autel de la Vierge auprés du premier pilier de la nef.

Cé fut le dernier exploict de ce grand Capitaine, car vne annee aprés ſon retour de Flandres il mourut accablé de vielleſſe, & comblé d'honneur au milieu d'vne illuſtre famille qu'il auoit euë d'*Iſabeau de Dreux* qui fut la premiere de ſes trois femmes.

Les armes de Gaucher de Chaſtillon, que quelques Hiſtoriens nomment Gaultier de Crecy, eſtoient de gueules à trois pals de vair au chef d'or, briſé ſur le canton dextre d'vne merlette de Sable.

BERTRANDVS DVGVESCLIN   COMES STABVLI
Sub Carolo. V.
Mars Armoricus, defformitate conspicuus,   e familia Borbonia uxoris
moribus amabilis, virtute terribilis, uel hoc uno   parricidio et sceleribus infami
non obliuiscendus quod sublato PETRO   hodiernis hispaniæ Regibus
legitimæ successionis REGE, sed sanctissima   nothum progenitorem dederit.

Bataille de Cocher sur l'Anglois
Nil virtus generosa timet
Il va en Espagne et y prend Seuille
Pernix Splendet Iber
Il gaigne plusieurs Victoires en Espagne

Il défait les Anglois au pont Vilata
Dat virtus quod forma negat
Il engage le Duc de Bretaigne de se retirer en Angleterre
Etiam moriendo Cornutat

Debetur pulsis tibj laus æterna britannis
prô Dij, per te hostis nunc quoque regnat Iber.

Cum Priuilegio

le Roy le Crée
Conestable
en mourant on luy aporte les Clefs d'une Ville

ABREGE DE LA VIE ET DES GLORIEVSES

ACTIONS DE MESSIRE BERTRAND DV GVESCLIN, CONNE-
ftable de France, Duc de Molines en Efpagne, Comte de Longueville &
de Burgos, fouz les Roys, Iean & Charles V.

Ertrand de Guefclin fut engendré fouz la planete de Mars, & nafquit fouz le figne du Belier, auffi dés fa plus tendre enfance, il donna des marques de la grandeur de fon courage, & de la force & dureté de fon corps; car il chercha les combats & les batailles malgré fes parens, rejetta les liures, & fut en perpetuelle action, ne demandant qu'à donner où à receuoir de grands coups, & fon ame forte & intrepide joincte à vn corps laid & mal poly, mais en recompenfe tres-fort & tres-robufte, furent fi bien nourris & accouftumez au fang & au fer, qu'il deuint la terreur de fes ennemis, & l'Europe le confidera, comme le plus redoutable, & le plus determiné qu'elle eut veu naiftre depuis plufieur fiecles. Il commença fes exploits en Bretagne où il nafquit d'vn fang noble & illuftre, fit fes plus beaux coups d'effay contre les Anglois, & acheua fon chef-d'œuure en Fráce & en Efpagne où il receut des recompenfes dignes de fa vertu & de fon courage. A l'aage de quinze ans il receut le prix à vn Tournoy qui fut fait à Rennes, où il eftoit allé incognu & contre la volonté de fon Pere, qui fut rauy de le voir fi bien faire. Aprés quoy il ne ceffa iamais de porter les armes, & de donner des preuues continuelles de fon courage infatigable, il print par furprife le chafteau de Fougeray, fit leuer le fiege de Rennes au Duc de l'Enclaftre, & durant icelu luy vainquit à la joufte vn vaillant Cheualier Anglois nommé Guillaume de Blambourc, & à Dinan en preféce du mefme Duc combatit en camp clos, & furmonta Thomas de Cantorbie, qui nonobftant les trefues auoit pris prifonnier fon jeune frere Oliuier du Guefclin, prit plufieurs forterefles fur lefdits Anglois, & fut fait Gouuerneur de Guingant; aprés quoy il vint en France au fecours de Charles Duc de Normandie fils aifné de France & Regent du Royaume, en l'abfence du Roy Iean fon pere, qui eftoit alors prifonnier en Angleterre; d'abord que noftre Bertrand fut arriué il ayda à forfer la ville de Melun & à rendre la riuiere de Seine libre; peu de temps aprés il reduifit auffi la ville de Mante, Roleboife, & Meulenc; mais fon experience & fa valeur parurent encore dauantage à la bataille de Cocherel qu'il gaigna contre les Anglois, où il fit des merueilleux faits d'armes. Il print de fa propre main le Captal de Buck, & Pierre de Saquainuille, & tua vn nombre infiny des plus vaillans, il enuoya ces nouuelles à Charles V. qui eftoit nouuellement venu à la Couronne, & il les receut à Reims le mefme iour de fon facre; La vertu de noftre Bertrand fut alors recompéfee de la Comté de Longueville, & de la charge de Márefchal de Normandie que le Roy luy dóna; de laquelle il s'acquitta tres dignemét, il reduifit à l'obeiffance du Roy Valongnes, Carantan, Douure, & plufieurs autres places qu'il prit par force d'armes; fa reputation eftant defia tellemét accreuë qu'il n'y auoit point d'ennemy qui ne tremblaft au feul nom de Guefclin qui feruoit de cry de guerre à fes gens, & defpouuente aux Anglois. Aprés ces conqueftes Bertrand s'en alla en Bretagne au fecours de Charles de Blois contre le Comte de Montfort, mais le mal-heur de Charles pour lequel il combatoit fut fi grand qu'il perdit la vie & la Duché de Bretagne à la bataille d'O-

ray, où le vaillant Bertrand combatant comme vn lyon, fut accablé par la multitude, & fans auoir iamais voulu fuir comme les autres, paya de fa perfonne, & fut fait prifonnier; mais le Comte de Montfort s'eftant accordé auec le Roy, Bertrand fut mis en liberté, & reuint à Paris où le Roy le receut auec tous les tefmoignages d'affectió & d'eftime qui eftoiét deubs à fa vertu. Cependant Henry de Caftille ayant enuoyé demáder fecours au Roy, contre fon frere Pierre qui auoit fait mille mefchancetez, & qui mefme auoit deffein de quitter comme il fit, la religion Chreftienne, noftre Bertrand fut choifi pour le luy mener, & en fit payer les defpens au Pape, qui fut contraint de luy donner deux cens mille francs; eftant arriué en Efpagne il print par force plufieurs bónes places au Roy Pierre, & notamment Seuile, & eftablit Henry Roy en la place de fon frere; qui dans ce malheureux eftat vint demander fecours au Prince de Galles qui eftoit pour lors en Guyenne, & luy donna en don ou nantiffement fa table d'or, & plufieurs autres precieux joyaux, en forte que le Prince de Galles luy promit de luy aider à recouurer fon Royaume, & en effet il s'y en alla auec vne puiffante armee, par le moyé de laquelle il le reftablit aprés plufieurs combats où Bertrand du Guefclin fit toufiours cognoiftre la force de fon bras, & la grandeur de fon courage, mais ny l'vn n'y l'autre ne le peuuent empefcher d'eftre pris prifonnier, & d'eftre amené à Bourdeaux, le nombre ayant furmonté la valeur; le Roy Henry s'eftant defguifé en pelerin le vint voir en fa prifon, & confera auec luy des moyens qu'ils pourroient prendre pour fe reftablir, Bertrand luy confeilla d'aller demander fecours au Duc d'Anjou, lequel le luy octroya, & luy ayda à reprendre Madrid & Sallamanque, & mit le fiege deuant Tolede; ce pendant aprés beaucoup de peine Bertrand paya fa rançon; & s'en vint audit fiege auec plufieurs Seigneurs & Cheualiers renommez qui s'eftimoient tres-hónorez d'aller faire la guerre fouz les commandemens d'vn fi digne chef. D'autre cofté le Roy Pierre ayant renié la foy Chreftienne auoit vne armée de vingt mille hommes tous Iuifs ou Mahometans auec laquelle il vint pour faire leuer le fiege de Tolede, mais par la valeur de Bertrand & du Roy Henry, & par celle du Begue de Vilaines, d'Oliuier du Guefclin frere de Bertrand, de Carnaualet, & de quelques autres braues & vaillans Cheualiers François & Bretons, l'armee du Roy Pierre fut deffaicte & mife à vau-de-route; Mais comme le Roy de Belmarin Sarrafin, beaupere du Roy Pierre, luy enuoyoit fouuent des fecours & des rafraichiffemens nouueaux, & que d'ailleurs les Iuifs & quelques Chreftiens le fauorifoient auffi, il falut encore que noftre vaillant Bertrand les combatit en quatre autres batailles, & Dieu benit tellement fon bras qu'en la derniere d'icelles il y eut foixante mille Sarrazins, Iuifs ou Chreftiens tuez ou prifonniers prés du chafteau de Monteuil, dans lequel le malheureux Roy Pierre s'eftant jetté il y fut affiegé & ferré de fi prés, que s'eftant voulu fauuer la nuict, il fut pris par le Begue de Vilaines, qui l'ayant liuré au Roy Henry, il luy fit coupper la tefte, & pendre fon corps aux creneaux dudit chafteau de Monteuil qui fe rendit ce mefme iour; aprés quoy le Roy Henry enuoya la tefte de ce malheureux Roy à Seuile & à Tolede, qui auec plufieurs autres forterefles fe

D

rendirent au victorieux; la valeur, la constance, & les penibles trauaux de Bertrand du Guesclin furent recompensees de la Duché de Molines, & de la Comté de Burgos que le Roy Henry luy donna, outre la gloire & les loüanges immortelles qu'il s'acquit par tant de glorieux exploicts, en sorte que les Espagnols sont encore contraints d'aduoüer qu'ils doiuent tout à ce genereux Heros, & que la Religion & le Trosne de Castille estoient renuersez, sans le profitable secours de ce vaillant François, qui fit triompher ceux dont les enfans ont esté aux siecles suiuans, nos plus redoutables ennemis. En fin Henry estant paisible Roy, Bertrand du Guesclin prit le chasteau de Sorie en Espagne, & estant venu en Guyenne contre les Anglois, il reduisit les forteresses & villes de Brandomme, S. Yré, Montpanon, Marlenay & plusieurs autres, aprés quoy il s'en vint à Paris en petite cópagnie, où le Roy le receut auec de tres-grandes caresses, & luy donna l'espee de Connestable, laquelle le Seigneur de Fiennes auoit renduë au Roy de son pur gré à cause de sa vieillesse, & auoit conseillé sa Majesté de la mettre entre les mains de Bertrand du Guesclin estant asseuré qu'en tout le Royaume il n'y auoit personne qui la peut porter auec plus de gloire que luy; ce que Bertrand confirma peu de temps aprés, car il print congé du Roy, & ayant vendu sa vaisselle d'or & d'argent, & plusieurs precieux joyaux qu'il auoit apportez d'Espagne, il en assembla de bonnes troupes, & conuia plusieurs vaillans cheualiers de toutes les prouinces du Royaume, & particulierement de Bretagne, lesquels il mena en Normandie contre les Anglois, qu'il il attaqua auec tant de fierté & de courage proche de Pontualain qu'il les deffit entieremét aprés vn combat rude & bien opiniastré où il fit des merueilleux faits d'armes, & print de sa propre main Thomas de Grácon le general des Anglois, les autres Seigneurs François & Bretons ayans aussi fait des merueilles, & prins chacun vn prisonnier de marque. En suite de quoy le gentil & vaillant Connestable print le chasteau de Vaux & les villes de Bessiere, de Mor sur Loire, & tailla encore en pieces les Anglois au Ray de S. Maieu. Bref le Connestable fit tant de conques-

tes sur les Anglois qu'ils maudirent mille fois l'heure de sa naissance; & il continua à faire de mesme accompagnant Messieurs les Ducs d'Anjou, de Berry & de Bourbon oncles du Roy, en plusieurs prouinces où ils prindrent par force plusieurs forteresses, la reputation du Connestable & son experience, rendant tout facile aux François; entre autres places il prit Saincte Sauere, la Rochelle, Chauuigny, Poictiers, Benon & Moncontour où il fit pendre le Gouuerneur qui auoit eu la hardiesse de faire traisner & pendre à la renuerse à vn pilory, l'escu des armes du Connestable. D'vn autre costé il chassa aussi les Anglois, de S. Iean d'Angely, de Xaintes, de Niord, de Sainte Foy, gaigna les batailles de Cyzay & de Bergerac où les Anglois furent encore tres-mal menez, & où la hache à la main il tua luy mesme plusieurs des plus vaillás des ennemis. Aprés quoy le Connestable vint à Paris vn peu mescontent, pour ce que quelques enuieux & lâches courtisans auoient tâché par enuie de le mettre aux mauuaises graces du Roy; il ne demeura pas long-temps à la Cour, car il vouloit aller en Espagne, mais Dieu en disposa autrement, & voulut que ceste ame guerriere allast joüir au ciel du repos qu'elle n'auoit iamais trouué sur la terre; il tomba malade deuant le chasteau-neuf de Rendon en Auuergne, & comme il estoit prest de rendre l'ame, l'on luy en vint apporter les clefs, tellement qu'ayant tousiours esté durant sa vie victorieux contre les ennemis de la France, il le fut aussi à sa mort qui couronna d'vn glorieux ciprés tous les lauriers qu'il s'estoit acquis; le Roy sçachant sa mort le fit tres-honnorablement enterrer à S. Denis proche du tombeau qu'il s'estoit fait preparer; & y fonda vn seruice & vne lampe, qu'on nommera iusques au iour du iugement la lampe du Guesclin, & qui luira aussi long-temps que la memoire des heroïques actions de ce vaillant Connestable seront perpetuees auec esclat dans la memoire des hommes.

Les armes de ce vaillant Heros furent d'argent à l'aigle de sable à deux testes, becqué & membré de gueules, au baston de gueules brochant sur le tout.

OLIVARIVS DE CLISSON
sub Carolo 5°
Magnitudine Animi Seruire
Regi quam regulo dignior, Adop
tiuo Domino quam naturali accep
tior. Implacabili Odio Ducis
COMES STABVLI
et Carolo 6°
Armoricæ perijsset, nisi CAROLVS
SEXTVS eum ad Insaniam
Vsque deperijsset.
Illustrem pepercit tibi fusus belga Triumphum   Sed sub Rege alio viuere dignus erat.
Indomitos domat.
St. Malo.
Surprise de

ABREGE DE LA VIE ET DES PRINCIPALES

ACTIONS DE MESSIRE OLIVIER DE CLISSON, CONNESTABLE
de France, souz les Roys, Charles V. & Charles VI.

A noblesse de Bretagne est naturellement vaillante, & les longues guerres dont cette Duché fut agitee, auoit de telle sorte augmenté leur inclination, aguerry leur courage & endurcy leurs corps; que les histoires sont toutes remplies de leurs noms & de leurs belles actiós, tesmoins ceux de Rohan, de Laual, de la Trimoüille, de Rieux, de Rostrenen, de Beaumanoir, de Rosmadec, de Malestroit, de Molac, du Guesclin, de Dinan, de Clisson, de Tournemine, de Chappelles, & de plusieurs autres, dont la glorieuse énumeratió est inutile en cet endroit, qui ont remply à diuers temps toute l'Europe, & bien souuent aussi l'Asie & l'Affrique du bruit esclatant de leur valeur: Mais entre tous ceux-là Oliuier de Clisson gaigna par sa vertu guerriere, & par son experience aux grandes affaires, vn si grand renom, qu'il s'acquit l'estime des plus grands Princes de l'Europe, & quelquesfois aussi leur enuie & leur jalousie, le voyans preferé à eux par les Roys Charles V. & Charles VI. & sur tout par le dernier qui l'honnora tousiours de sa confidence & de son amitié, & le fit monter par degrez au plus haut feste de grandeur qu'vn Gentil-homme puisse atteindre.

Il fut esleué dés sa jeunesse auec le Comte Iean de Montfort, auec lequel il fit ses exercices, aussi tint-il son party auec grand affection contre Charles de Blois, & fit des merueilles dans la bataille d'Auray, & fut vn des principaux instruments de cette celebre victoire que le Comte de Montfort obtint en ce lieu-là. L'histoire ancienne du Connestable Bertrand du Guesclin, dont nous auons d'escrit les glorieuses actions au discours precedent, en parle en ces termes *Oliuier de Clisson entre ceux de sa partie, s'y porta si tres-puissamment, que grand merueille estoit de veoir, et, tenoit en sa main vn martel, & celuy qui atteignoit à cop, n'auoit pouuoir de releuer; pourtant il estoit encore bien jeune*, & deslors il se poussa tousiours plus auant dans la moisson des lauriers; il vint en France, & pour ce que la renommee du Connestable du Guesclin estoit espanduë par toute la terre, il s'attacha proche de sa personne, & se trouua auec luy en plusieurs importantes occasions, où il acquit tousiours des preuues d'vne valeur extraordinaire, & d'vn iugemét solide pour bien resoudre & executer en toute occasion; il se signalla sur tout à la bataille de Pontualain, où aprés vn incroyable carnage qu'il fit des Anglois, il prit prisonnier Messire Thomelin qui estoit le Lieutenant general de Thomas de Grançon, lequel y fut aussi pris par le Connestable du Guesclin, comme nous auons desia dit cy-deuant; il ayda aussi à deffaire les Anglois au Gué de S. Mayeu, & puis reuint en France auec du Guesclin, & l'accompagna en toutes les guerres qu'il eut contre les Anglois, & mesme au siege du chasteau Randon où ce Connestable auparauant que mourir luy remit entre les mains l'espee de son office, & la marque de sa dignité pour la porter au Roy Charles V. lequel ayant fait rendre audit Connestable du Guesclin, les honneurs funebres les plus magnifiques dont il se pût aduiser, où sa Majesté assista, & tous les Princes & grands Capitaines qui porterent les pieces honnorables en ceremonie, & notamment nostre braue Oliuier de Clisson, qui fut choisi auec le Mareschal de Sancerre, & huict autres Seigneurs pour faire le grand dueil.

Aprés quoy comme il ne se trouuast aucun pour illustre, vaillant ou ambitieux qu'il pût estre, qui eut la hardisse de demander la charge de Connestable, chacun se recognoissant beaucoup inferieur en valeur à celuy qui auoit precedé, en sorte qu'ils apprehendoient tous que leur merite parut deffectueux à comparaison de l'excellente & heroïque de cet illustre predecesseur. Le Roy pourtant y voulut pouruoir, & en offrit l'espee au Sire de Coucy, lequel il cherissoit, & le pressa de l'accepter; mais l'histoire remarque qu'il la refusa, & s'en excusa auec tant d'honnestes raisons qu'il receut plus de loüange en la refusant qu'il n'eut eu d'honneur en l'acceptát: Et mesmes il conseilla au Roy de faire choix d'Oliuier de Clisson, Seigneur de grande authorité parmy les Bretons, Capitaine hardy, prudent & de grande experience; à quoy le Roy se porta tres-volontiers, & ordonna vn peu auparauát sa mort, que cela fut ainsi executé: Aprés donc que le Roy Charles V. fut mort, nostre nouueau Connestable accompagna le Roy Charles VI. son fils, à son sacre & à son couronnement qui se fit à Reims, & se conserua tousiours auec grand courage. l'authorité que sa charge luy donnoit proche de son Maistre, regla & reforma les gens de guerre, & fut le grand moteur qui porta le Roy, quoy que bien ieune à secourir le Comte de Flandres contre ses sujets qui s'estoient rebellez & reuoltez contre luy; conduisit le Roy, & commanda l'auátgarde à la celebre bataille de Rosebecque, quoy que les Princes & tout le conseil d'enhaut trouuassent bon, qu'il demurast auprés de la personne du Roy pour moderer son ardeur, sa Majesté ne desferant qu'à luy seul; dequoy il s'excusa, quoy qu'il tesmoignast que ce luy eut esté le plus grand honneur qu'il eut pû esperer, n'ayant rien de si cher que la conseruatió de la personne sacree du Roy qui l'honnoroit d'vne amitié si obligeante, iugeant qu'il estoit necessaire à dóner les ordres, à courir par tout, & donner exemple à vn chacun de combatre genereusement comme il fit auec tant de gloire, qu'il fut iugé auoir esté la principale cause de la memorable victoire que le Roy y gaigna; l'histoire nous apprenant qu'il asseura sa Majesté du gain de la bataille, & que le Roy luy respondit: *Connestable Dieu le veüille, nous irons donc auant au nom de Dieu & de S. Denis.* Il y eut quarante mille Flamans tuez sur le champ, & particulierement leur general Arteuelle, qui ayant esté trouué parmy les morts, le Roy le voulut voir, & puis le fit pendre à vn arbre, en haine de sa rebellion. Aprés quoy l'armée du Roy reduisit plusieurs places, & ayant entierement reprimé la felonnie des Flamans, sa Majesté s'en reuint en France, où quelques broüilleries luy firent haster son retour; Quelque temps aprés le Connestable fut enuoyé en Bretagne pour preparer les nauires & l'armémét qu'il deuoit joindre à celuy que le Roy faisoit à l Ecluse, à Dan & à Blanquembergue, pour aller en Angleterre, mais les longueurs du Duc de Berry, qui portoit vne grande enuie au Connestable, & qui contrarioit à tout ce qu'il conseilloit au Roy, toute ceste admirable flotte qui estoit composée de plus de quatre cens vaisseaux, dont la plus grande partie estoient peints & dorez, demeura inutile au grand desplaisir du Roy & de son Connestable, qui estant reuenu en Bretagne pour restablir l'armee nauallé, & pour dresser des forces sur terre contre les Anglois; le Duc de Bretagne rompit ce glorieux dessein par vn coup de malice & d'enuie qu'il auoit contre le Connestable, lequel il fit prendre prisonnier par trahison dás le chasteau de l'Hermine, comme il faisoit semblant de luy demander son auis sur les bastimens qu'il auoit dessein d'y faire, le mit à grosse rançon, & auec beaucoup de peine luy redonna sa liberté, aprés laquelle le Connestable reuient en France demander iustice & secours pour se venger de ceste iniure, de laquelle il tira auec le temps toutes les reparations & satisfactions qu'il souhaitta, apres toutesfois auoir fait la guerre au Duc de Bretagne, & luy auoir pris plusieurs places, & notamment S. Malo qu'il surprit auec beaucoup de prudéce, & emporta auec tant de courage & de valeur: En fin il mit à la raison le Duc de Bretagne, & le contraignit à demander la paix: & comme le Lyon se contente de terrasser son ennemy sans le perdre entierement; nostre heureux Connestable en fit de mesme, & aprés l'accord que le Roy fit entre luy & le Duc de Bretagne, il le vint voir en toute asseurance, & luy ramena son fils qu'il luy auoit enuoyé pour ostage, & luy fit cognoistre la grandeur de son courage, en luy rendant l'honneur & le respect qu'il luy deuoit, comme à son Prince souuerain, qui de son costé le receut auec joye, le carressa, le festina, & l'honnora, en sorte qu'on eut dit qu'ils n'auoient iamais eu aucune animosité l'vn contre l'autre. A prés toutes ces choses le Connestable s'en reuint à la Cour, où sa vertu estoit consideree au dernier poinct, & notamment du Roy qui l'affectiónoit auec iuste raison par la cognoissance qu'il auoit de ses hautes qualitez, qui luy attirerent, comme c'est l'ordinaire l'enuie de quelques grands du Royaume, mais sur tout de Pierre de Craon, qui ayant esté banny de la Cour pour quelque lascheté, s'enfuit en Bretagne où il conceut vne si grande haine contre le Connestable, lequel il croyoit estre la cause de sa disgrace, qu'il vint secretement à Paris en dessein de l'assassiner, comme il fit, l'ayant attendu au sortir de l'hostel de S. Pol, où le Roy & la Reyne auoient donné le bal, aprés les joustes & les Tournois qui auoient esté faits le mesme iour; Craon estant accompagné de plus de trente de ses complices tous à cheual attaqua dans la rué de saincte Catherine le Cónestable qui se deffendit quelque temps auec beaucoup de cœur auec vn coutelas qu'il portoit ordinairemét, mais ayát esté abandonné par les siens, & le nombre des assassins estant tres-grand, il fut abbattu de son cheual, & laissé cóme mort, dans l'entree de la boutique d'vn Boulanger; Craon se sauua croyant d'auoir tué son ennemy, mais les coups n'estans pas mortels, le Connestable fut porté à son logis, visité par le Roy & par tous ces Princes, & en fin remis sus pied; mais cóme il estoit desia vieux & affoibly par tant de fatigues & de blessures aprés auoir fait punir quelques-vns des assassins, il alla en Bretagne où il reprima encore vn coup l'audace du Duc qui auoit fauorisé Craon; & l'ayant contraint à luy demander la paix, il vescut encore quelques années, & mourut glorieusement dans son chasteau de Iosselin, aymé, honnoré, & craint de tous ses voisins, & le plus riche Seigneur de son siecle.

Les armes du Connestable de Clisson estoient de gueules au lyon d'argent, la queuë fourchee & passee en sautoir.

IOANNES BOVCICAVLT
Sub Carolo 5.º
Alter solertiâ Vlysses, eo maxime quod
Cruentas polyphemy Turcæ maxillas
Euasit, Alter fortitudine Achillas, rebus
Gestis Europæ, Asiæ, atque Africæ Inclaruit,
Regius Genuæ Præses et Deffensor,
POLEMARCHVS
et Carolo 6.º
Mediolani, Ticinij, Placentiæ, aliarumque
Italiæ Vrbium expugnator, qui ab Oriente
Victor, demum In Vltima Occidentis
Insula clade Gallica Captiuus,
Morte Libertatem recepit.
Hunc bene Barbarico Nurion deffondit ab Ense
quj Patriæ Validam postea ferret Opem

ABREGE DE LA VIE ET DES ACTIONS

GLORIEVSES DE MESSIRE IEAN LE MEINGRE, SVR-
nommé Boucicaut, Mareschal de France, & Gouuerneur de Gennes, souz
les Roys Charles V. & Charles VI.

A France a eu de temps en temps plusieurs hommes extraordinaires en grandeur de courage, & nous pouuons dire que le nauire d'Argos ne porta iamais tant d'Heros que chasque siecle en a produit dâs ce belliqueux Royaume; Mais entre tous ceux qui auoiét paru sur cet illustre theatre nous en trouuons bien peu deuât le Mareschal de Boucicaut qui ayét porté leur gloire si auant, & qui ayent cizelé dans le temple de la memoire de plus belles actions, que celles que cet excellent Capitaine y a grauees auec la pointe de son espee; le nombre de ses combats & de ses batailles se presentent en foule, & fait vne si charmante confusion qu'il n'y a point de cœur genereux qui ne soit rauy d'en voir la suitte admirable, & qui ne deuienne vaillant à les ouïr raconter. Son origine fut illustre au pays de Touraine, son enfance belle & turbulente, ne demandant qu'à se battre & à faire des entreprises, & garder & soustenir des pas & des barrieres, incitant les enfans de son aage d'en faire de mesme, prenant vn si grand empire sur eux, & leur commandant auec vne contenance sû hardie & si resoluë qu'il faisoit bien cognoistre qu'vn iour il les seroit aller dans des occasions plus importantes & plus perilleuses. A l'aage de douze ans il commença à porter les armes, & rauit en admiration le Roy Charles V. qui le donna au Duc de Bourbon pour le mener auec luy à la guerre contre le Roy de Nauarre, & luy faire passer la grande enuie qu'il auoit de porter le harnois, qu'il endossa de si bonne grace qu'il n'en estoit non plus empesché que de ses membres; mais peu aprés il fut contraint de reuenir passer encore quelque temps auec le Dauphin dont il estoit principal enfant d'honneur, ou en fin s'ennuyant & cognoissant qu'il estoit assez fort pour donner & receuoir des grands coups de l'ance & d'espee, il fit prier le Roy auec tant d'instance qu'il obtint permission d'aller encore auec le Duc de Bourbon contre les Anglois, où il fit paroistre son courage & sa valeur, & acquit l'estime & l'amour de tous les plus grands & renommez Princes & Cheualiers du Royaume; & pour ce que son courage & sa valeur estoient accompagnees d'vne bonne mine, & qu'il estoit hardy & d'vne humeur charmante en compagnie, les Dames & les Damoiselles les plus galantes de la Cour luy firent mille faueurs & luy donnerent tousiours la plus haute place dans leur estime; il en aima vne entre toutes auec grande fidelité, & comme il luy auoit voüé son cœur & son obeissance, il luy consacra toutes ses glorieuses actions, & les fit seruir de trophee à sa beauté: Le Roy Charles V. estant mort, & Charles VI. luy ayant succedé, nostre ieune Boucicaut l'accompagna au voyage qu'il fit en Flandres, fut fait Cheualier par le Duc de Bourbon, oncle du Roy à la veille de la celebre bataille de Rosebech où les Flamans furét deffaits, & ou nostre ieune Boucicaut fit merueilles de sa personne, & y tua de sa main le plus vaillant des ennemis, quoy qu'il fut d'vne stature gigantale. Aprés cette victoire le Roy & les principaux Seigneurs estans reuenus à la Cour pour se réjoüir, Boucicaut fit deux voyages en Prusse, & y acquit tres grand honneur aux combats où il se trouua contre les infideles qui menassoient de venir inonder & d'estruire la Chrestienté. D'où estant de retour, il accompagna

le Duc de Bourbon en Guyenne contre les Anglois, où il tesmoigna sa valeur en plusieurs occasions, ce qui obligea le Duc de Bourbon de le laisser son Lieutenant general en ce pays-là, pour y reprimer les Anglois qui estans retirez dans les garnisons, Boucicaut enuoya deffier Messire Sicart de la Barde qui estoit en tres-grand estime parmy eux, & le vainquit glorieusement à la iouste; il en fit de mesme prés de Calais contre vn autre Seigneur Anglois, nommé Messire Pierre de Courtenay, & puis contre Messire Thomas de Clifort, sur lesquels il remporta vne glorieuse victoire; peu de temps aprés estât allé en Espagne, il deffia encore les Anglois, mais ils s'aignerent du nez, & le Seigneur de Chasteau-neuf qui auoit entrepris de se battre auec vingt de ses compagnons, contre Boucicaut & vingt François, n'osa en venir à l'effet, si grande estoit la valeur & la reputation de Boucicaut; qui estant de retour à la Cour y se journa quelques mois pour la satisfaction du Roy, aprés quoy il fit vn voyage en Turquie auec Messire Regnaut de Roye son compagnon d'armes, & de là vint en Hongrie, où ils donnerent des preuues de leur valeur, mais s'estans separez Regnaut de Roye alla vn Prusse, & Boucicaut repassa en la terre Saincte, où il deliura de prison le Comte d'Eu, d'où aprés vn assez long pelerinage il s'en reuindrent en France, où le Roy les receut auec grand i'oye; & comme loisiueté estoit sa plus pernicieuse ennemie, il resolut d'aller tenir vn pas d'armes côtre tous venans entre Boulogne & Calais, où il batit & vainquit plusieurs vaillans Cheualiers Anglois, Espagnols & Flamans, qui y vindrent pour acquerir de l'honneur, ou plustost pour augmenter celuy du vaillant BOUCICAUT, il auoit pour compagnon en ceste entreprise les Seigneurs de Roye, & de Sampy, la principale deuise qu'il fit peindre sur sa banniere, & à l'entour de l'Escu de ses armes, lors qu'il dressa ce pas d'armes, fut celle-cy, *ce que vous voudrez*, pour donner à cognoistre qu'il estoit prest *de combatre à pied ou à Cheual, à fer esmoulu ou à lance-mornee*. Ainsi il auoit incessammét son esprit porté aux glorieuses actions, & la guerre & les combats estoient ses plus agreables diuertissemens; il retourna en Prusse pour la troisieme fois, & ayant apris en chemin que le Seigneur du Glas, vaillant Cheualier Escossois auoit esté tué en trahison par quelques Anglois, il voulut vanger sa mort, mais il ne trouua personne qui osast se battre contre luy pour cette querelle; comme il estoit prest de s'en reuenir, il receut des lettres de la part du Roy qui luy ordonnoient son retour pour venir receuoir le baston de Mareschal de France, lequel il luy donna à Tours dans sa propre maison, & dans la mesme chambre où il estoit né; sa reception fut tres-honnorable & pleine de magnificence, en presence des Ducs de Bourgogne, & de Bourbon, du Connestable de Clisson, de Messire Iean de Vienne Admiral de France, & d'vn grand nombre de vaillans Cheualiers qui estoient tres-contens de voir la vertu guerriere du braue BOUCICAUT si dignement recompensee. Ceste nouuelle dignité luy seruit de puissant éguillon pour le pousser encore plus auant; il fut enuoyé en Guyenne contre les Anglois, ausquels il prit plusieurs bonnes places; & puis retourna en Hongrie auec le Comte de Neuers, où aprés auoir aydé à prendre plusieurs forteresses sur le Turc, & auoir combatu tres-vaillamment

F

dans vne bataille auec ses Compagnons, les Hongrois ayans laschement pris la fuite il fut enueloppé & pris prisonnier, auec le Comte de Neuers & plusieurs autres Seigneurs François, la plus-part desquels furent cruellement esgorgez & hachez en pieces par les Turcs, mais les plus riches furent espargnes entre lesquels se trouua Boucicaut qui ayant payé sa rançon s'en reuint en France où le Roy le receut auec des larmes de joye, & luy donna bien-tost aprés ordre pour s'en aller reprimer l'audace du Comte de Perigord, qui s'estoit rebellé contre sa Majesté, il s'en acquitta si dignement qu'il mit en pieces toute son armée, le prit prisonnier & l'amena au Roy ; cependant l'Empereur de Constantinople ayant enuoyé demander secours en France contre la violéce du Turc, le Marechal y fut enuoyé auec de bonnes forces, & y rendit de tres-grands & signalez seruices à la Chrestienté, d'où estât de retour, il dressa la belle emprise *de l'Escu vert à la Dame Blanche*, & resolut luy treiziesme d'aller par tout le Royaume à la mode des anciens Cheualiers errans, faire faire raison à toutes les Dames qui auroient esté offensées en leurs biens ou en leur honneur, & combatre tous ceux qui se voudroient opposer à ce genereux dessein : Et comme il eut vacqué an & iour à cette entreprise, & qu'il fut reuenu à la Cour, le Roy l'honnora du gouuernement de la ville Gennes, qui s'estoit donnee à luy, & luy enuoya des forces auec lesquelles il fit en Italie plusieurs exploits signalez, & y maintint par sa prudence en diuers rencontres l'honneur & l'authorité de son Maistre, en sorte qu'il fut reputé aussi bon politique comme vaillant Capitaine : il alla contre le Roy de Cypre, & encore contre les Turcs qu'il deffit deuant la ville de Tripoly, prit les villes de Lescandelour, Botun & Barut : vainquit en bataille les Venitiens par deux fois, & reprima le ieune Viscomte de Milan qui auoit eu la hardiesse de luy faire la guerre : accorda les Florentins auec ceux de Pise : prit sur la mer quatre galeres Moresques : & fit couper la teste à Gabriel Marie bastard du Duc de Milan pour auoir voulu prendre par trahison la ville de Gennes. En fin comblé d'honneurs, couuert de blessures, & affoibly de tant de fatigues, il changea les penibles trauaux de cette vie, au repos & tranquillité que Dieu donne à ceux qui combatent le bon combat, & à la couronne de gloire dont il honnore ceux qui le craignét : Il estoit plein de deuotion, de charité, de temperance, de chasteté & de justice : seuere punisseur des meschans, misericordieux & liberal enuers les bons, au reste remply de sçauoir & d'eloquence, autant que Seigneur de son temps, ce qui luy acquit le surnom de Bouciaut, il aima la poësie, & fit plusieurs balades, Rondeaux & Virelais pour sa Maistresse à laquelle il faisoit de cette agreable maniere cognoistre ses sentimens amoureux, bref il fut galand en toute façon durant la paix, sage au conseil & vaillant au combat, & iamais il ne passa iour en toute sa vie qu'il ne taschast d'obliger quelqu'vn, & d'accroistre sa renommee, pour laquelle les cœurs veritablement genereux doiuent estre en eternelle action.

Ses armes furent d'argent à vn aigle à deux testes de gueules, membré & becqué d'azur.

Et celles d'Anthoinette Vicomtesse de Turenne sa femme, furent d'argent à la cottice d'azur, accompagnee de six roses de gueules posees en orle, qui est de Beaufort ; soustenu d'or à quatre bandes ou cotices de gueules, qui est de Turenne.

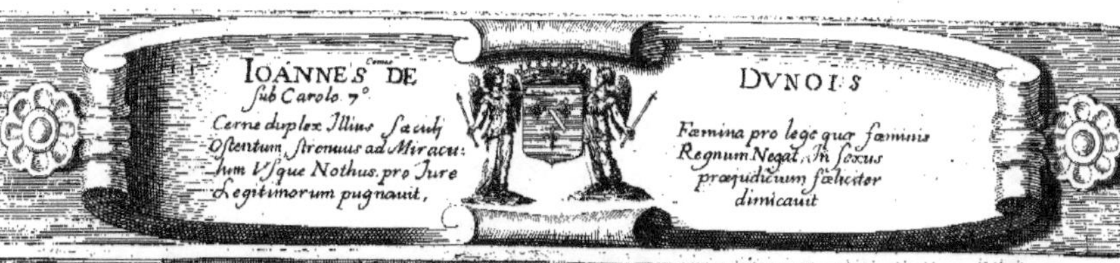

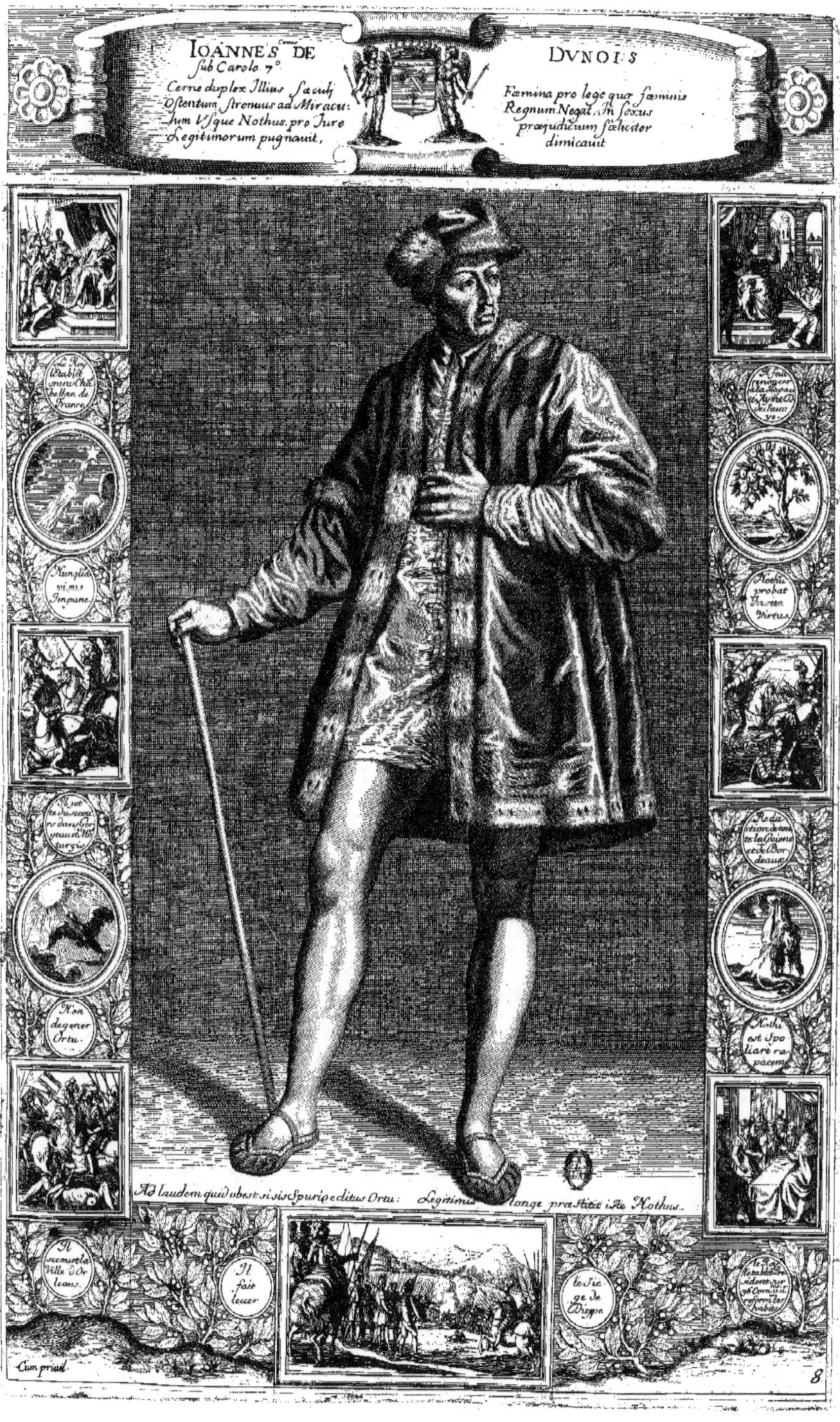
IOANNES Comes DE DVNOIS
sub Carolo 7°
Cerne duplex Illius Saeculi Ostentum strenuus ad Miraculum Usque Nothus. pro Iure Legitimorum pugnauit,
Faemina pro lege quae faeminis Regnum Negat, In sexus praeiudicium faeliciter dimicauit
Non degener Ortu.
Ad laudem quid obest: si sis Spurio editus Ortu: Legitimis longe praestitit iste Nothus.
Il fait leuer
le Siege de Dieppe
Cum priuil.
8

ABREGE DE LA VIE ET DES ACTIONS

HEROIQVES DE IEAN BASTARD D'ORLEANS, COMTE DE
Dunois & de Longueville, Lieutenant general des armees Royales en France,
fouz le Regne du Roy Charles VII. dit le Victorieux.

LA France eftant abbatuë fouz la tyrannie des Anglois, qui fouz de fauffes pretentions en auoient enuahy la plus grande partie, Dieu fe feruit de la vertu heroïque de Iean d'Orleans, fils naturel de Louis Duc d'Orleans, qui par vne fuite infinie de valeureux exploits, empefcha non feulement la continuation funefte des malheurs, fouz lefquels cefte Monarchie gemiffoit, mais il les deftourna fur la tefte de ceux qui en eftoient les autheurs; l'orgueil des Anglois qui brauoit infolemment nos Monarques fut reprimé, & de victorieux & conquerans qu'ils eftoient, ils furent vaincus à leur tour, & chaffez de la France.

Les plus fauorables influances du Ciel, & le genereux & augufte fang de France, infuferent fi puiffammét la valeur, la prudence & le courage au cœur de noftre Heros, qu'il fut hardy en fes entreprifes, ferme & intrepide dans les dangers, conftant & infatigable dans les plus penibles trauaux, redoutable & furieux dans les combats, magnanime & genereux dans la victoire, & augufte dans les triomphes; & comme il y a autant de gloire de remettre en fplendeur vne Monarchie prefque efteinte, que d'en conquerir vne nouuelle, nous pouuons dire que celle du Comte de Dunois eft infinie, puis qu'il fauua non feulement les reliques de ce Royaume, mais qu'il le reftablit auffi dans fon ancien luftre, & en recula les frontieres; bref que fa vertu ne raffermit pas feulement la Couronne penchante fur la tefte du Roy Charles VII. mais qu'il luy acquit par fes trauaux le furnom de Victorieux & de Triomphateur; Auffi fa memoire eft grauee fi auant dans le cœur des François, & fes trophees appendus & efleuez fi haut dans le Temple de la gloire, que l'eternité des téps n'en pourra iamais effacer la moindre partie, d'autant mieux que s'eftant renouuellee dans fes cendres comme le phenix, elle s'eft renduë eternelle en la perfonne des illuftres fucceffeurs de noftre Heros, & notamment en celle du tres-vaillant & tres-genereux Prince Henry d'Orleans Duc de Longueville, qui l'a conferuee dans vn efclat fi brillant, qu'on peut le cóparer à ces fleuues qui fortás d'vne belle fource deuiénent par vn long cours toufiours plus grands & plus redoutables.

La jeuneffe de Iean d'Orleans donna des veritables efperáces de fa future grandeur, & l'on voyoit luire en fa perfonne des eftincelles d'vne vigueur extraordinaire, en forte que la Duch024e d'Orleans Valentine de Milan, pourfuiuant auec grande affection la vengeance de la mort de fon mary affafiné par le commandement du Duc de Bourgogne, difoit fort fouuent, *qu'il n'y auoit aucun des enfans du Duc, qui fuft fi bien taillé à venger cefte mort que ceftuy-là.* Et en effet il fut toute fa vie l'ennemy capital des Bourguignons, leur fleau & leur terreur, & l'hiftoire nous apprend qu'il expia le fang du Prince Louis fon pere, par celuy de plufieurs milliers de Bourguignons qu'il fit paffer fouz l'impitoyable trenchant de fon efpee.

Les plus importantes occafions où il fignala fon courage, & où fa valeur commença à calmer cefte frayeur vniuerfelle, & ofter cefte publique confternation, qui retenoit la vigueur des François dans vn affoupiffement letargique, & les empefchoit de pouuoir repouffer leurs ennemis; fut lors qu'il alla fecourir Gergeau & Montargis, & qu'il deffit les Comtes de

Vvaruick & de Suffolck, lefquels il mena batant iufques à Paris, aprés leur auoir tué fur la place plus de quinze cens hommes; en fuite de quoy il pourueut les deux places de tout ce qui eftoit neceffaire, & s'en reuint glorieux trouuer le Roy, qui quelque temps aprés l'eftablit dans Orleans, & confia à fa vertu cefte place tres-importante, où il fouftint vn tres-long fiege contre toutes les forces Angloifes, fit des merueilles à bien commander & à bien combattre, fouffrit auec vne fermeté inefbranlable, & vne conftance & patience admirable, les plus rudes traits & les plus grandes extremitez que la guerre, la pefte & la famine puiffent produire; mais en fin comme tout fembloit eftre defefperé, & que ce genereux Seigneur confultoit à reduire la ville en cendres, & à faire vne fi vigoureufe fortie qu'il peut fe faire iour à trauers l'armee Angloife, & au lieu d'vne ville ne luy laiffer qu'vn clapier embrazé, & des maifons toutes confumees; Dieu luy enuoya vn fecours inefperé par la Pucelle d'Orleans, de laquelle nous parlerons au chapitre fuiuant, auec l'affiftance de laquelle, & des vaillás Cheualiers Pothon de Saintrailles & la Hire, il fit fi grandes proüeffes qu'aprés vn horrible carnage des ennemis, il les força à leuer honteufement le fiege, aprés y auoir laiffé pour gage le Comte de Salifbery, & vn nombre infiny de vaillans Capitaines & foldats qui y furent tuez. Aprés quoy au lieu de fe repofer il fortit d'Orleans, & alla au deuant de l'armee Angloife laquelle il rencontra, attaqua & deffit en mefme téps proche du bourg de Patay en Beauffe, laiffant dix-huict cens des ennemis morts fur la place, & emmenát plus de mille prifonniers, entre lefquels eftoient les principaux chefs des ennemis; de là il courut à Chartres qu'il prit par intelligence, & par le moyen d'vne charrette de foin que l'on embarraffa entre le pont-leuis & la porte pour fauoriferfon attaque. Cependant le Roy s'eftant accordé auec le Duc de Bourgogne, la ville de Paris fut rauie de receuoir fon Prince legitime, qui y fit vne tres-belle & folemnelle entree auec tous ces Princes; mais entre tant de magnificences l'on ne vit rien de fi augufte ny de fi martial que le Comte de Dunois reueftu d'armes dorees, monté fur vn grand courfier caparaçonné de toile d'or tenant le bafton de commandement à la main, & conduifant la bataille de fa Majefté, qui eftoit de huict cens hommes d'armes la lance fur la cuiffe tres-richement armez & ornez de belles efcharpes blanches & de pannaches de toutes couleurs: Le Comte de Dunois auoit prés de foy fon Efcuyer monté & caparaffonné tres-richement, portant en fa main vne lance vermeille, femee d'eftoilles d'or, au bout de laquelle pendoit vn gonfanon de fatin cramoifi, femé d'eftoilles d'or en broderie, & ayant au milieu la figure de l'Archange S. Michel en broderie d'or & de foye: toutesfois cefte magnifique entree de laquelle i'obmets les particularitez qui ne font point à mó fujet, ne fe fit qu'aprés que le Roy eut reduit plufieurs villes à fon obeiffance, aux conqueftes defquelles le Comte de Dunois eftoit toufiours agiffant auec vne finguliere affection, non feulement pour le zele qu'il auoit au feruice de fon fouuerain, & à la reftauration de fa patrie; mais auffi à caufe de l'ardente paffion qu'il auoit au meftier de la guerre, duquel il faifoit toutes fes delices, fon ame martiale ayant pris vne telle habitude aux fatigues, aux allarmes & aux combats, qu'il ne pouuoit viure hors de cet élément, où les Heros respirent auec plus de plaisir. Mais comme il est necessaire que les grãds hommes pour estre parfaits & acheuez, soient aussi sages & prudens dans le conseil que resolus & vaillans dans les combats, nostre Comte de Dunois possedoit également l'vne & l'autre vertu, & n'estoit pas moindre politique & homme d'Estat que grand Capitaine; aussi fut-il choisi par le Roy entre tous les grãds du Royaume auec l'Archeuesque de Reims, Helié de Pompadour Euesque d'Aket, & Guy Bernard Archidiacre de Tours pour aller mettre d'accord le Concile de Basle auec le Pape Eugene quatriesme, & faire en sorte que le Pape Felix qui estoit Amé Duc de Sauoye renonçast à son Pontificat, & recognut Nicolas V. successeur d'Eugene, à quoy nostre sage Comte reüssit auec tant de bon-heur & de gloire, qu'il fut admiré par tous les Ambassadeurs des Princes Chrestiens, qui recognurent en luy vne adresse aussi pleine de prudence & d'intelligence que sa personne estoit remplie de valeur, & ils confesserent tous vnanimement que sa presence auoit le plus contribué à ce celebre accommodement si important au repos de la Chrestienté? A son retour à la Cour le Roy ne le laissa pas long-téps sans luy donner encore vn honnorable employ, il fut choisi pour commander l'armee du Roy, & mettre le siege deuant la ville du Mans que le Roy d'Angleterre retenoit contre la promesse qu'il auoit fait de la rendre à Charles Comte du Maine, frere du Roy de Sicile, beau-pere du Roy Charles; à quoy nostre genereux Cõte agit auec tant de vigueur, qu'il l'eut bien-tost emportee d'assaut, si l'Euesque de Clocestre qui estoit vn des principaux Conseillers du Roy d'Angleterre n'eut obtenu du Roy vne fauorable capitulation pour la garnison en luy rendant la ville, sans toutesfois que la tréve qui auoit esté faicte vn peu auparauant fut discontinuee: Et comme l'armee estoit sur pied cõduitte par vn si vaillant General auquel rien ne paroissoit impossible, il fut conuié de passer plus outre pour secourir Artus Duc de Bretagne, Comte de Richemont, Connestable de France, auquel les Anglois nonobstant la treve auoient prins la ville & chasteau de Fougeres, & y auoiét exercé mille barbaries contre les habitans de l'vn & de l'autre sexe, en reuanche desquelles, & pour vser de represailles ces deux vaillãs compagnons d'armes prindrent plusieurs bonnes places en Normandie & ailleurs, & en chasserent les Anglois. En fin cõme le Roy d'Angleterre eut rompu la tréve en plusieurs façons, le Roy Charles resolut de tâcher à reconquerir la Normandie, & y vint en personne, accompagné de plusieurs Princes, Seigneurs & Capitaines François, & particulierement du Comte de Dunois qui fut declaré General des armees Royales, & à l'eminente vertu duquel, tous les plus grands & les plus braues furent rauis de deferer, ne croyans pas de pouuoir estre batus lors qu'ils combatroient sous les fauorables auspices d'vn si digne chef, qui sembloit auoir attaché la victoire & la fortune au bout de son espee: Et en effet cette expedition fut accompagnee de tant de bon-heur, que toute ceste grande Prouince ploya le joug souz la dominatiõ legitime, & les Anglois en furent entierement chassez; la valeur & la bonne conduite du General s'estans fait cognoi-

stre aux occasions les plus perilleuses, & notammét lors qu'il fit si courageusement leuer le siege aux ennemis de deuant Dieppe, tous les plus hardis Capitaines de l'armee croyãs qu'il y auoit plus de temerité que de veritable vaillance à entreprendre vne chose qui leur paroissoit impossible. Aprés ces admirables exploits desquels le Roy estoit spectateur, la Guyenne fut aussi tost remise souz l'obeissance de sa Majesté, par le mesme conquerant, qui auec l'aide des Comtes de Foix & d'Armagnac prit en deux mois toutes les villes que l'Anglois y tenoit, fit son entree magnifique à Bourdeaux & à Bayonne accompagné de toute son armee en bataille, tous les ordres de ces deux villes luy estans venus au deuant en procession generale, chantans les mesmes Hymnes qu'on a accoustumé de dire aux plus ioyeux aduenemens, & aux plus pompeuses & triomphantes entrees des Princes victorieux. Le Roy recompensa le Comte de Dunois de glorieux remerciemens pleins de loüanges, & luy donna l'auguste tiltre de Restaurateur de sa patrie & de vaillant conquerant; il luy donna aussi la Comté de Longueville en Normandie, & la terre de Daneuille, & le legitima afin qu'il peust posseder en propre luy & toute sa posterité, tout ce que sa valeur luy auoit acquis, & les Comtez de Dunois, de Mortain & de Vertus que son frere Charles Duc d'Orleans luy auoit donnez pour le recompenser des peines & des soins pieux qu'il auoit pris de le retirer de sa longue prison d'Angleterre. Il posseda aussi plusieurs autres terres dans les Prouinces de Languedoc, de Dauphiné & de Poictou; le Roy l'honnora aussi de la dignité de grand Chambellan de France l'an 1449. & nous lisons qu'il exerça aux obseques du Roy Charles VII. son bon maistre, celle de grand Maistre de France, ayant mesme mis d'accord les Escuyers du Roy, & les Religieux de S. Denis, sur ce que les vns les autres, pretenderent le poisle qu'on auoit porté sur l'effigie du Roy. Au téps du Roy Louis XI. il fut aussi en tresgrãde consideratiõ, pourtant il fut des principaux chefs de la guerre du bien public, ayant remporté cet honneur d'auoir esté le seul qui poursuiuit le fruict que la France esperoit d'vne telle entreprise. Car le Roy Louis eut telle confiance en luy & en sa sagesse, qu'aprés le Traitté de paix arresté à Conflans l'an 1465. sa Majesté l'establit chef & President de trente-six notables ordonnez Commissaires pour la police & reformation des desordres du Royaume; il eut aussi vn rang tres-esleué dans l'assemblee des Estats conuoquez à Tours deux ans aprés.

En fin ce genereux & illustre Comte, chargé d'annees, d'honneurs & de biens mourut d'vne aussi belle mort que sa vie auoit esté glorieuse, l'an 1470. aagé de 67. ans.

Iean le Feron au Catalogue des Connestables, & Iean Bouchet aux Annales d'Aquitaine, le mettent au nombre des Connestables de France, mais il y a sujet de croire qu'ils confondent ceste qualité auec l'eminente charge de Lieutenant general des armees Royalles que sa vertu & son merite luy firent obtenir.

Il portoit pour armes d'azur à trois fleurs de lys d'or, au lambeau d'argent en chef, & au baston de mesme pery en bande.

PVELLA
Sub Carolo 7°
AVRELIACA
Famasij sexus Armis Insignis Amason. Nulli plus debet Gallia salua Viro.

ABREGE DE LA VIE ET DES ACTIONS

MIRACVLEVSES DE IEANE D'ARK, SVRNOMMEE LA
Pucelle d'Orleans, souz le Regne du Roy Charles VII.

Lors que le secours humain semble estre entie=
remét osté, & que le bras de la chair est racour=
cy, Dieu estend le sien miraculeusement, &
nous deliure bien souuent par des moyens qui
nous sont incognus, pour nous faire monter de
la poussiere sur le throsne ; comme aussi il abbat & renuerse
quand il luy plaist les puissances qui semblent estre les mieux
establies, & brise comme du verre ceux qui se sientauec trop
d'orgueil aux fresles biens des Royaumes de ce monde:Nous
auons infinis exemples de ceste verité ; mais entre tous celuy
de la deliurance de la France au temps du Roy Charles VII.
& le rapide tresbuchement de l'orgueilleuse domination des
Anglois qui l'auoient desia toute engloutie, sont pleins de
merueille & d'admiration ; car le temps estant venu, auquel
Dieu voulut jetter les verges dans le feu, & faire reluire le
Soleil de ses graces sur ce Royaume Tres-Chrestien, & deco=
cher à son tour les traits de son courroux sur les Anglois ; il
suscita vne ieune & simple bergere, qui auec l'admiration de
toute la terre, seruit de Capitaine aux plus grands Capitaines
de France, & les poussant par son exemple aux plus perilleuses
occasions, abbatit comme vne secóde ludith la teste de l'Ho=
lopherne Anglois, & le chassa du Throsne vsurpé pour y re=
stablir le Roy legitimeà mesure qu'il sembloit en estre entie=
rement despoüillé. C'est cette Ieanne d'Ark surnommee la
Pucelle d'Orleans, qui n'ayant iamais seruy qu'à garder des
brebis, eut des reuelations diuines, *que la ville d'Orleans seroit*
deliurée de la main des Anglois, qu'ils seroient vaincus & chassez de
la France, que le Roi seroit couronné à Reims, qu'il falloit qu'elle
l'accompagnast en cette ceremonie, & que trauestie en homme elle
l'allast trouuer, & lui demandast, hommes, cheuaux & armes, afin
qu'elle-mesme combatist pour son seruice. Lesquels discours elle
repetoit souuent, & n'entretenoit ses parens que du dessein
qu'elle auoit de partir,pource qu'il y auoit (disoit-elle) vn
Ange qui la pressoit de quitter tout, & de s'en aller trouuer
le Roy en quelle part qu'il fut. Son pere & sa mere qui la co=
gnoissoit pour auoir esté tousiours tres-sage & tres-craignant
Dieu,furent inspirez de la mener deuant Robert de Baudri=
court Gouuerneur de Vaucouleur, auquel elle parla de ses
reuelations auec tant d'asseurance qu'il l'enuoya au Roy ac=
compagnee de Bertrand de Polenge sageGentil-homme,d'vn
sien frere, d'vn soldat, & de quatre valets. Comme elle fut
arriuée à Chinon, où estoit le Roy bien desolé à cause de l'im=
puissance où il estoit de secourir Orleans, qui estoit, comme
nous auons desia dit, au discours precedent, assiegé par les An=
glois, & deffendu par le vaillant Comte de Dunois, elle le re=
cognut, quoy que desguisé, & quoy qu'il se mit derri ere des
Seigneurs mieux vestus que luy, & luy asseura de la part de
Dieu qu'il seroit desormais victorieux de ses ennemis,qu'Or=
leans ne se perdroit point, & qu'elle l'accópagneroità Reims,
où il seroit sacré & couronné ; le Roy estóné ou plustost rauy
de ses promesses, la fit sonder & interroger par des doctes &
habiles Theologiens qui rapporterent à sa Majesté & à son
Conseil qu'asseurément elle estoit enuoyee de Dieu pour
acheuer quelque exploict surnaturel, & seruir d'instrument
à sa diuine puissance. Elle fut surnommee la Pucelle, pour ce
qu'elle fut visitee par des matrones en la presence de la Rey=
ne de Sicile, & recognuë telle ; elle demanda des armes, &
pria le Roy d'enuoyer querir vne espee qui estoit enterree dás
l'Eglise de saincte Catherine de Fierbois derriere l'Autel auec
les cendres d'vn Cheualier, ce que l'Ange qui luy parloit de la
part de Dieu luy auoit reuelé, de laquelle espee elle se seruit
auec vn succez miraculeux ; l'on la voit encore dans la cham=
bre du Thresor de S.Denis, où elle est gardee comme vne grá=
de rareté. Dés aussi tost qu'elle fut armee elle demanda per=
mission d'aller secourir Orleans;aprés toutesfois auoir enuoyé
vn Heraut & fait escrire de belles lettres au Comte de Salis=
bery, & mesme au Roy d'Angleterre, pour leur annoncer de
la part de Dieu & de la Pucelle qu'ils eussent à laisser le Ro=
aume de France à son Roy legitime, autrement qu'elle estoit
enuoyee pour les en chasser par force à bons coups d'espee,
desquelles lettres ayant eu vne tres-mauuaise responce, elle
se mit à la teste de deux cens lances, & donnant de rudes &
pesans coups sur les Anglois, elle se fait faire iourà trauers
leurs trouppes qu'elle renuerse & abbar, auec vne valeur ex=
traordinaire. Le Comte de Dunois la reçoit auec grande ioye,
& le lendemain elle fit vne sortie,& alla attaquer la Bastille
où fort de sainct Loup, qu'elle emporta de viue force, & y tua
quatre ou cinq cens Anglois qui la gardoient, ce qui donna
vne telle espouuente aux autres qu'ils abandonnerent aussi la
plus proche Bastille appellee de S. Iean le Blanc ; le lende=
main la Pucelle auec le vaillant la Hire, & les autres Capitai=
nes prirent encore par force les forts des Augustins & du pont
où l'on combatit tres-vaillamment de part & d'autre, & la
Pucelle y fut blessee d'vn coup desfléche qui entra demy-pied
entre le col & les espaules, mais elle en arracha la fléche, &
quoy qu'elle fut toute pleine de sang elle ne laissa pas de có=
batre tousiours auec vne fierté sans exemple, disant en riant
que la blessure qu'elle auoit receu n'estoit qu'vn coup de fa=
ueur: Bref nostre Amazone fit tant de merueilles qu'elle fit
leuer le siege aux plus insolens ennemis qui furent iamais, &
qui deux iours auparauant se moquoient d'elle, & l'appelloiét
par meschancété la putain des Armagnacs ; le Comte de Sa=
lisbery fut blessé à l'œil à ce siege , dequoy il mourut deux
iours aprés : Et le Comte de Suffolk fut deffait & pris dans
Gergeaux, & en suitte le Duc de Berthfort auec tout ce qu'il
auoit pû ramasser de forces fut deffaità platte cousture à Pa=
tay en Beausse, comme nous auons dit cy-deuant, la Pucelle
combatant vigoureusement, & ayant asseuré auparauant le
combat que le Ciel donneroit aux François vne asseuree vi=
ctoire. Tous ces succez éleuerent tellement le cœur au Roy
& aux bons Fráçois que Ieanne la Pucelle n'eut pas beaucoup
de peine de persuader sa Majesté d'aller à Reims pour se faire
sacrer & couronner, l'asseurant tousiours que toutes les villes
luy ouuriroient les portes,'ce qui en effet arriua comme elle
l'auoit asseuré, car Auxerre, Reims & Chaalons receurent le
Roy à l'enuy l'vne de l'autre, & chasserent les Anglois,qui
ayans voulu resister dans Troyes furent assiegez ,forcez &
emportez par la seule obstination de la Pucelle contre l'aduis
des Capitaines de l'armee du Roy. Et aprés le sacre qui fut
fait auec de tres-grandes magnificences,tour le peuple criant
*Viue le Roy & la Pucelle,*les villes de Laon,de Soissons,de Cha=
steau-Thierry & de Prouins, se remirent dans l'obeissance le=
gitime,& à leur exemple vn nombre infiny d'autres places,se
rendirent sans resistance, Mais les Parisiens ne se trouuerent

pas en eſtat de pouuoir reecuoir le Roy, quoy qu'il fut reſolu de les traitter fort doucement, les Anglois & les Bourguignons y eſtans les Maiſtres, ce qui obligea ſa Majeſté d'auancer auec ſon armee vers S. Denis qu'il prit facilement, & de venir camper entre Paris & Montmarte, d'où il fit ſommer les ennemis de ſe rendre à luy, offrant aux habitans, qui ne ſouhaittoient rien tant que de luy teſmoigner leur fidelité & leur obeiſſance de les côſeruer dans tous leurs priuileges; mais cognoiſſant que les Anglois & les Bourguignons eſtoient reſolus de ſe deffendre, il fit dôner l'aſſaut en diuers endroits, auec des eſchélles, des mentelets & autres machines de ce temps-là, & voyant qu'il ne pouuoit encore rien aduancer par ce moyen, il fit retirer ſes gens aprés vn aſſez long combat, auquel la Pucelle ayant fait voir des effects d'vne valeur extraordinaire fut bleſſee & renuerſee dans vn foſſé, d'où l'on eut beaucoup de peine de la retirer; Quelques Autheurs diſent qu'elle receut vne bleſſure à la jambe, de laquelle s'eſtant fait penſer vn peu à l'eſcart, elle ne laiſſa pas de reuenir à l'attaque, & d'y faire tant de merueilles qu'elle repouſſa les Anglois & les Bourguignons bien auât dans la ville, où ſa valeur l'engagea tellement qu'elle eut eu peine de s'en retirer ſans le Duc d'Alançon qui fauoriſa ſa retraicte; eſtant tres-facile à iuger, que ſi tous les combatans euſſent ſuiuy ſon exemple, la reſiſtance des aſſiegez ſe fut trouuee inutile. Comme le Roy cogneut que le temps n'eſtoit pas encore propre pour ſe rédre maiſtre de Paris, il retira ſon armee, & la Pucelle ayant appris que le Duc de Bourgogne s'acheminoit vers Côpiegne pour y mettre le ſiege, elle ſe ietta dedás auec Pothon de Saintraille & quelques autres vaillans Capitaines, & comme elle voulut faire vne ſortie pour enleuer vn quartier des ennemis, ſes gens furent viuemét repouſſez, & elle ſe tenant aux derniers rangs pour fauoriſer leur retraitte en combatant, fut eneueloppee par tant d'ennemis, que nonobſtant vne reſiſtance inoüye, elle ſe trouua accablee, & fut contrainte de ſe rendre priſonniere à vn Gentilhôme Picard, ou ſelon quelques Autheurs au Baſtard de Vendoſme qui la vendit à Ican de Luxembourg, lequel la reuédit encore aux Anglois pour dix mille francs, qui eſtoient vne ſomme conſiderable en ce temps-là. L'on la mena à l'armee Agloiſen pour la faire voir aux gens de guerre qu'elle auoit ſi ſouuent battus, & puis on la conduiſit au Chaſteau de Roüen, où elle fut miſe dans vne cage de fer, & traittee auec toutes les inhumanitez imaginables: Et en fin aprés pluſieurs interrogatoires & conſultatiós, quoy que la pluſpart des Iuges creuſſent qu'elle ne meritaſt aucune punition, toutesfois pour aſſouuir leur vengeance & leur rage contre ceſte Heroine, qui auec le Comte de Dunois, Pothon de Saintrailles & la Hire qui eſtoient les trois Heros du Siecle, auoit arreſté leurs conqueſtes, & donné vne ſi fauorable criſe à la Monarchie Françoiſe, que de languiſſante & abbattuë qu'elle eſtoit, elle fut rendüe victorieuſe & triomphante; ils l'accuſerent de ſortilege, & de s'eſtre trauſtie en homme, & pour ces pretendus crimes dôt le premier luy eſtoit fauſſement impoſé, pour ce qu'elle auoit fait des choſes extraordinaires & eſloignees du pouuoir humain; ils la condamnerent à eſtre bruſlee toute viue dans le vieux marché de la ville de Roüen, ce qui fut executé au grand regret de tous les gens de bien qui la virent mourir; car elle teſmoigna la veritable conſtance des martirs, & ne ceſſa jamais d'inuoquer le nom de Ieſus, iuſques à ce qu'elle fut eſtouffee. Et comme ç'eſt l'ordinaire qu'on iette les cendres au vent, où

dans la riuere de ceux qui ſont bruſlez pour de ſemblables crimes à ceux qu'on luy impoſa, les bourreaux voulans recueillir ces glorieuſes cendres, trouuerent ſon cœur tout entier & encor ſanglant, ſans que le feu y eut donné aucune atteinte.

Voila comme fut traittee ceſte pauure Pucelle, contre le droict des gens, contre les loix de la guerre, contre la charité Chreſtienne, & contre l'humanité; cette fille qu'on peut veritablement dire auoir eſté enuoyce de Dieu, pour le ſalut de la France, pour la deſtruction de la tyrannie eſtrangere, & pour la reſtitution du victorieux Charles VII. Car ſes predictions ont eu vn euenement veritable, ſes mœurs ont eſté ſans reproche, ſes actions honneſtes, ſes deſſeins glorieux, ſes exploits heroïques, ſes executions prodigieuſes, & ſa mort illuſtre en conſtance & en contrition; bref il eſt croyable, que ſi elle eut eſté telle que ces ennemis ont voulu faire croire, la ſuite n'en eut pas eſté ſi miraculeuſe, & nos Rois ne luy auroient pas erigé des ſtatuës pour rendre ſa memoire ſacree & eternelle aux ſiecles à venir.

Aprés ſa mort ſes trois freres, qu'elle auoit fait ennoblir, & qui l'accompagnerent touſiours dans les plus chaudes occaſions, ſe pourucurent deuers le Pape Calixte III. pour faire caſſer & annuller ce iugement inique & tyrannique, ce qui fut executé auec toutes les plus exactes formalitez 1455.

Pluſieurs Autheurs tres-graues de toutes nations ont parlé auec grand honneur de cette admirable fille, & entr'autres Gui-Pape Conſeiller du Roy au Parlement de Grenoble enuiron l'an 1440. en fait mention en la Queſtion 84. en ces termes. *Vidi etiam temporibus meis puellam Ioaninam nuncupatam, quæ incepit regnare anno quo fui doctoratus, quæ inſpiratione diuina arma bellica aſſumens, reſtaurauit Regnum Franciæ, Anglicos expellendo vi armata, & Regem Carolum ad Regnum Franciæ reſtituendo, quæ puella regnauit tribus vel quatuor annis.* Martin Franc Secretaire de Felix V. la loüe auſſi fort hautement au liure intitulé le Champion des Dames; les curieux ſeront bien-aiſes de voir la façon des vers de ce temps-là.

<table>
<tr><td>De la Pucelle dire veüit</td><td>Tu ſçais comment eſtoit appriſe</td></tr>
<tr><td>Laquelle Orlians deliura</td><td>A porter lances & harnois</td></tr>
<tr><td>Où Salleberi y perdit l'œil</td><td>Comment par ſa grande entrepriſe</td></tr>
<tr><td>Et puis mal mort le naura,</td><td>Abattus furent les Anglois</td></tr>
<tr><td>Ce fut elle qui recouura</td><td>Comment de Bourges & de Blois</td></tr>
<tr><td>L'honneur des François tellement</td><td>Le Roi ſaillit ſous ſa fiance</td></tr>
<tr><td>Que par raiſon elle en aura</td><td>Et en tres-grand oſt de François</td></tr>
<tr><td>Renom perpetuellement,</td><td>Alla deuant Paris en France.</td></tr>
</table>

Les armes de la Pucelle d'Orleans dont les freres & leurs deſſendans prirent par commandement du Roy le ſurnom du Lys, furent compoſees par ledit Roy Charles, & elles repreſentent hierogliphiquement comme la valeur de ceſte Pucelle releua la Couronne des fleurs de Lys, elles ſont d'azur à vne eſpee d'argent en pal croiſee & pommettee d'or, ſouſtenant au haut de ſa pointe vne Couronne d'or, coſtoyee de deux fleurs de Lys de meſme.

La deuiſe particuliere que portoit la Pucelle, auoit pour corps, vne main tenant vne eſpee, auec ces mots, *Conſilio firmata Dei*, comme ie l'ay recueilly d'vne medaille d'or qui fut frappee à ſon honneur, aprés qu'elle eut fait ſacrer & couronner le Roy Charles VII. à Rheims.

GEORGIVS CARDINALIS   AMBASIVS
Quantam vnus meruerit gloriam,   fortuna Dominj simul collabj, et
hinc discas licet, quod mortuus   Sensim commorj visae sint; tot rebus sub
hanc Sed Infaustam, et ab spirantis   eo praeclare gestis, Insignem sibj attexuerat
olim mente prorsus alienam   coronam, Illustriorem longe futuram,
consequutus est, vt illico res, et   nisj Triplicem ambijsse videretur.
hic proceres Inter gallos quas purpura Sacra
vestijt consilijs claruit atque fide

ABREGE DE LA VIE ET DES PLVS BELLES

ACTIONS DV CARDINAL D'AMBOISE, SOVZ LES REGNES
de Louis XI. Charles VIII. & Louis XII.

LA Vertu & la Sagesse sont comme deux grandes lumieres qui ne peuuent long-temps estre cachez, leur esclat donne bien-tost de l'admiration à ceux qui les considerent, & leur brillant est d'autant plus beau lors qu'elles se rencontrent en la personne d'vn homme dont le sang est illustre, estant sans doute vn grand auantage pour acquerir de la gloire d'estre mis au degré de la noblesse dés sa naissance; & il est beaucoup plus facile de faire des actions de vertu & d'honneur lors qu'on a ceste base souz les pieds, qu'alors qu'il en faut gaigner le dessus par des effets diuers & incertains: ces exemples nous faisans voir qu'il y a quelque chose d'extraordinaire à ceux qui sont nez de parens nobles, qu'ils ont vne impression & marque de vertu qui n'esclate pas en la personne de ceux qui sont nez parmy le commun. La faueur & le credit que Charles d'Amboise, frere aisné de George, dont nous parlons, auoit à la Cour au temps de Louis XI. estant Gouuerneur de Champagne, & puis de Bourgogne, furent les premiers eschellons de la fortune de nostre Cardinal, qui pour sa vertu & pour son sçauoir, fut fait Euesque de Monrauban, & puis Archeuesque de Narbonne, estant particulierement attaché d'affection au Duc d'Orleans & à ses interests, agissant puissamment à la Cour pour le faire sortir hors de la prison où il auoit esté mis apres la bataille de sainct. Aubin, pour auoir entrepris la guerre pour la Regence du ieune Roy Charles VIII. contre le Comte de Beaujeu & sa femme qui estoit sœur du Roy: à quoy nostre George d'Amboise reüssit auec tant d'honneur que l'accommodement estant fait, & le Duc d'Orleans mis en liberté, son merite & la cognoissance qu'on commençoit d'auoir de son intelligence aux plus grandes affaires, luy firent donner l'Archeueché de Roüen, afin qu'il eut moyen d'estre plus proche de la personne du Roy & des Princes qui auoient desia pris vne grande confiance en luy. Quelque temps apres il rendit de tres-bons seruices au Roy & au Duc d'Orleans dans le Milanois aprés la bataille de Fornoüe. Et comme le mesme Duc d'Orleans & luy furent de retour en France auec le Roy, nostre Archeuesque faillit à estre disgracié, ses enuieux taschans de le mettre aux mauuaises graces de sa Majesté, pour ce qu'il persuadoit le Duc d'Orleans à entreprendre sur son authorité: mais la mort du Roy donna vne autre face aux affaires, la persecution de ses ennemis fut changee en vne plaine authorité, & il deuint le plus puissant de la Cour à mesure qu'on premeditoit de l'en chasser; car só Maistre qui l'aimoit beaucoup estant paruenu à la Couronne, recompensa ses longs seruices & son affection, & pource qu'il auoit tousiours suiuy sa fortune dans l'aduersité, il luy fit part de sa grandeur dans la prosperité, & le considera tousiours comme son principal Ministre; pource, dit l'histoire de Scissel, *qu'il le cognoissoit homme tres-excellent pour la conduite de ses principaux affaires, & accomply de tant d'experience, de loyauté & de bonne vie, qu'encore que par plusieurs fois il ait esté longuement absent de luy; si n'a-on iamais apperceu que son credit fut en rien diminué, mais tousiours, augmenté, pour autant que sa prudence croissoit auec le temps, & la continuation de ses seruices.* Il persuada au Roy de repudier sa femme fille de Louis XI. pource qu'elle estoit bossuë & incommodee, en sorte qu'il eut esté impossible qu'elle eut fait des enfans; le Pape Alexandre VI. luy accorda librement la declaration de la nullité de son mariage, & la luy enuoya par Cæsar Borgia son fils, qui apporta aussi le chapeau de Cardinal à nostre Archeuesque George d'Amboise, duquel le pouuoir estant raffermy par ceste éminente dignité, il fit en sorte que le Roy espousa la Reyne Anne de Bretagne que sa Majesté auoit de tout téps aymée, belle Princesse, tres-vertueuse, & auec laquelle il vesquit heureusement. Aprés ce mariage, le Cardinal conseilla le Roy de s'en aller en Italie pour conquerir la Duché de Milan qui luy appartenoit de par Valentine de Milan sa grand mere, son arriuee & la victoire furent presque la mesme chose; Et en ceste prosperité le Pape pour complaire à sa Majesté, & attirer à son affectió le Cardinal d'Amboise, le fit son Legat en France, qui est vne dignité que les souuerains Pontifes de Rome n'auoient iamais donnee à aucun Cardinal François. Son Eminence donc estant de retour en France auec le Roy, fit vne entree magnifique à Lyó & à Paris en cette qualité qu'il exerça auec grande gloire. Et comme les Lieutenans que le Roy auoit laissé en Italie eussent laissé perdre cette Duché, & que Milan se fut reuolté, le Roy enuoya le Cardinal d'Amboise en Italie en qualité de Lieutenant general de sa Majesté, & donna le commandement de l'armee à Louis de la Trimoüille; & pour faire voir l'affection que le Roy portoit au Cardinal, & la haute confiance qu'il auoit en luy: l'Historien Authon, dit, que sa Majesté *luy donna charge de toutes ses affaires, pour en faire & ordonner, comme si par luy-mesme estoit disposé, luy donnant les deux cens gentils-hommes de sa maison pour l'accompagner & suiure quelque part qu'il iroit & faire ce que par luy leur seroit commandé.* Son voyage fut si heureux, que par la valeur de la Trimoüille & par son experience particuliere il reconquit tout le Milanois, prit le Duc Louis Sforce dans Nouarre, & le lendemain le Cardinal Ascagne, Galeas de S. Seuerin, le Comte Fracasse & Authon Marie; bref il obtint vne victoire entiere de l'Estat, du Prince, & de tous les chefs, il alla loger à l'abord dans le chasteau de Milan, n'estant voulu entrer dans vne ville souillee d'vn crime si prodigieux que celuy de la rebellion: pourtant il vint à la maison de ville vn peu radoucy le iour du Vendredy Sainct, & estant monté sur vn grand tribunal, les principaux du peuple, & plus de quatre mille enfans vestus de robes blanches, & la teste nuë, vindrent en procession generalle auec le crucifix, demander misericorde, laquelle il leur accorda auec l'abolition de leur felonnie, faisant en cela les mesmes fonctions que si le Roy y eut esté en personne. Aussi, *auoit-il*, comme dit Guichardin, *la langue & l'auhorité du Roy.* Et en effet quand il fut question de secourir les Florentins contre ceux de Pise, le Roy remit l'affaire au Cardinal d'Amboise, qui y trauailla auec grand soin; mais vne nouuelle nuee de Suisses estát venu fondre au Milanois, il les contenta auec de l'argent, & les renuoya en leur pays. Et pour ce qu'il se vouloit conseruer le credit qu'il auoit prés du Roy par sa presence, il laissa son neueu le grand Maistre de Chaumont Admiral & Mareschal de France, Gouuerneur & Lieutenant general dans l'Estat de Milan, & s'en reuint à la Cour, où il fut receu & carressé autant que le plus ambitieux l'eut pû souhaitter. Et cóme il ne se contenta pas d'expedier luy seul les affaires les plus importantes de la guerre & de la paix, il voulut aussi reformer les Conuents; à quoy il proceda tres-hardiment auec le succez qu'on pouuoit esperer du desordre & de la corruption qui s'y rencontroit. Sa Maiesté voulant entretenir vne parfaicte correspondance & vnion auec l'Empereur Maximilian, enuoya le Cardinal à Trente vers luy où ils traicterent de plusieurs choses importantes, & notamment de faire la guerre aux Venitiens, & d'assembler vn Concile vniuersel; à son retour il trouua le Roy prest pour passer en Italie où il l'accompagna sans s'esloigne iamais de sa personne: Sa Maiesté fut à Gennes receu royallement, & le Cardinal aussi, & ce fut là que tous les Ambassadeurs des Princes d'Italie, & d'ailleurs luy vindrét faire des plaintes contre Cesar Borgia, & contre son pere Alexandre VI. mais le Cardinal qui pretendoit de se seruir de l'vn & de l'autre pour s'esleuer plus haut, fit en sorte que le Roy ne les destacha point de son amitié. Quelque temps aprés, le Pape Alexandre mourut, & alors le Cardinal d'Amboise voulant profiter de l'amitié de Borgia, qui luy auoit promis toute sorte de faueur, vint à Rome auec l'armee du Roy qui estoit preparee pour le recouurement de Naples; & comme il croyoit que les suffrages des Cardinaux seroient esbranlez & portez en sa faueur par l'apprehensió qu'ils pourroient auoir de la force des armes, il ne vouloit point faire partir l'armee que son élection au Pontificat ne fut faicte; mais il fut trompé par le Cardinal Iulian qui faisant semblant de le venir asseurer de la volonté que le plus grand nombre & les principaux du Conclaue des Cardinaux auoient de l'eslire, luy conseilla de faire retirer l'armee Françoise, & d'obliger Cesar Borgia à sortir de Rome, afin que les Princes ny les Cardinaux estrangers, n'eussent pas sujet de dire, que cette promotion auroit plustost esté faicte par la crainte des armes Françoises, que par la consideration de son merite n'y de sa pieté, luy alleguant aussi que personne ne se pourroit persuader que le S. Esprit voulut presider à vne élection dont les suffrages auroient esté forcez, & que partant il luy conseilloit enamy, & pour sa plus grande gloire de faire retirer l'armee; ce qu'il creut facilement n'estant pas encore instruit à cognoi-

stre, ou à se meffier des promesses & des protestations d'amitié des Italiens; & d'abord que les forces furent eslognees, ils changerent tous de volonté en vn moment, & le Cardinal d'Amboise fut priué du Pontificat par l'élection de Pie III. qui mourut vingt-six iours aprés, & Iulian tira le fruit de sa fourberie par l'élection qui fut faicte de sa personne aprés la mort du Pape Pie.

Quelque téps aprés le Roy repassa les mons pour chastier les Genois qui s'estoiét reuoltez, & y enuoya le Cardinal d'Amboise qui les reprima, & les obligea à crier mercy & misericorde à sa Majesté; estant de retour en France, le Roy l'enuoya à Cambray pour resoudre auec l'Empereur la guerre contre les Venitiens; en suitte de quoy le Roy passa en Italie, & gaigna la celebre victoire d'Agnadel, le Cardinal l'accompagnant & agissant tousiours tres-puissamment, encore qu'il fut vieux & accablé des gouttes, lesquelles en fin joinctes aux fatigues & aux foiblesses que ses lógs voyages & les gráds soins qu'il auoit pris pour le bien de l'Estat, & pour la gloire du Roy son Maistre, luy auoient acquises, il mourut paisiblement, au grand regret du Roy & de toute la France, qui durant sa vie ne fut iamais chargee de nouuelles impositiós, nonobstant les grandes guerres qu'il auoit falu faire, ce qui luy attira la benediction des grands & des petits, & acquit au Roy Louis XII. le surnom glorieux *de pere de son peuple*, Il fut sage, hardy, genereux, liberal, plein de franchise & de bonté, seuere punisseur des traistres, & grand amateur des gens de vertu qu'il recompensoit auec des largesses incroyables, aussi ne fut-il iamais enuié de personne durant son ministere, & les langues les plus medisantes n'eurent pour luy que des loüanges & des Eloges. Il fut sur tout si affectionné enuers le Roy qu'il ne le quittoit iamais d'vn pas, soit qu'il traitat d'affaires serieuses, ou qu'il recreat son esprit, ayant esté le compagnon perpetuel de ses voyages. Il esleua tous ses parens à de grands emplois, & leur laissa auec la memoire de ses belles actions de tres-grands biens, afin de temperer par leur moyen le desplaisir qu'ils estoient obligez d'auoir pour la perte d'vn si illustre & si glorieux parent.

Il portoit pour armes, pallé d'or & de gueules.

LVDOVICVS DE LA　　　　　TRIMOVILLE

Heluetijs In Burgundiam Irrum
pentibus, pro postulatis verba
dedit, tanto operæ prætio
præter ordinem fœliciter auso

et Regnum tutatus et pæuam â rege
meritus est Ticinensi prælio, ne occiso, vel
capto Regi superesset, fortiter pugnans
octogenarius accubuit.

Virtutis memor Antiquæ, Iam ætgrandior annis
Regi Intercepto non superesse tulit.

LE Heros dont ie vay faire efclater la gloire dans ce petit difcours, poffeda toutes les vertus, & s'en feruit tres-auantageufement au bon-heur de la France, dans tous les emplois d'honneur où fa belle & longue vie fut occupee ; c'eft cet illuftre Louis de la Trimoüille qui endoffa le harnois à quinze ans, & qui le quitta auec la vie à l'aage de quatre-vingts, dans vne bataille fatalle à la France que fa fage preuoyance auoit tafché de diffuader.

Le premier commandement qu'il eut dans les armees, fut en Bretagne contre le Duc François II. Et la celebre bataille qu'il gaigna à fainct Aubin, fut la derniere Scene & la Cataftrophe des longues guerres que les Ducs de Bretagne auoiét euës auec nos Roys, qui par le mariage de deux d'iceux confecutiuement auec la Princeffe Anne, reünirent cette Duché au Royaume, & mirent fin à vne longue fuite de malheurs qui auoient infecté & prefque ruiné cefte Prouince. Il n'auoit que vingt-cinq ans lors qu'il fut fait General de l'armee du Roy Charles VIII. en la place de Louis de Bourbon só beaufrere, auec laquelle il deffit entierement l'armee du Duc François, luy prit plufieurs places, & deftacha de fon party & de fon feruice les Seigneurs de Laual, de Rohan, de Chafteaubriant, de Montafilant, de Pont-chafteau, & mefme François d'Auaugour fils naturel du Duc, qui mit la ville & le chafteau de Cliffon en l'obeiffance du Roy, & la plufpart de la nobleffe; Et pour dernier exploict fignallé, la Trimoüille affiegea S. Malo, l'vne des plus fortes places de Bretagne, & capable de tenir contre les forces d'vne puiffante armee, tant pour fon affiete que pour fa fortification; mais la vertu & la reputation que noftre ieune General s'eftoit defia acquife, la firent bien-toft venir à compofition. Fn fin le Duc François II. eftant mort, la Ducheffe Anne fon heritiere fit encore la guerre quelque peu de temps, aprés quoy elle s'accommoda auec le Roy qui l'efpoufa, & adioufta ce beau fleuron à fa Couronne à l'heureux acheuement de quoy le Seigneur de la Trimoüille contribua tres-puiffammét. Deux ans aprés le Roy ayant fait de tres-grands preparatifs pour le voyage de Naples, il le voulut auoir prés de foy pour ce que parmy vn nombre infiny de fages & de vaillans Seigneurs qui accompagnerent fa Maiefté, il eftoit celuy qu'il confideroit le plus, & aux confeils duquel il defferoit dauantage; ne refoluant rien dans tous les affaires qu'il eut auec tous les Princes & Republiques d'Italie que par fes fentimens; Et lors qu'il fut queftion de mettre à la raifon le Pape Alexandre VI. & l'obliger à ouurir les portes de Rome & du Chafteau S. Ange au Roy & à fon armee, il luy fut enuoyé Ambaffadeur & l'obligea à receuoir la loy de fa Maiefté, & à donner les villes de Ciuitavecchia, de Terracine, & de Spolete pour les tenir en oftage iufques à la conquefte de Naples, dont tout le Royaume fe rédit aux armes victorieufes du Roy Charles, qui fit fon entree triomphante dans toutes les villes, & notamment à Naples, où les principaux Seigneurs du pays luy vindrent prefter le ferment de fidelité, & luy amenerent leurs enfans que fa Maiefté fit Cheualiers de fa propre main; les plus belles Dames y vindrent auffi pour voir le Roy & tous les Seigneurs qui l'accompagnoient, qui defferent des Iouftes & des Tournois

pour l'amour d'elles, & leur donnerent le plaifir de iuger de l'adreffe, de la bonne mine & du courage des Caualiers François, entre lefquels la Trimoüille parut beaucoup comme eftant vn des plus galands & des meilleurs gendarmes qui fut à la Cour. En fin comme fa Maiefté voulut reuenir en France, tous les Princes d'Italie ioignirent leurs forces pour s'oppofer au paffage du Roy, qui fe fiant à la valeur des fiens, les attaqua auec tant de courage prés de Fornoue, que comme vn foudre de guerre il fe fit iour à trauers les plus efpais bataillons des ennemis, qui furent deffaits & renuerfez par la vaillance des François, qui acquirent vne memorable victoire à leur Roy; là fe fignala fur tous le genereux la Trimoüille qui cómandoit quatre cents lances, auec les Gentilshommes & les Archers de la maifon du Roy; ce vaillant & fage Seigneur ayant fur tout les yeux fur fa Maiefté, dont la perte ou la prife eut changé la victoire en defefpoir & en defolation: Iournee memorable pour auoir efté la premiere depuis vn long-temps, en laquelle on ait combatu en Italie auec carnage & tüerie obftinee, car auparauant les combats Italiens eftoient pluftoft fpectacles pleins de faft & de parade que veritables batailles. En fin le Roy eftát de retour en France mourut à Amboife, comme il eftoit fur le point de reuenir en Italie, laiffant pour fucceffeur Louis XII. aupar auâ Duc d'Orleans, qui ayant de tres-legitimes pretentions fur le Milanois à caufe de Valentine fa grád mere, en fit la cóquefte, & y eftablit les Seigneurs d'Aubigny & de Triuulce, qui en ayans laiffé perdre vne partie, & notammét la ville de Milan, par les diuifiós qui eftoient entr'eux; Le Roy y enuoya la Trimoüille auec de nouuelles forces, & comme il fut recogneu general, il perfuada fi bien Aubigny & Triuulce qu'il les reconcilia, & par vne generofité obligeante, defera toufiours beaucoup à leurs auis, en forte qu'on ne s'apperceuoit point qu'il y eut aucun changemét dans le Gouuernement, finon qu'au lieu de deux ils eftoient deformais trois teftes fouz vn chaperon. Dans cefte vnion & correfpondance, que la fageffe de la Trimoüille mania auec tant d'adreffe, pour le feruice du Roy, il fit marcher fon armee deuers Nouarre où eftoient les Suiffes qui compofoient la meilleure partie de celle de Louis Sforce, laquelle il attaqua auec tant de hardieffe, qu'aprés vn combat opiniaftré où toutes les troupes Italiennes de ce malheureux vfurpateur furent entierement deffaites & taillees en pieces, les Suiffes que la Trimoüille auoit fait practiquer n'ayans iamais voulu combatre, il obtint vne entiere victoire, & Louis Sforce qui dans cefte extremité s'eftoit defguifé en fimple foldat, & s'eftoit meflé parmy les rangs des Suiffes fut recogneu & prins prifonnier auec Galeas de S. Seuerin, le Fracaffe & Anthoine Marie fes freres; ils furent amenez au Seigneur de la Trimouille qui les fit fopper a fa table auec le Seigneur d'Aubigny, les confola fur l'efperance de la cleméce du Roy, & leur fit tous les honneurs qui fe peuuent rendre en femblable fortune, & puis les renuoya en France; le Roy eftant à Lyon qui enuoya Louis Sforce prifonnier dans la tour du chafteau de Loches. Le fruict de cette bataille fut la prife entiere de toutes les places du Milanois qui fe rendirent à noftre vaillant & fage General, qui aprés auoir affeuré tous ces peuples dans l'obeiffance du Roy, reuint à la Cour où il fut receu auec tous les hóneurs & toutes les careffes que fes gráds

K

ſeruices luy auoient fait meriter. Quelque temps aprés le Roy deſirant d'enuoyer vne nouuelle armee au Royaume de Naples aprés la mort de Gaſton de Foix Duc de Nemours, il en donna la conduite au Seigneur de la Trimoüille, qui eſtant tombé malade à Parme, ou ſelon quelques Autheurs, à Rome, il laiſſa la charge à François de Gonzague, Marquis de Mantouë, qui ne reüſſit pas en ceſte guerre. Et quant à luy eſtant releué de maladie, il fut enuoyé auec vne armee pour empeſcher l'Empereur Maximilian en Italie, d'où eſtát retourné victorieux il reuint en France, où le Roy faiſoit ſes preparatifs pour paſſer les monts, & taſcher de reprimer l'audace des Venitiens qui furent deffaits & mis en pieces à Agnadel où à la Guiraddade ; la Trimoüille qui auoit vn des principaux commandemens à l'armee, y ayant fait des merueilles de ſa perſonne, & beaucoup contribué au gain de la bataille. Et comme Maximilian Sforce, fils de l'infortuné Louis, eut ralumé la guerre par l'aſſiſtance de l'Empereur & du Pape Leon X. la Trimoüille eut encore ordre de s'aller oppoſer à ſes conqueſtes, & taſcher de retenir tous ces peuples inconſtans dans l'obeïſſance du Roy. Mais comme par les menees du meſme Pape l'Empereur & le Roy Henry d'Angleterre, & les Suiſſes auoient eſté nouuellement ſuſcitez pour aſſaillir conioinctement le Royaume de France, la Trimoüille fut rappellé, & comme il fut arriué en ſon Gouuernement de Bourgogne, il trouua que plus de vingt mille Suiſſes eſtoient ſur le poinct de deſoler toute ceſte Prouince, il ſe jetta promptement dans Dijon, où il y fut aſſiegé & preſſé viuement par pluſieurs attaques, auſquelles il reſiſta auec grand courage, & aprés auoir rendu tous leurs efforts inutiles, & prins dans quelques ſorties, pluſieurs priſonniers de marque il les ſceut traicter auec tant de ſoupleſſe, & leur fit de ſi belles promeſſes, que non ſeulement il leur fit leuer le ſiege, mais il les obligea auſſi à s'en retourner chez eux, & à quitter les alliances qu'ils auoient faictes auec l'Empereur & Louis Sforce, & renouueller celle de la France; ainſi ce prudent Seigneur deſtourna l'orage, & le fit tomber ſur les ennemis de la France. Et dans quelque temps le Roy Louis XII. eſtát mort, & François Premier luy ayât ſuccedé, ce genereux Roy reſolu de s'oppoſer puiſſamment à la ligue que l'Empereur, le Pape, le roy d'Arragon & Louis Sforce auoient faite, à laquelle ils auoient ioint les Suiſſes; Sa Majeſté paſſa en Italie auec tant de braues guerriers qu'il y remplit de terreur les plus aſſeurez, ſe ſeruant en cette glorieuſe expedition des ſages cóſeils de noſtre Heros qui y vint accompagné de Charles de la Trimoüille Prince de Talmont ſon fils. Le premier exploict que l'armee françoiſe fit en Italie fut la deffaicte & la priſe de Proſpere Colomne que le Pape enuoyoit au ſecours de Milan, auec quinze céts cheuaux qui furét tous tuez ou pris priſóniers; mais le Roy s'eſtant auancé trouua l'armee des Suiſſes à Marignan, laquelle il deffit entierement aprés vn combat rude & furieux où le Roy rédit des preuues d'vn courage magnanime, & d'vne inſigne valeur, à quoy il fut ſecondé par vn nombre infiny de vaillans Princes & Seigneurs François, &

notamment par Louys de la Trimoüille & par le Prince de Talmant ſon fils, qui y fut tué aprés auoir donné des preuues de ſa valeur dignes de ſon nom, & de ſa vertu, qui meritoit de n'eſtre pas ſi toſt eſteinte. La victoire que le Roy obtint fut d'autant plus memorable & glorieuſe que la bataille fut furieuſe, & la plus viuement & courageuſement opigniaſtree que jamais les Suiſſes ayent donnee ou ſoufferte, & qui par le teſmoignage meſme de Triuulce ſembla pluſtoſt liuree par des Geans que par des hommes, attendu que les dix-huict auſquelles il s'eſtoit trouué, n'eſtoient, diſoit-il, en comparaiſon de celle-cy, que batailles de petits enfans. Maximilian Sforce eſtant abbatu de la ſorte, & tout ſon Eſtat reduit à l'obeïſſance du Victorieux, ſe jetta entre les bras de ſa Majeſté, implora ſa faueur, à laquelle eſtant receu il fut emmené en France par Maulcon, frere de la Trimoüille; Et comme le Roy fut reuenu en France, pluſieurs choſes ſe paſſerent contre l'Empereur & l'Anglois, mais le plus remarquable armement qu'ils firent contre la France fut l'an 1523. que le Duc de Suſſolc auec quatorze mille Anglois, ſe ioignit aux forces Imperiales conduites par le Comte de Buras, & firent conioinctement ſix mille cheuaux, & vingt-cinq mille hómes de pied, auec leſquels ils attaquerent la Picardie, qui eut eſté perduë & la France en danger, ſi le Roy n'y cut promptement enuoyé la Trimoüille, dont la vertu ſi ſouuent eſprouuee pluſtoſt que le nombre des ſoldats, ſeruit de bouclier & de rempart inexpugnable, ayant par ſa ſage conduite & par ſa valeur ſi bien mené les ennemis qu'il les obligea à vne honteuſe retraitte aprés qu'il eut repris ſur eux la ville de Bohan, ſans leur laiſſer vn ſeul pied de terre de toutes leurs conqueſtes. Vne annee aprés l'Empereur Charles V. eſtant venu attaquer la France du coſté de la Prouence en fut viuement repouſſé par la valeur & par la preuoyance du Roy, qui ſe voyant vne ſi gaillarde & ſi fleuriſſante armee preſte, & ſes ennemis retirez ſe reſolut de leur couper chemin, ou d'arriuer le premier en Italie, & en effet il ſuprit les Milanois, & la Trimoüille qu'il auoit enuoyé deuant auec le Marquis de Saluces fit rendre Milan, dont il fut eſtably Vice-Roy, mais comme le Roy voulut aller aſſieger Pauie, & qu'il voyoit que ce ſiege ne ſe paſſeroit pas ſans que les Imperiaux le vinſent attaquer, il enuoya querir la Trimoüille à Milan, pour ſe ſeruir de ces conſeils, comme du plus vieux & du plus experimenté chef de guerre qui fut dans ſes armees; mais helas! la valleur du Roy trop boüillante, & ſon courage trop fougueux l'empeſcherent de ſuiure & de bien vſer des preuoyans aduis de ce ſage Seigneur, qui par mille raiſons apparentes ne peut diuertir ſon eſprit de donner la bataille deuant Pauie, où l'ennemy le vint attaquer; Bataille funeſte & malheureuſe par la priſe du Roy, par la perte de toutes ſes conqueſtes en Italie, & par la mort de pluſieurs Seigneurs de marque, & entre-autres du vaillant la Trimoüille qui y fut tué à l'aage de quatre-vingts ans pour ne ſuruiure pas à tant de mal heurs.

Il portoit pour armes d'or au chevron de gueules accompagné de trois aigles d'azur.

GASTO   DE FOIX
sub Ludouico 12°
prosapia magnus   maximus Euasisset-
genio et animi magnitu   nisi tantum ostensus
dine major.   Terris

il est faict
viceroy de
milan a la
age de 20
ans
nascendo maturus
il dissipe
les suisses
en les payant
breui quæ grandia præstat
bataille Contre les suisses
secours

Laprise de bresse
qui sauit parte Cadendum est
Il prend le chasteau de bresse
Lenit victoria martem
de basse boulogne
bataille de Rauenne

Marte tui Egregium   Currunipis Gasto triumphum
Gallia sic victrix se superasse dolet   Cum priul

ABREGE DE LA VIE ET DES ACTIONS

GLORIEVSES DE GASTON DE FOIX, DVC DE NEMOVRS,
Vice-Roy de Milan, & General des Armées du Roy Louis XII. en Italie.

ES fruicts qui sont printaniers sont les plus beaux & les plus estimez à cause de leur rareté, mais ils sont de peu de duree, & ne se gardent pas si long-temps que ceux que l'Automne nous donne ; les plus excellentes fleurs s'espanoüissent le matin, & sont flestries & fanees le soir ; *ipsa dies aperit conficit ipsa dies*, les plus esclatantes beautez durent le moins, & sont semblables aux esclairs & aux meteores qui estans les plus vifs & les plus brillans effets de la nature, passent si viste que les yeux les perdent aussitost comme ils les apperçoiuent. Le courage & la vigueur martiale en font le plus souuent de mesme, n'y ayant rien qui nous donne vn plus asseuré presage de leur fin prochaine, que la violence de leurs commencemens ; ce qui nous a souuent fait faire ceste remarque que les plus vaillans Capitaines qui agissent auec plus de feu, ne viuent pas long temps, & authorisent cet actiome naturel, que les choses les plus belles & les plus violentes ne sont pas de duree : Le Heros duquel ie pretens de descrire les plus remarquables actions, & sa mort glorieuse & precipitee, aprés vne vie pleine d'ardeur & d'impetuosité, sont vn exemple de ceste verité ; Gaston de Foix neueu du Roy Louys XII. qui luy donna la Duchesse de Nemours, auoit l'esprit si prest & si prompt à la guerre que le Roy l'ayant fait Vice-Roy de Milan, à l'aage de vingt-ans, fut contraint de luy donner des Gouuerneurs pour tenir en bride sa boüillante ieunesse, qui estoit pourtant accompagnnee de prudence & de iugement, comme le Roy auoit desia recognu au voyage que sa Maiesté fit en Italie l'an 1501. où nostre Gaston, quoy que fort ieune, donna les premieres preuues de sa valeur & de son esprit, mais encore plus particulierement l'an 1509. à la bataille d'Agnadel ou de la Guiraddade que le Roy gaigna contre les Venitiens. Les autres seruices qu'il rendit au Roy aprés auoir esté reuestu de la dignité de Vice-Roy & de General, commencerent par la souplesse & l'adresse qu'il fit paroistre à renuoyer les Suisses qui estoient venus pour attaquer le Milanois par les persuasions du Pape & de Maximilian Sforce. En suite il deffendit Boulogne contre l'armee des Venitiens, & contre celle du Pape qui y estoit en personne, & les deffit, le Pape s'enfuyant des premiers, & obligeant par son exemple tous les siens à s'en aller à vau-de-route. En allant à cette expedition, Gaston de Foix accompagné de plusieurs Seigneurs François passa par vne petite ville nommee Carpy, où il seiourna deux iours, & y fut entretenu auec plaisir par le Seigneur d'icelle qui estoit tres-sçauant, nommé Albert Pic Comte de Carpy, cousin germain de Iean François Pic Comte de la Mirandole : lequel entre-autres curiositez luy fit voir vn homme merueilleux qui sur les lineamens de la main, & sur les traits du visage & de la phisionomie predisoit à chacun tout ce qui luy deuoit arriuer, & leur disoit de poinct en poinct tout ce qui leur estoit desia auenu par le passé ; Gaston de Foix Duc de Nemours fut le premier qui luy tendit la main, & qui luy demanda s'il pourroit dire quelle estoit son inclination & ses deportemens à quoy le deuin respondit, tres-honnestes & tres-bons, mais que son cœur estoit remply de tant de feu & de tant de vigueur, qu'asseurément il ne seroit pas de duree ; il luy demanda aussi si le Vi-

ce-Roy de Naples, & les Espagnols attendroient la bataille, & à qui demeureroit la victoire, il respondit qu'asseuremét la bataille se donneroit le Vendredy Sainct, ou le iour de Pasques, & que les Espagnols la perdroient, mais que le champ estant demeuré aux François, ils n'y seroient gueres contens à cause de la mort, des plus grands de l'armee qui y seroient tuez. Aprés cela il dit leurs bonnes & mauuaises aduentures aux Seigneurs de la Palisse, de Humbercourt, de Richebourg, & au vaillant Cheualier Bayard, qui furent rauis de l'entendre pour ce qu'il leur disoit sur le champ les choses plus particulieres & plus secrettes qui leur estoient arriuees. Et pour faire encore mieux cognoistre sa science, & en auoir vn iour deux tesmoins illustres & irreprochables, il prit à part le Seigneur de la Palisse, & le Cheualier Bayard, & leur dit : Ie vois bien, Messeigneurs, que vous aymez bien ce braue & gentil Prince qui est vostre Chef, comme veritablement il le merite ; ie vous supplie de prendre bien garde à luy le iour de la bataille, car il court grande fortune d'y estre tué, s'il en eschappe, ce sera vn des plus grands & des plus esleuez Princes qui iamais sortit de France, mais il faut que ie vous confesse à mon grád regret, que ie trouue qu'il sera bien difficile qu'il s'en puisse sauuer, & pour cet effet pensez-y bien, car ie veux que vous me faciez trencher la teste, si iamais homme fut en si grand danger de mourir qu'il sera ce iour-là : il continüa à leur dire beaucoup de choses que le temps fit cognoistre veritables, soit pour le bien, soit pour le mal ; peu de iours aprés comme le Duc de Nemours estoit à Boulogne ioyeux de la victoire qu'il auoit euë contre les Venisiens & contre le Pape Iules, il receut noüuelles que Messire André Gritti Prouidadour de la Republique de Venise auoit surpris la ville de Bresse, mais que le chasteau tenoit encore, qui aprés celuy de Milan estoit la plus importante place que le Roy eut en Italie ; nostre braue Prince & tous les vaillans Capitaines de l'armee resolurent d'aller faire tous leurs efforts pour reprédre cette ville, & pour cet effet ils vserent d'vne telle diligence & d'vn tel bon-heur, que s'y acheminans ils taillerent en pieces six mille hommes qui estoient enuoyez pour munir & réforcer la ville de Bresse, conduits par Messire Iean Paul Baillon Capitaine general des Venisiens, qui laissant ses gens en proye s'en fuit honteusement, & reuint tout seul au mesme lieu, d'où il estoit party bien accompagné. Ce glorieux succez fit auancer en diligence le Duc de Nemours qui estant arriué dás le chasteau de Bresse fut aduerty qu'il y auoit dans la ville vn aussi grand nombre de gens de guerre qu'il en auoit amené auec luy, nonobstant quoy se fiant sur la valeur des siens, & sur l'affection qu'ils luy portoient, il resolut de donner vn furieux assaut à la ville, ce qu'il fit auec tant d'ordre, de bonne conduitte & de valeur que nonobstant la resistance & le merueilleux effort des ennemis, la ville fut emportee à viue force, plus de huict mille des ennemis ayans esté tuez en combatant, & tout le reste pris prisonniers auec leur General André Critti ; & pour ce que les habitans auoient tesmoigné vne grande auersion contre les François par leurs trahisons, & par l'enragee obstination, auec laquelle ils se deffendirent en iettant de l'eau & de l'huile boüillante sur les François, ils furent mis à sac, & plus de douze mille des plus opiniastres estendus sur les carreaux. A cet assaut le Duc de Nemours fit des merueilles de sa personne, ayant failly à y estre tué par le canon, qui donna deux ou trois fois à ses pieds. Le Cheualier Bayard se signalla aussi en cette attaque, & y agit de la mesme sorte qu'il auoit accoustumé de faire, & y receut vne tres-dangereuse blessure comme nous dirons dans l'abregé de sa vie : les François n'y perdirent pas cinquante hommes, & toute l'armee y fit vn si grand butin qu'il fut estimé à trois millions d'escus, ce qui apporta plus de perte que de profit au general des affaires, car la plufpart des gens de guerre s'estans faits riches, s'en retournerent en France, & l'on en eut grand besoin à la iournée de Rauenne. Le Duc de Nemours seiourna sept ou huict iours dans Bresse, pendant lesquels il donna ordre à tout ce qui estoit necessaire, & fit trencher les testes au Comte Louis Auogare qui auoit esté cause de la trahison pour reprendre la ville, à Thomas Delduc & à Hieronyme de Riue ses complices. Cependát le Roy enuoya plusieurs couriers au Duc de Nemours pour l'obliger à finir le plustost qu'il pourroit la guerre en Lóbardie, pource, disoit sa Majesté dans ses lettres, qu'il ne pouuoit pas entretenir tant de gens de guerre sans fouler son peuple, à quoy ce bon & sage Roy auoit vne merueilleuse auersion ; tellement que cela obligea nostre icune Heros à se disposer à aller presenter la bataille aux Espagnols ; il fit donc marcher l'armee, & tira droit à Boulongne, où le Duc de Ferrare, auquel il auoit rendu de si bons seruices, le vint ioindre ; il luy donna la conduite de son auant-garde, & au Seigneur de la Palisse ; dans leur marche ils rencontrerent l'armee Espagolle à quinze milles de Boulongne prés d'vn lieu nommé Castel sainct Pierre, conduitte par Reymond de Cardonne Vice-Roy de Naples, ce n'estoit qu'or, azur & broderie ; & tous les Officiers & Caualiers de l'armee ennemie estoient tres-bien montez sur de grands coursiers de Naples, ou sur d'excellens cheuaux d'Espagne, ce qui augmenta l'envie au Duc de Nemours & aux François de donner la bataille ; mais les Espagnols en fuyoient l'occasion, & se campoient tousiours le plus auantageusement pour n'y estre contraints que lorsqu'ils verroient le temps & l'occasion Dieu fauorables. D'autre costé plusieurs des plus sages Chefs des François ne conseilloient point qu'on hazardast la bataille, alleguans que la perte d'icelle entraineroit aprés elle celle de toute l'Italie pour le Roy, & que nul de ceux qui resteroit ne pourroit eschapper en vie, pour ce qu'ils auoient trois ou quatre riuieres à passer, & que tout le monde estoit contr'eux, le Pape, le Roy d'Espagne, les Venisiens, les Suisses, & generallement toutes les communes d'Italie, & que mesme ils n'estoient pas trop asseurez de l'Empereur. Mais le courage & l'ambitieux desir de gloire, poussant au contraire le vaillant & genereux Duc de Nemours ; ioint au conseil que luy en donnerent les Seigneurs de la Palisse, le grand Seneschal de Normandie, le Sire du Crussol, & sur tous le bon Cheualier Bayard, auquel il auoit vne tres-grande confiance, il resolut à quel prix que ce fut d'aller chercher & attaquer l'ennemy, & pour l'obliger à se battre bon gré mal gré qu'il en eut, le lendemain matin qui fut le Vendredy Sainct, le Duc de Nemours fit assieger & canonner la ville de Rauenne, qui estoit deffendüe par Marc Anthoine Colonne, qui soustint vigoureusement quelques assauts ; & comme l'on n'auoit attaqué cette place qu'en dessein de contraindre l'ennemy à la venir

secourir, l'armee fut mise en bataille pour l'attendre ; & le Samedy le Cheualier Bayard fut enuoyé au deuant auec ses gens pour l'engager insensiblement par quelques scaramouches, & recognoistre sa contenance, ce qu'il fit auec grand honneur ; en sorte que le lendemain qui estoit le iour de Pasques le Duc de Nemours, que l'histoire nomme, *le passe preux de tous ceux qui furent deux mille ans a*, resolut d'aller trouuer les ennemis & de les combatre ; pour cet effet il passa la riuiere, & fit tirer son canon pour faire sortir les Espagnols de leur poste, & en fin les vns & les autres se meslerent & combatirent auec beaucoup de courage ; mais la valeur des François fut telle, qu'encore qu'ils fussent beaucoup moins que les Espagnols, ils renuerserent tout, & tuerent plus de dix mille hommes sur la place, ne restant que quelques escadrons de caualerie à deffaire qui commençoit à prendre la fuitte, aprés lesquels le Duc de Nemours, contre l'auis du Cheualier Bayard & du Capitaine Louis d'Ars, voulut aller, mais son malheureux destin le fit tomber entre les mains de quelques gens de pied qui se retiroient qui l'attaquerent à coups de picques comme il vouloit passer vn fossé, dans lequel ils le renuerserent auec ceux qui l'auoient accompagné, l'histoire du Cheualier Bayard, disant en cet endroit, *que le bon Duc eut les jarrets de son cheual couppez, si se mit à pied l'espee au poing, & oncques Roland ne fit à Ronceuaux tant d'armes qu'il en fit là :* mais en fin accablé par la multitude, il fut tué par ces enragez, qui ne le voulurent iamais espargner, quoy que le Seigneur de Lautrec son cousin, leur criast, *ne le tuez pas, c'est nostre Vice-Roy, le frere à vostre Reyne.* il demeura sur le champ percé de plus de quinze blessures, & proche de luy le Seigneur de Lautrec qui n'en auoit gueres moins, desquelles pourtant il ne mourut pas. Le reste de l'armee Françoise estoit victorieuse de tous les costez, quoy que plusieurs bons Capitaines y fussent morts, mais dans vne si grande desolation pour la perte irreparable de leur vaillant General qu'ils aymoient tant, que si deux mille hommes fussent venus les attaquer sur ce temps-là ils n'eussent iamais eu le pouuoir de leur resister. Pourtant comme les Capitaines eurent tenu conseil, la ville de Rauéne fut prise d'assaut & cruellement saccagee ; Imole, Furly, Cesene, Riminy, & plusieurs autres places de la Romaigne se rendirent aux victorieux. Ainsi mourut glorieusement ce genereux & vaillant Prince aagé de vingt-quatre ans ; son corps fut mis dans vne litiere, & porté en grande pompe à Milan, suiuy de tous les prisonniers de marque qui seruoiét de trophée au funeste & mal-heureux triomphe de ce foudre de guerre, dont la valeur & la gloire s'estoit éuanouye comme vn esclair. Le Roy son oncle receut vn tel desplaisir de cette mort, qu'il profera ces tristes pleintes, à l'imitatió d'Annibal. *Ie voudrois auoir perdu tout ce que i'ay en Italie, & que mon neueu de Foix vescut ; ie souhaitte telles victoires aux ennemis, car si nous vainquions encore vn coup de cette sorte, nous serions entierement vaincus.*

Les armes de ce magnanime Prince estoient d'or à trois pals de gueules, lesquelles il porta escartellees auec celles de Nauarre & de Bearn, en broderie d'or & d'argent sur vne tres-riche cotte d'armes, le mesme iour de la bataille où il fut tué.

PETRVS BAYARD
EQVES
sub Car.º 8.º Lud.º 12.º
Et Fra. 1.º
Satis hoc vnum ad gloriam:
Vitæ actum Verba CAROLO
quod stratus In acie heluetiis
BORBONIO perfidam deffec-
vnigenus ille FRANCISCVS manu
tionem exprobrantia corona-
suæ Eques crearj Voluit, extremum
runt
Pectore dum firmo pugnam sustentat In hostem
Conuersa voluit saucius ore mori
Cum priuil.

Ous voyons en la personne du Cheualier Bayard la preuue de cette verité, que la noblesse est vne faculté naturelle qui reside en la semence de nos Peres, par laquelle ils produisent des enfans faciles & propres à la vertu ; ce qui obligea autresfois Homere parlant de Themaque, de dire que sa vertu estoit distillee de son pere Vlisse; & en effet, la noblesse que nous tirons de nos ancestres est vne teinture de leur sãg, & vn caractere tres-aduantageux qui nous porte à bien faire auec tant de puissance, qu'elle deuient cóme vne seconde nature. Les predecesseurs de nostre Heros ont esté tous vaillans, & il estoit presque impossible que de si bonnes plantes ne produisissent vn fruict qui leur ressemblast. Son trisayeul mourut aux pieds du Roy Iean, à la iournee de Poictiers; son bisayeul en celle d'Azincourt souz Charles VI. Son ayeul en la bataille de Montlehery, & son pere receut de tres-dangereuses blessures en celle de Guinegaste : Belles & admirables marques d'vne excellente genealogie pour rendre recommandable le Cheualier dont ie parle, & encore plus illustres en sa personne, pour ce qu'il a augmenté par l'esclat de sa valeur, & de sa sagesse le lustre de ses ancestres, & a adiousté à la Noblesse & pureté de son sang vne vie & vne mort si glorieuses, qu'il est impossible de pouuoir rien souhaitter pour la perfection d'vn Heros accomply, qui ne se trouue en eminence dans la suitte de ses admirables actions; & l'on peut dire que iamais il ne fut guerrier en son tout remply de tant de bonnes qualitez que luy. Il fut donné page au Duc de Sauoye qui le mena peu de temps aprés auec luy à Lyon où il vint pour voir le Roy Charles VIII. Et comme le Roy luy eut veu piquer son cheual auec autant d'hardisse & d'adresse qu'eut pû faire le meilleur Escuyer du monde, il le demanda au Duc de Sauoye qui le luy donna; Le Roy ioyeux d'vne si iolie acquisitió caressa le ieune Bayard luy donna le surnom de Picquet, & le recommanda au Seigneur de Ligny pour le luy garder. Peu de temps aprés sa Majesté partit de Lyon pour aller visiter son Royaume, & dans deux ou trois ans reuint dans la mesme ville, où vn vaillant Cheualier de Bourgongne nommé Messire Claude de Vaudray vint pour faire *faits d'armes à pied & à cheual*, & pendit ses escus à des colomnes pour cóbatre ceux qui y toucheroient, ce qu'ayant apperceu le ieune Bayard qui depuis trois ou quatre iours estoit sorty de page, il alla toucher aux escus, & cóbatit si bien contre ce vaillant Cheualier qu'il le vainquit en presence du Roy & de toutes les Dames qui luy donnerent le prix & l'honneur qui luy estoit deu. Ce qui fut vn asseuré presage de la renómee qu'il s'acquit depuis par sa valeur & du tiltre que sa haute vertu, sa sagesse & sa generosité luy acquirent *de bon Cheualier sans peur & sans reproche*. Le Seigneur de Ligny cognoissãt qu'il estoit besoin d'exercer le courage & l'inclination martiale du ieune Bayard, l'enuoya en Picardie dans la ville d'Aire où estoit sa cópagnie d'ordonnance, où nostre nouueau gendarme dressa vn Tournoy & combat à la Barriere pour l'amour des Dames où il fit des merueilles contre tous les assaillans, & acquit toute la gloire & tout l'honneur; mais pource qu'il estoit le chef de l'emprise, & qu'il en faisoit toute la despence, il donna les prix qui luy furent adiugez, qui consistoient à vn tres-riche bracelet d'or, & vn fort beau diamant, au Seigneur de Bellabre, & au Capitaine Dauid l'Escossois, pour ce qu'ils auoiét tres-bien combatu. Deux annees aprés le Roy Charles VIII. s'en alla auec vne puissante armee conquerir le Royaume de Naples où nostre Bayard fit des merueilles, mais sur tout à la bataille de Fornoüe, où tous les Princes & Republiques d'Italie joints ensemble furent deffaits comme ils pretendoient d'empescher le retour du Roy; là il tesmoigna vne valeur extraordinaire, ce qui obligea ce victoireux Prince de luy donner cinq cens escus, en escháge desquels il presenta à sa Maiesté vne enseigne de gens de cheual qu'il auoit gaignee en chassant les ennemis Quelques annees s'estans escoulees Charles VIII. mourut sans enfans à Amboise, auquel succeda Louis XII. auparauant Duc d'Orleans, lequel estant allé en Italie pour conquerir la Duché de Milan qui luy appartenoit à cause de Valentine sa grand mere; le Cheualier Bayard qui estoit desja en tres-haute reputation de valeur combatit à cheual vn vaillant Cheualier nommé Hiacinto Simoneta & le tua, cóme le raporte Alciat en son Traicté du duel; disant à l'honneur de ce genereux Gentilhóme Dauphinois, que ce combat fut vn presage manifeste de la ruine des Sforces. Et comme il auoit incessamment son esprit attaché à chercher les Couronnes, aprés en auoir acquis plusieurs dans les combats *à Outrance*, il en cherchoit aussi dans les Tournois & combats *à Plaisance*; il dressa durant son sejour en Italie vn Tournoy dans la ville de Carignan, en faueur de la Dame de Fluxas qu'il auoit autresfois aimee d'vn amour honneste, où il emporta le prix & la loüange de tout le monde, comme celuy qui ne pouuoit trouuer son pareil à la iouste, & aux combats de l'espee & de la hache. Il se trouua à la bataille de Nouarre où le Duc Ludouic Sforce fut deffait & pris prisonnier, & sa valeur contribua beaucoup au gain de la victoire: Et comme le Roy enuoya le Seigneur d'Aubigny à la conqueste du Royaume de Naples, le bon Cheualier y donna tant de preuues de sa vertu & de son experience, qu'il y acquit vn rénom eternel, & se fit aimer & honnorer par les ennemis mesmes, qui trembloient de peur toutes les fois qu'ils sçauoient qu'il estoit en campagne. Il combatit en duel Don Alonzo de Sancto Maiore, proche parent de Gonsalue Fernandes surnommé le bon Capitaine, & le tua pour vne querelle d'honneur en presence de plusieurs Seigneurs des deux partis ; & peu aprés treize Espagnols ayans deffié autant de François, le camp fut arresté proche de Trane au Royaume de Naples, où le Cheualier Bayard qui estoit le chef des Fráçois, fit de si grandes proüesses qu'il emporta le prix & la gloire sur tous, & s'acquit la reputation d'estre le meilleur, le plus fort & le plus adroit Cheualier du monde; mais son courage & sa haute valeur parurent auec admiration lors qu'il soustint sur vn pont qui separoit l'armee Françoise d'auec l'Espagnolle, l'effort & la violéte attaque de deux cens Cheualiers, quoy qu'il fut tout seul; là il combatit auec tant de hardiesse & tant de bon-heur qu'il les empescha de passer, & en renuersa deux des plus vaillans dans la riuiere de Garillan, il soustint ce violent choc durant vn si long-temps que les Espagnols confesserent depuis, *qu'ils ne cuidoient point que ce fut vn homme, mais vn ennemy*, c'est à dire vn diable. En fin ayant esté secouru, ces deux cens gens d'armes furent repoussez auec autãt de honte, que le bon Cheualier auoit acquis de gloire d'empefcher par cette action he-roïque que l'armee ne fut furprife: ce fut alors que Gonfalue Fernandes, furnommé le grand Capitaine, donna de fi honnorables Eloges à la vertu de noftre Bayard, & dit qu'encor que la France fut la mere des foldats, elle auoit beaucoup de Grifons, mais bien peu de Bayards, *Muchos Grifones e pocos Bayardos*. Aprés toutes ces belles actions le bon Cheualier re-uint en France où le Roy l'honnora de recompenfes, & puis le mena auec luy contre les Genois qu'il ayda à mettre à la rai-fon, ce fut en ce voyage que le Roy de France & le Roy d'A-ragon fe virent à Savonne aprés leur accommodement, & où le bon Cheualier receut mille carreffes & mille loüanges du Roy d'Arragon en prefence du Roy, auquel il dit frapant fur l'efpaule de Bayard, *Monfeigneur mon frere bien-heureux eft le Prince que nourrit de tels Cheualiers*. Le Roy de fon cofté honno-ra beaucoup Gonfalue Fernandes, qui fut rauy d'embraffer le bon Cheualier qui auoit fi fouuent fait fentir la pefanteur de fes coups à ceux de fon party. En fin pour abreger ce dif-cours qui feroit trop long fi nous voulions remarquer toutes les occafions où le Cheualier Bayard s'eft glorieufement fi-gnallé, nous dirons qu'il fut encore employé au fecours que le Roy enuoya à l'Empereur Maximilian contre les Venifiés. Qu'il accompagna le Roy contre les mefmes ennemis qui de-tenoient iniuftement la Comté de Cremone, la Guiradade & plufieurs autres terres, & luy ayda à gaigner plufieurs for-tereffes iufques à Pefquaire; qu'il fut au fiege de Padoüe pour le mefme Empereur, où il montra tant de hardieffe & tant de valeur aux approches, qu'il en fut grandement eftimé des amis & des ennemis, qui furét auffi fouuent battus aux cour-fes & aux parties qu'il dreffa contr'eux. Qu'il fecourut la Có-teffe de la Mirandole, & le Duc de Ferrare, & faillit à prendre le Pape Iules prifonuier, qui en prit la fievre de peur. Qu'il luy deffit huict mille hommes qui eftoient venus affieger vne place du Duc de Ferrare nommee la Baftide, & y laiffa plus de cinq mille morts fur la place. Qu'il s'employa vigoureufe-ment à deftruire le gros de l'armee du Pape deuant Boulon-gne. Qu'il ayda au Duc de Nemours à deffaire le Capitaine general des Venitiens André Gritty, & à prendre la ville de Breffe, où en combatant vaillamment il receut vn tres-dan-gereux coup de pique dans le haut de la cuiffe, le fer s'eftant rompu & demeuré dans la chair. Ce fut dans cette ville où il fit vne fi noble & fi genereufe action rendant aux deux filles de fon hofte les deux mille piftolles qui luy auoient efté don-nees par leur mere pour rachepter le pillage de fa maifon. Peu de temps aprés il fe trouua à la celebre bataille de Rauenne où il fit de merueilleux faicts d'armes, & ayda beaucoup au gain de la victoire; d'où eft ant de retour en France le Roy hon-nora fa vertu du Gouuernement de Dauphiné, & puis luy donna commiffion d'aller auec le Duc de Longueuille au fiege de Pampelonne, où il continua toufiours à bien faire, mais le voyage ne fut gueres heureux aux François; & com-me il eftoit deftiné à fe trouuer toufiours aux plus belles occa-fions, eftant arriué en France, il fut à la iournee des efperons où les Anglois & Bourguignons donnerent la chaffe aux Frá-çois, & pour ce que le bon Cheualier ne s'en fuit point com-

me les autres, il paya de fa perfonne, & fe rendit prifonnier à celuy qui s'eftoit auparauant rendu à luy. D'où eftant deliuré, peu de temps aprés, il reuint à la Cour où le Roy Louys XII. eftoit occupé à receuoir fa feconde femme Marie d'Angle-perre, pour l'amour de laquelle François Duc de Valois & d'Angoulefme le plus proche heritier de la Couronne, fit de fi belles io, & de fi magnifiques Tournois, dans lefquels noftre braue Cheualier Bayard fit cognoiftre que la reputation qu'il s'eftoit acquife dans tant de batailles luy eftoit tres-legirimement deuë. Mais le pauure Roy Louys XII. s'eftant trop fatigué à careffer fa nouuelle efpoufe, mourut trois mois aprés. Et François Premier luy fucceda, qui eftant facré & couronné, & ayant fait fon entree triomphale à Paris, fe pre-para pour fon voyage d'Italie, où il voulut auoir auec luy le bon Cheualier, qui fit des proüeffes incroyables dans la ba-taille que le Roy eut contre les Suiffes à Marignan, aprés la-quelle ce braue & victorieux Monarque cognoiffant la vertu de noftre Heros eftre fans feconde, voulut eftre fait Cheualier de fa main, & l'obligea à luy donner l'accolade à la mode des anciens Cheualiers, ce qui eft le plus fubli-me honneur qu'vn fujet puiffe receuoir de fon Souuerain. Et comme aprés plufieurs exploits il fut reuenu en France, le Roy l'enuoya à Mezieres pour la garder contre la puiffance de l'Empereur Charles le Quint, où il acquit vn fi grand héneur & y fit efclater fi hautement fa vertu & fa renommee, que comme il fut de retour en France le Roy luy alla au deuant auec tous les Princes, & luy fit faire vne entree dans Paris pleine de triomphe & de gloire, Sa Majefté le faifant mar-cher à cheual à cofté de foy, & luy ayant donné la main droi-te. Aprés quoy Le Roy l'enuoya encore en Italie, ou aprés plu-fieurs feruices fignalez qu'il rendit à fa Maiefté, il fut tué d'vn coup d'arquebufe; quelques autheurs difent d'artillerie, dás vne retraitte qu'il faifoit deuát l'énemy: d'abord qu'il fe fentit frappé il fe recommanda à Dieu auec grande contrition, baifa la croix de fon efpee, & s'eftant fait affeoir au pied d'vn arbre le vifage tourné contre les ennemis aufquels il n'auoit iamais montré le dos, il parla auec tres-grande generofité au Mar-quis de Pefquaire, & au Duc de Bourbon qui plaignirent fon defaftre, & luy firent de tres-grands honneurs, il fut porté en Dauphiné où il fut regretté vniuerfellement des grands & des petits, & fut enterré tres-folemnellement au Conuent des Minimes prés de Grenoble où fon corps repofe attendant d'e-ftre rejoint auec fa belle ame, & ioüir enfemble des felicitez eternelles, que fes hautes vertus, & notamment fa deuotion & fa grande charité luy ont acquifes.

Il eftoit fage, vaillant, genereux, clement, magnanime, liberal, craignant Dieu, ennemy des traiftres & des lâches, & le Cheualier le plus affectionné au feruice de fon Roy, & de fa patrie qui fut au monde; Enfin il eftoit parfait en toutes chofes; & la ieune nobleffe le doit prendre pour le plus noble & pour le plus augufte modelle qu'elle puiffe iamais imiter pour acquerir la veritable gloire & le plus folide honneur.

Il portoit pour armes d'azur au chef d'argent chargé d'vn lyon naiffant de gueules, au filet d'or mis en bande brochant fur le tout.

CAROLVS DE COSSE
Sub Hen.º 2.º
POLEMARCHVS
et Carolo 9º
bellis sub alpinis Clarissimus,
sed eo Clarior quod sine gratiâ
magnus, et plus negoty aduersus
aulicum fauorem, quàm hostes
regni armatos expertus sit,
maximus quod ad Iussa regis,
restituendæ sabaudæ ditionis
Cunetator et officiose Inobsequens fuerit
il Combat un lion
vaillant et veillant
estant pres des tours après se fait la force
hostes domat atque Leones
il secourt parme et la mirande
bataille de
Chaalons
E. prise de Cesal
nec Iussa Capta relaxat
prise du fort doubleteul
faci pro ludius nostri
Alpinos populos marte Insubres q̃ subegit
dux promptus dextra Consilq̃ potens

ABREGE' DE LA VIE ET DES ACTIONS

GLORIEVSES DE CHARLES DE COSSE', COMTE DE BRISSAC,
Mareſchal de France, & Lieutenant general des armees du Roy en Italie, ſouz le Regne de Henry II. de François II. & de Charles IX.

A vertu militaire & la ſageſſe eſleuſrent Charles de Coſſé à cette grandeur qui le rendit illuſtre; ſans que ſa beauté n'y la gentilleſſe de ſon eſprit, qui ſelon l'opinion de quelques-vns luy acquirent la faueur de la Ducheſſe de Valentinois, & de quelques-autres Dames des plus puiſſantes de la Cour, y ayent rien contribué : car encore que ſa bonne mine & ſa politeſſe l'ayent rendu tres-agreable à ce beau ſexe, & luy ayent acquis parmy les plus galantes le ſurnom *du beau Briſſac*. La reputation & la gloire qu'il s'eſtoit deſia acquiſe ſouz le Regne de François I. par pluſieurs belles actions, auparauât qu'il parut à la Cour auec cet eſclat dont il gaigna tous les cœurs, ſont de tres-éuidens teſmoignages que ſon ſeul merite & ſon courage obligerent ſon Prince à l'aimer, & toute l'Europe à reuerer ſa valeur.

Il paſſa ſon enfance prés de Monſeigneur le Dauphin qui mourut à Lyon, duquel il fut paſſionnément aymé; mais d'abord qu'il peuſt porter l'eſpee, ſon cœur qui n'eſtoit né que pour des choſes grandes luy fit chercher la guerre pour ſe rendre digne heritier du ſang de ſes illuſtres predeceſſeurs. Le voyage de Naples fut le premier theatre où il fit voir les premices de ſa valeur, & ſon courage le porta touſiours bien auât dans les plus chaudes occaſions, auec l'admiration de tous ceux qui le virent; Et comme il eſtoit touſiours richement veſtu & doüé d'vne propreté extreme, vn officier Eſpagnol qui auoit eſté pris dans vn combat ayant encote ſa lance toute entiere, le voulut railler ſur ſa taille qui paroiſſoit aſſez foible, & ſur ce qu'il auoit le viſage ſi ieune, & le teint ſi beau, luy diſant, *Mon Gentilhomme, ie croy que voſtre maiſtreſſe vous a depuis peu enuoyé en ce pays, pour deſſendre la renommee de ſes beautez qui doiuent eſtre fort rares, puis que les voſtres y ſont aſſeruies;* à quoy le braue & hardy Briſſac reſpondit; *Ie n'auray pas beaucoup de peine à la deffenſe, ſi tous les Caualiers de voſtre party vous reſſemblent, & s'ils ſe laiſſent prendre honteuſement priſonniers, comme vous auez fait ſans rompre voſtre lance;* ce qui rendit confus ce brauache extrauagant qui ne ſçauoit pas que parmy les François, ceux qui ſont les plus polis & les mieux ajuſtez, ſont bien ſouuent les plus courageux & les plus vaillans. Au retour de ce voyage le Roy donna à Briſſac deux compagnies de cheuaux legers, qu'il mena en Piedmont, où il ſignala ſon courage & ſon nom en pluſieurs rencontres; ce qui obligea ſa Majeſté de le recompenſer d'vne charge de Colonel de quinze compagnies d'infanterie, ſurnommees *les enſeignes iaunes*, auec leſquelles il rendit encore de tres-grands ſeruices en Italie, d'où elles furent rapellees pour aller au ſiege de Perpignan, ou entre pluſieurs combats memorables auſquels il rendit touſiours ſa gloire plus auguſte, la valeur inſigne qu'il monſtra à vne furieuſe ſortie que les ennemis firent pour venir enclouër le cánon, luy acquit vn laurier immortel; car ſçachât que les ennemis s'eſtoient rendus maiſtres de la tranchee & de la batterie, il y accourut promptement auec vne douzaine des ſiens, la picque à la main, & y fit vn ſi puiſſant effort que nonobſtant leur nombre, il les repouſſa ſi rudement qu'il en demeura ſix ſur la place, & mena le reſte batant iuſques dans la ville, quoy qu'il eut receu vn coup de picque à la cuiſſe, & qu'vne arquebuſade luy eut enfoncé le gorgerin; il eut

pour ſpectateur de cette belle action le Dauphin de France, & tous les plus braues de l'armee, qui luy en donnerét de ſi hautes loüanges, que ce ieune Prince deuint jaloux & enuieux de ſa gloire, & dit tout haut, que s'il n'eut eſté ce qu'il eſtoit il eut voulu eſtre Briſſac. Peu de temps aprés le Roy luy donna vne compagnie d'ordonnance, auec la charge de Colonel general de la caualerie legere de France, de laquelle il s'acquitta auec tant de valeur & de reputation que les plus grands & les plus ambitieux Princes de France s'eſtimerent bien heureux de pouuoir faire la guerre, & apprendre leur meſtier ſouz vn ſi glorieux modele: en ſorte que l'hiſtoire nous apprend, que Monſieur de Vendoſme & ſes freres, & Monſieur de Guiſe, allerent ſouuent paſſer la nuict dans ſa tente où dans ſon logement, pour ſe trouuer prés de luy lors qu'il monteroit à cheual, & qu'il iroit à la guerre : La cognoiſſance que le Roy auoit de ſa prudence & de ſa bonne conduite, ayant obligé ſa Majeſté, à commander à ſon fils, & aux plus grâds de la Cour de ſuiure, & d'imiter les actiós d'vn ſi grand perſonnage, ſouz qui les plus perilleuſes entrepriſes auoient touſiours vn ſuccez plein de gloire & de bon-heur. Quelque temps aprés l'Empereur Charles V. ayant aſſiegé Landrecy, le Roy alla en perſonne pour le ſecourir, & pour y faire entrer des gens & des viures, ce qui fut vaillamment execute; mais comme l'armee de ſa Majeſté eſtoit beaucoup inferieure en nombre à celle de l'Empereur, le Roy reſolut de ſe retirer en ſeureté, & pour cet effet il enuoya Briſſac auec ſa caualerie, & le vaillant Colonel San-Petre Corſe (duquel ſont deſcendus les Seigneurs d'Ornano) pour donner l'alarme par deux endroits, & amuſer l'armee de l'Empereur pendant que le Roy leueroit ſon camp, & feroit ſa retraite; à quoy ces deux grands Capitaines reüſſirent auec tant de bon-heur, & tant de gloire, qu'ils ne firent pas ſeulement ce qui leur eſtoit commandé, mais ils tuerent auſſi beaucoup des ennemis, & reuindrent victorieux au camp Royal proche de Vitry : Briſſac eſtant tout couuert de ſang & de pouſſiere, & toutes ſes armes deſcouppees & ſes habits rompus, pour ce que fauoriſant la retraite des ſiens, qui auoient eſté chargez par le gros de l'armee Imperiale, il auoit eſté pris & recous par trois fois; En cet equipage il arriua heureuſement à l'armee comme le Roy acheuoit de ſoupper, qui le voyant en ce glorieux deſordre ſe leua de ſon ſiege, & le courut embraſſer, auec des remerciemens & des loüanges dignes du ſeruice ſignalé, qu'il auoit receu de ce vaillant & ſage Capitaine, auquel il fit donner à boire à ſa couppe, pour ce qu'il eſtoit reuenu tout eſchauffé & alteré de ceſte dangereuſe action. Vne annee aprés ce vaillant Roy eſtant mort, Henry II. ſon fils luy ſucceda, qui cognoiſſant depuis lóg-temps la haute valeur de Briſſac, l'honnora du colier de ſon ordre, & luy donna la charge de Grand Maiſtre de l'artillerie, ce qui l'obligea d'employer tout ſon loiſir à l'eſtude des mathematiques, dont il fit ſi bien ſon profit aux guerres d'Italie, ou il fut enuoyé, & peu aprés creé Mareſchal de France aprés la mort du Prince de Melphe, auquel il ſucceda ſi dignement. Eſtant arriué à Turin il donna tous les ordres neceſſaires, pour la police & pour le fait de la guerre, reſtablit la diſſipline militaire, reforma les abus, & accouſtuma les ſoldats à la fatigue, les obligea à eſtre touſiours armez & à bien obeir à leurs officiers; Il ſecourut le Prince de Parme &

la Mirandole, & ayant pris Quiers, Sainct Damian & plusieurs autres places, obligea Don Ferrand de Gonzague d'abandonner le Parmesan pour venir deffendre le Milanois & le Montferat. Et pour ce que le Mareschal de Brissac s'estoit acquis vne si haute reputation dans l'esprit de tous les François, & vne estime & affection si particuliere du Roy, qu'il ne cessoit iamais d'exalter son courage, & de parler de sa haute sagesse & profonde experience : plusieurs Princes & grands Seigneurs François vindrent en Italie, non seulement par le congé du Roy, mais aussi poussez par ses persuasions, pour faire leur apprentissage souz ce grand Capitaine ; à sçauoir le Duc d'Anguyen, les Princes de Condé, les Ducs de Nemours & d'Aumale, le Marquis d'Elbeuf de la maison de Guise, le grand Prieur de France, les Seigneurs de Montmorency, Vidame de Chartres, de la Rochefoucault, d'Aubigny, de Rendan, de Connor, de Ventadour, d'Vrfé, de la Chastre, de Lude, de Genlis, de Senecterre, & plusieurs autres iusques au nombre de soixante, tous suiuis de quantité de Gentils-hommes des plus vaillans de la Cour; le Mareschal quoy que glorieux d'auoir dans son armée de si illustres volontaires, eut souhaité quelquefois que tous ces braues eussent esté encore à la Cour, car il eut mille peines de contenir leur bouillante ieunesse dás l'obeissance & dans la discipline, souz laquelle il les obligea à viure aussi bien que le moindre soldat de son armee. Les sieges, les assauts & les combats furent si frequents que les vns & les autres eurent vn champ assez spacieux pour exercer leurs courages; nostre vaillant Mareschal prit sur les ennemis plus de trente villes, chasteaux ou forteresses, fit leuer diuers sieges aux ennemis, & offrit de les combattre en bataille dans la cápagne de Butiglieres, tâcha de les y forcer par diuerses attaques & scaramouches, mais Don Ferrand de Gonzague n'en voulut pas gouster ; Quelque temps aprés le Mareschal prit Yvree & tout le pays de Biellois, saisit Creuecœur, & força Santia, & comme les ennemis eurent entrepris de fortifier Carinare, il y accourut, les tailla en pieces, & les chassa auec perte de plusieurs vaillás soldats. Mais entre tous ces exploirs, celuy du siege & de la conqueste qu'il fit de la ville, du chasteau & de la citadelle de Casal est tres-considerable; cet excellét General y ayant acquis vn renom eternel, & mis sa gloire au plus haut comble qu'elle peut arriuer, sa constance, son courage & sa valeur, ayant rauy en admiration les ennemis mesmes, qui confesserent que ce Seigneur faisoit auec peu de forces & peu d'argent réussir à son honneur les plus grandes & les plus penibles entreprises, contre des forteresses inexpugnables, & des armees beaucoup plus grádes que celles qu'il commandoit; aussi a-il esté comparé par plusieurs poëtes François & Italiens, à Hercule pour sa valeur, à Hannibal pour ses ruses, à Fabius pour sa sagesse, & à Cesar pour son courage & pour son bon-heur, il prit aussi le fort ou chasteau de Courteville aprés plusieurs rudes attaques où il courut danger d'estre tué, ayant esté engagé vn peu trop auant par le sieur de Montluc, qui par sa valeur fut aussi fait Mareschal de France. L'an 1555. le Duc d'Albe vint en Italie auec de tres-grandes forces, ausquelles nostre Mareschal resista auec beaucoup de vigueur, & fit perdre à ce grand Capitaine Espagnol l'esperance qu'il auoit conceuë de reconquerir bien-tost ce que Gonzalue son predecesseur auoit laissé perdre; mais le Mareschal montra en plusieurs belles occasions, qu'il sçauoit vaincre en tout temps, & que la reputation du Duc d'Albe l'obligeroit à de plus hautes entreprises. Et en effet il assiegea & prit Vulpian, & deffit le secours que les ennemis y vouloient faire entrer. Et quelque têps aprés il emporta par force la ville & forteresse de Vignal, ou il y eut plus de douze cens des ennemis tuez au dernier assaut ; Et pour ce que les François y combatirent comme des lyons, ce genereux Mareschal donna à tous ceux qui s'y estoient le plus signalez, vne chaisne d'or de cent escus, ou pendoit vn escusson en ovalle auec cette inscription : *Donum Caroli Cossei ob signum militare in cruenta Vignalu expugnatione captum*, inuitant par ceste glorieuse largesse tous les soldats de só armée à executer auec grád courage les plus estonnantes & les plus dangereuses entreprises. Ce fut là ou cet intrepide Mareschal condamna à la mort le ieune & vaillant Boissy son parent pour auoir esté si audacieux de mórer à l'assaut contre le commandement qui auoit esté fait de n'y aller que lors que la trompette en auroit donné le signal; mais ceste rude sentence fut moderee à quelques iours de prison & à vne seuere censure qu'il fit en presence de tous ses Capitaines au pauure Boissy, auquel il dóna en suitte vne belle chaisne d'or pour le recompenser de la valeur qu'il auoit tesmoignee à la prise de ceste ville : Quelque temps aprés il prit Valsenieres & Cairas, deffit les ennemis deuant S. Damian, & peu aprés les battit encore auec vn succez notable au mesme lieu où auoit esté donnee la bataille de Cerisoles, & leur fit leuer le siege qu'ils auoient ozé mettre deuant Casal. Enfin aprés tant de victoires nostre glorieux Mareschal fut rappellé en France, peu de temps aprés la mort du Roy Henry II: La Reyne Catherine de Medicis le receut auec de tres-grands tesmoignages de la haute consideration ou il estoit dans son esprit, & luy donna le Gouuernement de Picardie pour toute recompense; sa Maiesté ayant souffert qu'il payast de son argent, quelques marchands Piedmontois, desquels il auoit emprunté cent mille francs, pour le seruice de l'Estat, par vn ordre exprés qu'il en auoit eu de la Cour. Sa vertu n'ayant point réceu de plus solide prix, que ceste satisfaction interieure qui luy restoit, d'auoir esté le glorieux instrument dont le ciel s'estoit seruy pour l'heureux acheuement d'vn si grand nombre d'admirables exploits, qui luy attirerent l'amour & le respect de toute l'Europe, & le firent considerer aux François auec admiration. Il seruit encore le Roy en plusieurs occasions importantes durant les troubles de la religió, & notamment à la bataille de Chaalons qu'il gaigna, & au Havre de Grace qu'il recouura sur les Anglois, faisant en ceste occasion la charge de Lieutenát general en l'absence de Mósieur le Connestable, qui arriua au siege comme la ville estoit sur le point de se rendre. Enfin ce victorieux Mareschal chágea les triomphes de ceste vie, auec ceux du ciel l'an 1563. & la mort luy donna le repos qu'il n'auoit iamais trouué durant sa vie. Nous restant encore vne particularité remarquable pour sa gloire, que le Connestable Anne de Montmorency estant tombé malade, & en danger de mort, conseilla au Roy qui l'estoit venu voir de donner l'espee de son office au Mareschal de Brissac au cas qu'il vint à mourir; ce qui n'estant pas arriué: Sa Maiesté iugeant bien qu'il la meritoit mieux qu'aucun autre, luy enuoya au lieu de celle de Connestable, la siéne propre, de laquelle il s'estoit tousiours seruy à la guerre; Sa Maiesté sçachant qu'il n'y auoit iamais eu personne en Fráce qui eut combatu auec plus de zele & plus de courage pour la gloire des fleurs de lys que ce braue Seigneur, qui mesme auoit eu la hardiesse d'affronter & de tuer vn lyon qui s'estoit eschappé.

Il portoit pour armes de sable à trois faces d'or dentelees par le bas.

ANNAS DE MONTMORENCY
Sub Ludou° 12° francisco 1°
Utramque fortunam expertus
est, Henricj tamen secundj tam
pertinaci fauore potens extitit,
ut Captiuus Centum urbium

COMES STABVLI
Hen° 2° Fran: 2. et Caro: 9°
Iacturâ ab eo redemptus sit
unde non galliæ commodo tantum,
sed et dispendio magnus habitus est

Foelix qui pugnans Cecidit sub mænibus urbis
pro patriâ et prisca religione senex

Cum priuil.

ABREGE DE LA VIE ET DES HEROIQVES

ACTIONS D'ANNE DE MONTMORENCY, DVC ET PAIR,
& Conneſtable de France , ſouz les Rois Louis XII. François I. Henry II.
François II. & Charles IX.

IL y a vne ſi ample matiere de gloire dans la ſuite des actiós heroïques d'Anne de Montmorency, que ſans que ie m'amuſe à parler de l'ancienneté de ſon illuſtre famille, & de l'excellence de ſes predeceſſeurs ; i'auray peine de remarquer dans cet abregé la moitié des belles choſes qu'il a faites pour le ſeruice & pour la gloire de nos Roys, renuoyant les curieux aux liures du ſieur du Cheſne, & aux hiſtoires de France , qui les ſatisferont plus amplement que ie ne ſçaurois faire dans ſi peu d'eſpace ; me contentant de dire que cet auguſte Seigneur a releué plus que nul autre de ſes anceſtres l'eſclat & le luſtre de ſa maiſon, & qu'ils'eſt acquis par ſa ſeule vertu les plus grands Eſtats & les plus hautes dignitez du Royaume, auec le glorieux ſurnom de Grád General d'armee, & d'incomparable Conſeiller d'Eſtat. Eſtant tres-veritable que de ſon temps il ne s'eſt preſenté aucunes importantes occaſions, de faire la guerre ou de traicter la paix, tant dedans que dehors le Royaume, auſquelles il n'ait touſiours eſté employé des premiers.

A l'aage de douze ans il fut donné par le Roy Louys XII. à François I. lors Duc de Valois & Comte d'Angouleſme, heritier de la Couronne, pour eſtre eſleué & nourry prés de ſa perſonne, & luy ſeruir d'enfant d'honneur ; il s'y comporta ſi ſagement , & ſe rendit ſi agreable à ce Prince, qu'il l'ay-ma touſiours depuis , & le conſidera de telle ſorte qu'eſtant paruenu à la Couronne il le fit touſiours monter plus haut, & partagea auec luy toute ſon authorité. Et comme ſon inclination le portoit au meſtier de la guerre, il luy donna premierement la charge de Lieutenant de la compagnie de cent hommes d'armes d'Artus Gouffier, Seigneur de Bonniuet, Grand Maiſtre de France ſon couſin germain, laquelle compagnie il conduiſit à l'aage de vingt ans en Italie, & ſe trouua en toutes les plus perilleuſes occaſions lorſque François I. alla conquerir le Milanois , & notamment à la deffaite de Proſper Colomne, & à la celebre bataille de Marignan où les Suiſſes furent vaincus. Le Roy recompenſa les premiſſes de ſa valeur d'vne compagnie de cinquante lances, & du Gouuernement de Nouarre ; Et eſtant de retour en France, il luy conferal'Eſtat & Office de Capitaine du Chaſteau de la Baſtille à Paris, que tenoit auparauant le Seigneur de Montmorancy ſon pere : l'an 1519. aprés pluſieurs autres ſeruices ſignalez, noſtre braue Montmorency ſe trouua à l'entreueuë des Rois de France & d'Angleterre entre Ardres & Guines, & parut auec magnificence aux Iouſtes & aux Tournois quis'y firent ; & comme l'Empereur eut paſſé en Angleterre pour traicter quelque accord au prejudice de la France, il y fut enuoyé pour rompre & diſſiper ſon deſſein, à quoy il reüſſit auec tant de prudence qu'il rendit le voyage de l'Empereur entierement infructueux. L'an 1520. le Roy l'honnora de l'Eſtat du premier Gentilhomme de ſa chambre ; & quelque temps aprés deſirant de faire cognoiſtre à ſa Maieſté l'enuie qui le poſſedoit ſans ceſſe de ſe rendre digne de ſes faueurs , il ſe ietta dás la ville de Mezieres que toutes les forces de l'Empereur Charles V. auoient aſſiegé, & pour ce qu'il deſeroit beaucoup à la vertu & à la reputation du Cheualier Bayard qui en eſtoit Gouuerneur, il donna des glorieuſes preuues de ſa valeur ſouz ſes ordres, & notamment lors qu'il vainquit à la Iouſte

le Comte d'Egmont qui eſtoit venu deffier le plus braue Caualier de la ville aſſiegee ; & comme le Roy eut eſté aduerty de la reuolte des Milanois, il enuoya Anne de Montmorency en Suiſſe pour y leuer ſeize mille hommes, qu'il conduiſit à Milan en qualité de Capitaine General, où il continua de ſe porter fort genereuſement en diuers combats , mais ſur tout à la iournee de Gambolat, à celle de la Bicoque, & à la priſe de Nouare ; Enſuite de quoy il fut enuoyé à Veniſe pour tâcher de maintenir cette Republique à la deuotion du Roy. De là il reuint en France où ſa Maieſté le receut auec des honneurs d'autant plus rares & glorieux que ſes derniers ſeruices eſtoient conſiderables ; le Roy le fit Cheualier de ſon Ordre, & luy donna l'Office & dignité de Mareſchal de France l'an 1522. auparauant qu'il eut atteint l'aage de vingt-cinq ans. Et cóme le Roy d'Angleterre gaigné par les pratiques de l'Empereur voulut attaquer la Picardie, noſtre ieune Mareſchal y fut enuoyé auec les deux cens Gentils-hommes de la maiſon du Roy, & quelques autres trouppes, par le moyen deſquelles il deffendit Corbie, rauitailla Theroüenne, & rendit les efforts des Anglois inutiles ; de là il reuint glorieux à la Cour d'où le Roy le renuoya encore en Italie à la teſte de douze mille Suiſſes pour ioindre l'Admiral de Bonniuet, qui dans la marche qu'il fit vers le Milanois dóna l'auant-garde à Mórmorancy qui prit Nouare & toutes les autres villes de l'Omeline. Et comme Charles de Bourbon, auparauant Conneſtable de France eut quitté le ſeruice du Roy pour prendre le party de l'Empereur, & qu'il fut venu attaquer la Prouence auec vne tres-puiſſante armee, Montmorency le pourſuiuit ſi viuement aprés luy auoir fait leuer le ſiege deuant Marſeille, qu'il deffit vne grande partie de ſes troupes, ne leur dónant loiſir de reprendre leur haleine iuſques à ce qu'il les eut entierement chaſſez hors du Royaume. Ces ſeruices obligerent le Roy de le recompenſer du Gouuernement de Languedoc : En ſuite de quoy il accompagna ſa Maieſté en Italie, où il continua à rendre des preuues de ſa valeur & de ſon experience ; mais le malheur ayant voulu affliger la France par la perte de la bataille de Pauie, il ſuiuit la meſme fortune de ſon maiſtre, & fut pris priſonnier auec le Roy ; qui ayant reſpondu de ſa rançon, l'enuoya en France à Madame la Regente pour moyenner la deliurance de ſa Maieſté, à quoy il reüſſit auec tant de prudence & d'honneur, que le Roy eſtant de retour d'Eſpagne où il auoit eſté mené priſonnier, recompenſa les penibles ſoins de ce ſage Seigneur de la charge de grand Maiſtre de France, & du Gouuernement de Nantes, enuiró lequel téps en l'annee 1527. il eſpouſa Magdelaine de Sauoye, niepce de Madame Louyſe de Sauoye ſa mere, & fille de feu Monſieur René legitimé de Sauoye, ſurnommé le grand Cóte de Villars, Gouuerneur de Prouence, & grand Maiſtre de France. Aprés ſes nopces il fut choiſi pour aller porter au Roy d'Angleterre Henry VIII. l'ordre de ſa Maieſté, & confirmer les alliances. Il fut à ceſte auguſte Ambaſſade accompagné de plus de ſix cens Seigneurs ou Gentils-hommes ſuperbement veſtus, & y fit de ſi ſomptueuſes & magnifiques bombances que les Anglois en furent rauis en admiration : le Roy d'Angleterre luy rendit & obligea toute ſa Cour à luy rendre des hóneurs indicibles, n'eſpargnant rien pour luy teſmoigner l'eſtime particuliere qu'il faiſoient de ſa perſonne & de ſa haute vertu, iusques-là que sa Maiesté parmy vn nombre infiny d'admirables diuertissemens, permit pour le fauoriser, que Madame Marie d'Angleterre sa fille ioüast vn des personnages aux Comedies qui s'y representerent. Estant de retour en France, le Roy ayant vne cognoissance parfaite de sa suffisance & de son affection, l'esleut pour estre le mediateur de l'execution des choses promises au Traicté de Cambray, pour la deliurance des enfans de France, qui auoient esté enuoyez en ostage, & pour le payement de la rançon que le Roy auoit promise. Cóme aussi pour traicter de son mariage auec Eleonor d'Austriche, sœur de l'Empereur Charles V. En suite de quoy il s'achemina à Bourdeaux & à Bayonne, où il fit porter douze cens mille escus qu'il fit compter au Connestable de Castille entre Andaye & Fontarabie, & receut sur vn pont qui auoit esté dressé sur la riuiere qui separe la Guyenne d'auec la Biscaye, les enfans de France qu'il ramena à leur pere, auec Madame Eleonor sœur de l'Empereur qui fut incontinét espousee par le Roy. Aprés quoy sa Maiesté luy donna la charge de faire preparer tout ce qui estoit requis pour la solemnité de son sacre, & de son couronnement qui se fit à S. Denis en grande ceremonie. Et puis l'an 1532. le Roy estant allé à Boulogne pour s'aboucher auec le Roy d'Angleterre, nostre braue & vaillant Montmorency fut honnoré du colier & jarretiere de l'ordre de sa Maiesté Britannique; & vn an aprés il fut enuoyé en Prouence pour faire tous les preparatifs necessaires à l'entreueuë que le Roy & le Pape firét à Marseille qui fut tres-belle & tres-magnifique. Ainsi passant par toute sorte de grades & d'honneurs auec toute la gloire qui se peut acquerir par vn excellent esprit, par vn iugement solide & par vne grandeur de courage extraordinaire, le Roy luy donna encore le commandement de son armee pour s'aller opposer aux menaces, & à l'espouuentable armee auec laquelle l'Empereur Charles V. vint en personne attaquer la Prouence: dés lequel employ nostre Heros fit si bien cognoistre l'excellence du iugement & du choix de son maistre, qu'en peu de iours soit par des stratagemens, ou par force & resistance ouuerte, il dissipa, ruina, deffit & chassa honteusemét hors du Royaume ce grád Empereur, qui n'y laissa autres marques de só entreprise, que les corps de plus de vingt-cinq mille de ses meilleurs hommes. L'an 1537. le Roy fit encore son Lieutenant general le grand Maistre de Montmorency, & luy donna vne armee pour aller recouurer la Comté d'Artois & celle de S. Pol, & pour secourir Therouenne, ce qu'il executa tres-vaillamment au cótentement de sa Maiesté, qui peu de temps aprés l'enuoya en Piedmót où il força le pas de Suse, & fit plusieurs belles actiós; & puis il eut ordre d'aller à Leucate traitter & acheuer la paix auec les Ambassadeurs de l'Empereur. En fin comme ses seruices estoient infinis, le Roy le voulut aussi cóbler d'honneur, & n'estimant pas le pouuoir mieux recognoistre qu'en luy donnant l'office de Connestable de France, qui estoit vacquant depuis la retraite de Charles de Bourbon; il luy en donna l'espee solemnellement en presence de tous les Princes au chasteau de Moulins le 10. iour de Fevrier 1537. Les ceremonies qui accompagnerent ceste creation furent tres-magnifiques & tres-glorieuses, les Herauts d'armes crians plusieursfois par commandement du Roy, *Viue Anne de Montmorency Connestable de France.* Plusieurs de ses predecesseurs auoient esté reuestus de ceste mesme dignité, mais il faut aduoüer que cesuy-cy l'exerça auec autant de reputation qu'au-

cun autre. En cette qualité il accompagna le Roy à Nice, où sa Maiesté s'alla aboucher auec l'Empereur & le Pape Paul III. pour tâcher de faire la paix, qui n'aboutit qu'à vne treve de dix ans que nostre Connestable signa auec le Cardinal de Lorraine le 18. de Iuin 1539. En suite de quoy l'Empereur passant par la France pour s'en aller aux pays-bas, le Connestable de Montmorency porta l'espee de son office toute nuë deuant luy, comme si c'eust esté le Roy: & mesme l'Empereur sortant de Paris alla à Chantilly où il fut receu & traicté tres-splendidement aux despens du Connestable, qui fit voir en ceste rencontre sa magnificence & sa generosité iusques aux moindres de la Cour de l'Empereur qui de son costé luy rendit tous les tesmoignages d'affection & d'estime qu'il auroit pû souhaitter. Mais comme les plus grands hómes sont sujets aux grandes haines & aux enuies, & notamment ceux qui possedent la faueur des Roys, & qui tiennent le tymon des affaires; les ennemis de la grandeur de nostre Heros, ne pouuans souffrir qu'il ioüit longuement de ce comble de felicitez, ausquels il estoit paruenu, trouuerent bien-tost moyen de faire tomber sur luy la disgrace de son Prince, laquelle il souffrit auec vne resolution si ferme & si constante, que la genereuse vertu de son cœur, ne s'en abaissa iamais. Mais cóme François I. fut mort Henry II. qui luy succeda le restablit dans toutes ses charges, sçachant bien que sa valeur & son experience estoient necessaires à son Estat. Le Roy l'enuoya en Guyenne pour reprimer les Bourdelois qui auoient tué leur Gouuerneur, & quelque temps aprés il fut à la conqueste du Boulonnois, où le Roy se trouua en personne. Et comme les affaires appelloient les armes Françoises en Italie, nostre Connestable restablit la discipline militaire, en sorte que la Romaine ne fut iamais si reformee. Et pource que le Roy Henry II. le voulut aussi bien recompenser que le Roy son pere auoit fait, il erigea la Baronnie de Montmorency en Duché l'an 1551. aprés quoy il mit dans l'obeissance du Roy les villes de Toul & de Mets. En fin aprés plusieurs victoires le ciel voulant mesler vn peu d'amertume à tant de douces prosperitez, il fut pris prisonnier à la bataille de S. Quentin aprés y auoir esté grieuement blessé en combatant vaillamment. D'où en fin estant sorty, le Roy Henry mourut, & peu de choses se passerent durant le regne de François II. tellemét que Charles IX. estant venu à la Couronne il rendit à sa Maiesté de tres-grands seruices dans les confusions ciuiles, & combatant auec vn courage & vne vigueur sans pareille dans la bataille de Dreux, il fut pris prisonnier, couuert de plusieurs blessures honorables; ce qui esmeut tellement le courage du Seigneur de Dampuille son fils, qu'il repara sa prise par celle du Prince de Condé. Quelques annees aprés la France estant plus auant plongee que iamais dans les confusions ciuiles pour le fait de la Religion ce genereux & vaillant Seigneur conduisant l'armee Royalle l'an 1567. fut blessé de huict coups mortels, au visage, à la teste, & aux reins, à la bataille de S. Denis, desquels coups il mourut trois iours aprés dans son hostel à Paris, aagé de quatre vingts ans. Son cœur fut mis auec celuy du Roy Henry II. dedans vn vase sur vne belle colomne qui est dans la Chapelle d'Orleans en l'Eglise des Celestins à Paris, & son corps fut enterré à Montmorency.

Il portoit pour armes d'or à la croix de gueules, cantonnee de seize allerions d'azur.

Franciscus à Lotharin-   -giâ Dux Guisius.
Sub Francisco 1.º Henrico 2.º   Franciscoº & Caroloº 9.º
Mediomatrices à potenti Caroli 5.º   Semper Victoris Exercitu Seruiuit.
Caletum, duobus ante Sæculis ab   Anglis usurpatum felici, & breui 7.
iterum Obsidione recepit. Illum   tandem Sectarij armis Inuictum rati,
Immisso Percussore, dignu.   meliore Fato. Oppresere

Tum valide metim propugnas, Cæsar, ut inde   Fortunæ infensus cesserit Imperio.

ABREGE DE LA VIE ET DES ACTIONS

HEROIQVES DE FRANCOIS DE LORRAINE, DVC DE GVISE
Lieutenant general du Royaume & des armees Royalles de France, viuant fouz les Regnes de François I. de Henry II. de François II. & de Charles IX.

Voy que les branches de la Royalle maifon de Lorraine ayent eftendu leurs triomphans Rameaux iufques au bout du monde, & qu'il en foit forty des Princes illuftres, qui ont conquis par leur valeur des diademes & des Courónes; ie n'en trouue point qui ait efleué fa renommee plus haut que François de Lorraine Duc de Guife, & dont la vertu heroïque ait paru auec plus d'efclat fur le theatre de l'honneur, par vne fuite infinie de glorieufes actions qui ont rendu fon nom facré & immortel dans la memoire des hommes: Dieu s'eftât feruy de fon bras toufiours victorieux pour releuer le cruci-fix, pour proteger la foy, & pour afférmir la Couronne & le Sceptre penchant de nos Monarques, que les horribles & cruelles diuifions de la Religion auoient entierement efbran-lé: & nous le pouuons appeller l'Hercule de la FRANCE, pour auoir efcrafé les teftes venimeufes de tant de viperes qui defchiroient le flanc de leur mere, & qui'donnoient des impitoyables coups de dague dans le fein de leur patrie.

L'enfance de noftre Heros fut belle, & fon humeur ignee & pleine d'vne vigueur agiffante, donna à l'abord non feulement l'efperance, mais l'affeurance de fa future grandeur; Le Roy François I. fut le facré Maiftre fouz les fauorables aufpices duquel il ceignit l'efpee, & la mit fi glorieufement à la main fouz fon regne, & fouz les fuiuans qui s'acquit auec iuftice le renom augufte d'eftre le plus grand Capitaine de fon temps. La premiere fois qu'il vit les ennemis fut en Picardie comme le Roy François I. faifoit la guerre contre l'Empereur Charles V. en Brabant & en Flandres; il y vint accompagné des Seigneurs de Laual, de S. André, d'Efcars, de Dampierre, de la Chaftaigneray, d'Efguilly, & de grand nombre d'autres ieunes Gentils-hommes qui eftoient rauis de le fuiure & d'imiter fa vertu naiffante: l'hiftoire nous apprenant qu'ils remportoient ordinairement l'auantage aux occafions où ils alloient fcaramoucher les ennemis. Il fe trouua à la prife de Landrecy l'an 1543. & puis à celles du chafteau d'Emery fur la Sembre, de Barlemont & de Maubeufe, & harfela les garnifons d'Auefnes par des frequents partis où il eut toufiours de l'auantage. Il fecourut Boulongne, & y fit vne fi glorieufe retraicte, que les plus vieux Capitaines furent rauis de fon courage & de fa fageffe tout enfemble. Il portoit en ce temps le nom de Duc d'Aumale, lequel il garda iufques à la mort du Roy François premier qui arriua l'an 1547. Et comme les Prouinces de Guyenne, de Xainctonge & d'Angoumois fe fuffent foufleuees contre les exacteurs des gabelles, le Roy Henry II. enuoya le Duc d'Aumale, que deformais nous nómerons Duc de Guife, en Xainctonge & Angoumois, où il pacifia toutes chofes auec douceur, voulant acquerir la reputation de Prince clement & genereux; mais le Conneftable n'en fit pas de mefme, car il fit punir d'horribles fuplices ceux qui furent trouuez coulpables en Guyenne, où le Roy luy auoit commandé d'aller pour pacifier & arrefter la fedition. L'an 1552. le Duc de Guife accompagna le Roy au fiege & prife de la ville de Mets qui auoit efte vfurpee par les Empereurs fur cefte Couronne; & peu de temps aprés l'Empereur irrité de la prife de cefte importante place, vint en perfonne y mettre le fiege auec vne armee formidable compofee de plus de cinquante mille hommes, de cent pieces de canon, & d'vn

grand nóbre de Princes & Seigneurs Efpagnols & Allemás. Le Roy de fon cofté cognoiffant le courage & la haute vertu du Duc de Guife luy donna ordre de s'aller ietter dans la ville, & d'y aller cueillir les palmes & les lauriers qu'vn fi puiffant aduerfaire deuoit ceder à fa valeur. Et pource que ce braue Prince eftoit comme le Iafon de la France tous les ieunes Heros du Royaume l'accompagnerent en cefte memorable expedition; le Duc d'Anguyen, les Princes de Côdé & de Mótpenfier, le Duc Octaue Farnaife, le Duc de Nemours, le Marquis d'Elbeuf, les Seigneurs de Montmorency, Dampuille, de la Rochefoucault & de Randan freres, d'Stroffy, de la Broffe, Vidame de Chartres, de Biron, de Gonnor, du Parroy & plufieurs autres, iufques au nombre d'enuiron trois cens; les nobles inquietudes, la vigilance extréme, & le courage ferme & intrepide du Duc de Guife, glorieux d'auoir de fi valeureux feconds, firent cognoiftre aux Imperiaux que la plus grande force de la ville conciftoit en fa feule vertu, qui feruant d'exemple rendit tout le monde fi vaillant, qu'aprés plufieurs furieufes forties qu'il fit faire à pied & à cheual fur les ennemis, les François enfoncerent le camp Imperial, encloüerent le canon, & tuerent trois ou quatre fois tout ce qui eftoit dans la tranchee: & ainfi ce victorieux Prince abatit l'orgueil de ce fuperbe Empereur, le contraignit à leuer le fiege aprés la perte de trente mille hommes, & vne honte & conternation fi generalle de luy & de tous les fiens, que deflors il prit refolution de quitter l'Empire & le Royaume à fon frere & à fon fils, pour chercher la tranquilité & le repos dans la folitude d'vn Cloiftre, & fe retirer des foins & des chagrins que les grandeurs de ce monde donnent aux plus grands Monarques. Le Duc de Guife reuint triomphant à la Cour, & le Roy le receut comme le glorieux reftaurateur de toutes les pertes paffees, ayant mefme deffait & taillé en pieces vne partie de l'armee de l'Empereur, qui aprés le fiege eftoiét demeuree à Fruges prés de la ville de Renty. Quelques temps aprés le Duc de Guife attiré par les promeffes du Pape & des Cardinaux, obligea le Roy à luy donner des forces pour les aller fecourir, & de là paffer au Royaume de Naples, mais comme ce glorieux Prince eut obtenu tout ce qu'il fouhaitoit de fa Maiefté, & qu'il fut arriué à Rome auec fon armee, il trouua que les montagnes toutes ruiffelantes d'or & d'argent qu'on luy auoit fait conceuoir, s'efuanoüirent en fumee, & que les forces & les moyens qu'on auoit promis de ioindre à ceux qu'il amenroit de France, s'eftoient conuerties (non en l'effence necefaire) mais en des nuages & des exalaifons chimeriques; ce qui obligea ce trop genereux Prince à reuenir en France auec toutes fes troupes, qu'il employa plus vtilement; pemierement en Breffe où il fit leuer le fiege au Baron de Pollauille qui auoit inuefty Bourg au nom du Duc de Sauoye auec douze cens cheuaux & douze mille hommes de pied; & puis au memorable fiege de Calais qu'il attaqua auec vne promptitude & vne vigueur fi grande, que nonobftant la forterefe eftonnante des rempars, & la refiftance enflammee des Anglois, il les en chaffa en fept iours, & au lieu des rauiffans leopards, il y arbora les legitimes fleurs delys, deux cens dix ans aprés qu'elles en auoient efté oftees; la Comté d'Oye & celle de Guines, & tous les forts que les Anglois y tenoient retournerent auffi en la fujection de leur premier

& legitime Seigneur; & ainſi le bras victorieux du Duc de
Guiſe chaſſa l'ancien ennemy de la France au delà de la mer:
auec vn ſi heureux ſuccez que depuis ce temps ils n'ont iamais
oſé y reuenir, ſi cuiſante leur auoit eſté ceſte derniere atteinte.
La Cour & toute la France celebrerent des feſtes & des reſ-
joüiſſances nompareilles pour toutes ces cóqueſtes, & au milieu de ces proſperitez le Roy fit le mariage de Monſeigneur
le Dauphin qui fut puis aprés François II. auec Marie Stuard
Reyne heritiere d'Eçoſſe, fille de Iacques V. & de Marie de
Lorraine fille de Claude Duc de Guiſe. Et comme noſtre Heros eut montré ſon adreſſe & ſa vigueur aux jouſtes & aux
Tournois qui furent faits à ces nopces, il partit pour aller ioindre l'armee à Mets, & mettre le ſiege deuant Thionuille qu'il
attaqua vigoureuſement, & en abbatit les rempars auec tren-
te-cinq groſſes pieces de batterie, & pluſieurs mines; les dernieres deſquelles eſtans preſtes à joüer, & les plus vaillans de
l'armee commandes pour donner l'aſſaut tout incontinent,
eſtonnerent tellement les aſſiegez qu'ils ſe rendirent à com-
poſition le dix-neufieſme iour aprés auoir eſté inueſtis; le Duc
de Guiſe fut valeureuſement aſſiſté à cet exploit par les Ducs
de Neuers & de Nemours, par le Mareſchal Stroſſy qui y fut
tué d'vne arquebuſade au deſſus du tetin gauche, comme ce
genereux general tenoit ſa main appuyee ſur ſõ eſpaule, ainſi
qu'ils faiſoiét ſapper vne platteforme; les Seigneurs de Mõt-
luc & de Bourdillon, qui furent dans les regnes ſuiuans tous
deux Mareſchaux de France, eurent l'honneur d'auoir comme principaux inſtrumens ſignalé ceſte priſe par pluſieurs
preuues de leur vaillance. Chigny, Arlon, Villemont, Roſ-
ſignol & pluſieurs autres places furent remiſes ſous l'obeiſſance du Roy, & les ennemis qui tenoient la campagne deſ-
faits en pluſieurs occaſions. Toutes ces conqueſtes iointes à la
haute reputation du Duc de Guiſe Lieutenãt general du Royaume, & le renfort de pluſieurs bonnes trouppes, qui furent
enuoyées à ſon armee, intimidérét tellemét les ennemis, qu'ils
ſe porterent facilement à la paix, qui fut confirmee par les mariages, de Philippe d'Auſtriche auec Madame Elizabeth de
France, fille aiſnee du Roy Henry II. de Charles Duc de Lorraine auec Madame Claude fille puiſnee de France, & de Phi-
lebert Emanuel, Duc de Sauoye, auec Madame Marguerite
ſœur vnique du Roy. Mais comme toutes ces nopces ſe ſo-
lemniſoient auec tous les eſbatemens & plaiſirs qui ſe peuuent
imaginer, & que la Cour eſtoit plógee en feſtins ſomptueux,
en jeux, en balets, en danſes & en feux de joye; vn accident
funeſte conuertit toutes ces Comedies par vne triſte cataſtro-
phe, en funeſtes & piteuſes tragedies & lamentations, le Roy
ayant eſté tué en jouſtant auec le Comte de Montgomery,
dãs vn Tournoy qu'il auoit dreſſé à la ruë S. Anthoine; noſtre
Duc de Guyſe eſtant aprés le Roy le ſecond des Tenans, & auec
luy le Duc de Ferrare. Aprés cette fatale aduenture, le Roy
François II. eſtant venu à la Couronne l'authorité, & le credit du Duc de Guiſe augmenterent encore beaucoup, & la
Reyne Catherine de Medicis mit la perſonne du Roy & la
ſienne ſouz le gouuernement & la ſage conduite de ce grand
Prince qui conſerua l'authorité Royale en ſon entier contre
les factions des princes du ſang, qui en cette qualité auoient
veritablement des raiſons apparentes pour ſe deuoir meſler du
maniement des plus importantes affaires, mais eſtans ſoupçõ-
nez d'auoir des ſentimens contraires à la religion du Roy, ils
en furent eſloignez par le grand & preſque abſolu pouuoir
que le Duc de Guiſe s'eſtoit acquis ſur l'eſprit du Roy & de la
Reyne, & par le haut eſtime que toute l'Europe, & notamment la France auoient de ſon courage & de ſa ſageſſe. Ce qui
obligea le Roy de Nauarre & le Prince de Condé, & plu-

ſieurs autres grands Seigneurs de leuer le maſque, de ſe declarer d'vne Religion contraire à la Romaine, & de prendre les
armes, d'où s'enſuiuit l'execution d'Amboiſe aprés que le Duc
de Guiſe eut eſuenté & diſſipé le deſſein, que les proteſtans
auoient fait, de ſe ſaiſir de la perſonne du Roy, & de gouuerner l'Eſtat ſelon leur volonté. En ſuite de quoy tout le Royaume fut en trouble, & le globe de la Monarchie diuiſé en deux
partis, qui ſe firent de tres-cruelles guerres, où noſtre grand
Duc de Guiſe fit touſiours cognoiſtre ſa ſageſſe, ſon experié-
ce & la grandeur de ſon courage, mais particuljement en ceſte memorable iournee de Dreux, où il vainquit les victorieux,
& print priſõnier Mõſieur le Prince de Cõdé, auquel nonobſtant leur animoſité particuliere, il rendit de tres-grands honneurs; car aprés auoir hautement exalté ſa valeur, il le pria de
vouloir qu'ils ſoupaſſent & couchaſſent enſéble, ce qu'ils firét
auec vne franchiſe, cõfiance & generoſité digne de la grãdeur
de leurs perſonnes; mais ſur tout loüable en celle du Duc de
Guiſe d'auoir vſé d'vne telle faueur & courtoiſie enuers ſon
ennemy. Mais helas! comme ce glorieux & victorieux Prince voulut ſuiure ſa victoire, & en tirer le fruit le plus aduantageux pour ſa gloire & pour le bien de l'Eſtat, il alla mettre
le ſiege deuant Orleans qui eſtoit gardé par le Seigneur d'Andelot frere de l'Admiral de Coligny. Où aprés auoir haſté les
trauaux & les approches, & eu pluſieurs aduantages ſur les
aſſiegez, auſquels il auoit gaigné le portereau, & fait breſche
aſſez raiſonnable pour dõner l'aſſaut auquel il eſperoit d'emporter la ville, ainſi qu'il l'auoit eſcrit à la Reyne mere; comme il reuenoit ſur vn petit mulet du camp au chaſteau de
Corucy où eſtoit ſon logement, parlant auec Meſſire Tri-
ſtan de Roſtaing qui eſtoit vn des plus ſages & des plus vaillans Seigneurs du party Royal, il fut tué par Iean Poltrot, qui
luy dóna par derriere ſur l'eſpaule vn coup de piſtolet chargé
de trois balles, & qui eſperdu par l'horreur d'vn crime ſi laſ-
che & ſi execrable comme il ſe voulut ſauuer fut pris le lendemain, & quelque temps aprés tenaillé & tiré à quatre cheuaux dans Paris. Ainſi veſcut, ainſi mourut ce grand Duc de
Guiſe, dont la glorieuſe & auguſte renommee durera iuſques
à la conſommation du monde, s'eſtant acquis la reputation
d'eſtre le plus hardy, le plus vigilent & le plus grand Capitaine de ſon ſiecle, & le Prince le plus ſage, le plus intelligent,
le plus familier & le plus courtois qui fut au monde. Il fut
mariéà Anne d'Eſt, fille d'Hercules Duc de Ferrare, & de
Madame Renee de France, de laquelle il eut Henry de Lorraine, Duc de Guiſe, qui fut encore ſi grand & ſi illuſtre dans
le Regne ſuiuãt, Charles de Lorraine Duc de Mayenne, Pair,
grand Chambellan & Admiral de France, & Louys de Lorraine, Archeueſque de Rheims qui fut nommé le Cardinal
de Guiſe. Cette tres-illuſtre race s'eſtant perpetuee iuſques
icy par vne ſuitte de grãd Princes qui ſe ſont rédus tres-dignes
heritiers d'vn ſang ſi noble & ſi auguſte, & qui tous les iours
augmentent le luſtre de leurs anceſtres par pluſieurs gene-
reuſes actions.

Les armes de François de Lorraine Duc de Guiſe furent
ſemblables à celles de ſes ſucceſſeurs, à ſçauoir d'or à la bande
de gueules chargee de trois allerions d'argent, poſé ſur le tout
de huict alliãces qu'on blaſonne, party de trois traits & couppé d'vn qui font huict quartiers, ou bien de quatre quartiers
ſouſtenus d'autre quatre, au 1. de Hongrie, au 2. de Naples
Sicile, au 3. de Ieruſalem, au 4. d'Arragon, au 5. d'Anjou,
au 6. de Gueldres, au 7. de Flandres, & au 8. de Bar. Et pour ſe
differencier des Ducs de Lorraine, ceux de la maiſon de Guiſe y adjouſtent vn lambeau de gueules en chef.

CAROLVS CARDINALIS
A LOTHARINGIA
Litterarum & litteratorum fautor
eximius fuit, duas Celebres Academias
Perpetuo ac locuplete reditu Instituit.
duobus maxime memorabilis, quod
Possiacense colloquium aperuerit
et Tridentinam Synodum Clauserit.
Doctorum Columen, doctrinâ Iuslaruit ipse
orantem, cabis et stupuêre Sacri.
cum priuil.
Le Colloque de Poissy
Concile de Trente

ABREGE DE LA VIE ET DES BELLES

A pourpre n'eft pas eftrâgere auprés des Roys, & fur tout lors qu'elle eft facree, puis que leur perfonne l'eft auffi; ce qui fait que ceux qui en font reueftus, ont en quelque façon vn droiæt & priuilege particulier d'approcher de leur trofne, d'affifter deuant leur Maiefté, & de les foulager en la conduite de leurs Eftats; mais particulieremét lors que l'illuftre naiffance, la fageffe, & la pieté, authorifent le choix qu'on a fait de leurs perfonnes, & les font paroiftre auec vn efclat merueilleux qui les rend venerables, non feulement à ceux de leur fiecle, mais auffi à la pofterité: Tel a efté ce grand Charles de Lorraine, qui eftant par la prouidéce diuine voüé au Sanætuaire, & dedié à l'Eglife, fut à l'âge de quatorze ans defigné Euefque de Mets, & puis Archeuefque de Rheims; & en fuite ayant à peine atteint fa vingt-troifiefme annee, fut creé Cardinal à la demande du Roy François I. par le Pape Paul III. En fuite de quoy fa Maiefté qui auoit vne cognoiffance parfaiæte de fa vertu, le donna à fon fils Henry, lors Dauphin, pour luy feruir de parfait modele, & pour l'affifter de fes confeils; tellement que ce mefme Henry eftant paruenu à la Couronne, cognoiffant la fuffifance du Cardinal, le fit chef de fon Confeil, & peu à peu fe repofa entierement fur luy des plus importantes affaires de fon Royaume, & comme fon Eminence cognut que l'amitié du Pape eftoit neceffaire au bien des affaires du Roy, il obligea fa Maiefté de l'enuoyer à Rome en Ambaffade extraordinaire pour la preftation d'obedience filiale, & pour traitter alliance auec fa Sainæteté, & vne ligue fecrette auec les Venifiens. A fon retour le Roy luy donna pour recompenfe de fa negotiation la riche Abbaye de S. Denis, vacante par le decez du Cardinal de Bourbon fon oncle maternel; Et enuiron ce mefme temps, il æefmoigna fon pouuoir & fon adreffe par le mariage qu'il fit du Dauphin auec fa niepce Marie Stuart, Reyne heritiere d'Ecoffe, fille de Marie de Lorraine fa fœur, qui eftoit vne alliance glorieufe au Cardinal, & profitable à la France. Peu de temps aprés fon zele l'obligea à prier le Roy de fulminer de rigoureux Ediæts contre les blafphemateurs, & contre ceux qui enfeignoient vne doætrine contraire à celle qui eftoit receuë dans le Royaume. Il fut enuoyé encore vn coup en Italie, tant pour fe conjoüir auec le Pape Paul IV. de fa promotion au Pontificat, que pour y traiæter de quelques importantes affaires pour le bien de la Chreftienté, dont les enfans commençoient à fe defchirer le cœur & les entrailles par les horribles diuifions que les differentes Religions apportoient dans les efprits, il harangua en prefence du Pape & des Cardinaux dans la falle des Roys, où il rauit tout le monde par l'excellence & par la pompe de fon éloquence, auec laquelle il gaignoit les cœurs & les affeætions de tous ceux qui auoient des oreilles. Et comme il cogneut que fa prefence eftoit neceffaire en France, il y reuint, & n'y fut pas fi toft arriué, qu'il eut la commiffion d'aller en Picardie entre Calais & Grauelines pour traiæter la paix, l'Empereur y ayant enuoyé le Cardinal de Granuelle, & la Reyne d'Angleterre le Cardinal Polus; aprés laquelle negociation il alla encore au chafteau Cambrefis pour negotier auec les deputez du Roy d'Efpagne, ayát auec luy le Conneftable de Montmorency,

le Marefchal de S. André, & Moruilliers Euefque d'Orleans; où il maintint les droits du Roy auec autant de fuffifance & de fermeté, comme fa Maiefté les fçauoit courageufement deffendre auec l'efpee; mais la guerre s'eftant rallumee, & noftre armee vaincuë à la funefte iournee de S. Laurens, ou de S. Quentin, où le Conneftable fut pris prifonnier; noftre genereux Cardinal releua les courages abbatus, & agit fi puiffamment dans l'affemblee des Eftats, qu'il trouua bien-toft les moyens de remettre vne puiffante armee fur pied, pour refifter à l'orgueil des ennemis, & leur faire cognoiftre que la Fráce eft inuincible & inexpugnable lors qu'elle eft bien gouuernee. Et pour ce que les finances font les principaux nerfs qui maintiennent les Eftats, noftre fage & preuoyant Cardinal, voyant qu'aprés la mort deplorable du Roy Henry II. elles eftoient mal conduites, & imprudemment difpenfees, il en voulut prendre la fur-intendance auffi bien que le maniemét des autres affaires; & le Roy pour affermir & appuyer le pouuoir de fon Miniftre auec vne plus puiffante colomne, fit expedier des lettres tres-authentiques verifiees en fa Cour de Parlemét de Paris, par lefquelles fa Maiefté declara qu'il auoit commis la direætion de fon Eftat, & de fes trefors au Cardinal de Lorraine, comme celle de fes armees à Fráçois Duc de Guife fon frere; rehauffant de glorieufes loüanges les merites de l'vn & de l'autre. Ce qui ayant attiré la ialoufie, & le defpit des Princes du fang (qui à caufe de leur religion differente à celle du Roy, auoient efté efloignez de la principale adminiftration des affaires) le cruel tifon d'vne guerre fanglante, fut bien-toft allumé; & le Royaume diuifé en deux partis; ce qui obligea noftre Cardinal de recueillir toutes les forces de fó efprit pour s'oppofer aux efforts de ceux qui en vouloiét à fon authorité, à quoy il auoit fi bien reüffi que fans la mort inopinee du Roy François II. fon frere & luy euffent triomphé de tout ce qui s'eftoit oppofé à leurs deffeins. Mais cóme la preuoyance eft vne partie neceffaire à ceux qui fe veulent maintenir dans vne grande authorité, noftre fage Cardinal s'eftoit fi bien infinué dans les bonnes graces & dans la confidence de la Reyne Catherine de Medicis mere du feu Roy & de fon fucceffeur Charles IX. qu'il fut maintenu dans fon credit par la cognoiffance que l'vn & l'autre auoient de fa haute vertu & de fon merite, & par le befoin qu'ils eurent de fes confeils & de fon affiftance, pour defbroüiller la fufee de tant d'efpineufes difficultez qui fe prefentoient à la fois; & particulierement lors qu'il fut queftion de s'oppofer aux violents efforts que l'Admiral de Coligny & vn grand nóbre de Seigneurs qui faifoient profeffion ouuerte de la Religion Proteftante, auoient fait fur l'efprit de la Reyne, ayans obtenu de fa Maiefté d'eftre ouys en la Confeffion de leur croyance dans vn Colloque qui fut conuoqué à Poiffy, où l'eloquence vehemente de noftre Cardinal deftourna tous les traits enflammez des plus doætes Miniftres, diffipa leurs deffeins, & fit en forte que le Roy & la Reyne ne fe laifferent point perfuader, & qu'ils demeurerent fermes dans la religion de leurs anceftres: mais les admirables qualitez de fon efprit, la force de fon iugement, & la politeffe de fon bien dire n'auoient iamais paru auec tant d'efclat, que lors qu'il fut enuoyé au Concile de Trente, pour demander la reformation des abus qui s'eftoient gliffez dans la Religion, & pour y maintenir les droiæts des Roys Tres-

Chrestiens; il harangua auec tant d'eloquence & tant de raisons qu'il vint à bout des principales choses qu'il souhaitta, sans blesser l'authorité du Pape qui le receut à Rome auec toute sorte d'honneurs, & qui mesme le flatta de l'esperance de le faire son successeur au Pontificat, à cause des grandes obligations que l'Eglise luy auoit; Et depuis encore il fit vn voyage vers l'Empereur pour l'interest general de toute la Chrestienté; mais notamment pour celuy du Roy de France son maistre; l'honneur & la gloire duquel il conserua tousiours dans les preseances qu'il eut en toutes occasions, au dessus des Ambassadeurs d'Espagne, & des autres Monarques. Il se trouua à la closture de ce grand Concile, & tous les Prelats le supplierent de faire la derniere harague à l'honneur & à la memoire eternelle des Roys & des Princes qui en auoient demandé la conuocation; dequoy il s'acquitafi dignement qu'il fut admiré vniuersellement par les plus doctes & par les plus habiles Prelats & Ambassadeurs de toutes les nations; estant reuenu en France il trouua les choses vn peu appaisees; leurs Maiestez estans allees à Bayonne où il leur enuoya vn courrier pour se plaindre de quelque desplaisir qu'on luy auoit fait à Paris à son retour, & pour leur rendre compte de tout ce qu'il auoit fait au Concile; & cependant ils s'en alla reposer quelque temps en Champagne où il reglason Diocese, estant fort exact à donner les ordres, à tenir les Synodes, à faire ses visites, & mesme à estaller sa doctrine, & son éloquence par plusieurs belles & sçauantes predications; Mais ce qui le rendit plus illustre, & sa memoire glorieuse & eternelle, c'est qu'il fonda deux celebres accademies & Colleges, l'vne à Rheims, & l'autre au Pont-a-Mousson, & leur dessigna de bons reuenus & plusieurs priuileges, pour y rendre les Muses fleurissantes. Comme donc il iouïssoit dans son Archeuesché d'vn contentement plus solide & plus parfait que celuy qu'on trouue à la Cour; le Roy & la Reyne l'enuoyerent prier de leur venir aider à conduire le vaisseau de l'Estat qui estoit agité d'vne tourmente beaucoup plus orageuse & plus dangereuse que les precedentes; la guerre estant cruellement eschauffée quasi par toutes les Prouinces entre l'vn & l'autre party; de sorte qu'il y eut en mesme temps en diuers endroits du Royaume, iusqu'à quatorze armees formees, les enfans combatans contre les Peres, & les freres contre les freres pour la deffense & pour l'auancement de leur Religion; nostre genereux Cardinal vint donc encore vn coup à la Cour, où sa presence & ses bons conseils semblerent apporter beaucoup de contentemt & de secours; & mesme lors que les necessitez de la guerre obligerent leurs Majestez à se trouuer en personne dans leurs armees, il les accompagna tousiours, & les soulagea entierement des inquietudes & des peines qu'ils eussent esté contraints de prendre sans l'assistance qu'ils trouuoient en ce grand Ministre qui ouuroit tous les pacquets, qui expedioit toutes les depesches & tous les ordres, & qui exerçoit la charge de Generalissime, auec celle de Ministre d'Estat; brefil fit si bien que la pauure Frace eut trouué sa fin dans ses cendres, s'il n'eust aydé à la sauuer de l'embrasement vniuersel qui la menassoit de tous les costez. Et encore qu'il fut occuppé dans les plus importantes & plus espineuses affaires de l'Europe, il ne laissa pas de reformer l'Estat Ecclesiastique, de reprimer le commerce simoniaque des benefices, & de regler l'Vniuersité de Paris dont il estoit le Conseruateur. Et comme le Roy Charles IX. fut mort, la Reyne le pria de faire l'Oraison funebre, ce qu'il fit donnant de tristes souspirs & des larmes ameres à la memoire de ce pauure Prince, qu'il dit auoir veu pleurer au iour de son sacre, & mesler ses larmes aux resioüissances publiques, comme les funestes presages des calamitez de son regne. Quelque temps aprés comme le Roy Henry III. estoit en Auignon, peu aprés son retour de Pologne; nostre Cardinal traitant le mariage de sa maiesté auec Louyse de Lorraine fille du Comte de Vaudemont, sa parente, comme il assistoit à la predication au iour de la Conception de la Vierge l'an 1574. il sentit soudainement des douleurs de teste, des esbloüissemens de veuë, & des affoiblissemens de nature, accompagnez d'vne fievre continuë si violente qu'elle luy causa quelques réueries, qui enfin luy firent changer les trauaux & les inquietudes de cette vie, aux felicitez de celle qui est permanente & eternelle. Il fut extremément regretté de leurs Maiestez, & de toute la Cour, & notamment de ceux de sa maison, desquels il maintenoit la grandeur: Quelques vns attribuerent la cause de ceste mort à vn poison violent qui luy monta au cerueau à mesure qu'il ouurit vne boürce de peau de senteur en broderie, pleine de pieces rares d'or qu'on luy auoit donné. D'autres alleguans que les penitences & les processions publiques où il se trouua marchant à pied nud, & se donnant rudement des coups sur le dos auec des cordons, luy auoient causé la maladie dont il mourut.

Il portoit les mesmes armes que le Duc de Guise son frere, dont nous auons parlé au discours precedent, excepté que les siennes estoient ornees de son chapeau de Cardinal, & de sa croix Archiepiscopale,

BLASIVS DE MONLVC
sub Fran.º 1.º Henr.º 2.º Fran.º 2.º
Multa præstitit, plura dixit,
Moruit tamen Celebrar;
POLEMARCHVS
Carolo 9.º et Henr.º 3.º
Et Summis Viris
Accenser;
Prise de Fonta-rabie
Durum sed Ageri
Siege de Rabastens
Deo duce Ferro Comite
Bataille de la Bicoque et de Cerisolles
La Bataille d.
La Ville de Lectoure 1567
Etiam post Funera Bellat
Il Prend la Ville de Mons-gur
Proprias Ostentat Honores
Basse Boulogne
Secours de Bordeaux
Ductor erat bello spectatus et Impiger alter / Cæsar, res etenim condidit Ipse suas
Cum Privilegio

ABREGE DE LA VIE ET DES ACTIONS

GLORIEVSES DE BLAISE DE MONTLVC, MARESCHAL DE
France, & Lieutenant General pour le Roy en Guienne, viuant souz les Regnes
de Henry II. de François II. de Charles IX. & de Henry III.

 V temps que l'Europe gemissoit souz les armes du Roy François Premier, & de l'Empereur Charles le Quint; & que ces deux grands & genereux Princes, ennemis iurez & enuieux de la renommee, & de la grandeur l'vn de l'autre, inondoient les campagnes du sang des Chrestiens, pour assouuir leur ambition demesuree; Blaise de Montluc estant nourry Page prés du Duc Antoine de Lorraine n'eut pas si tost ouy sonner le tambour & la trópette que son ame guerriere s'alluma du desir d'acquerir de la gloire, & luy fit courir aux armes. Le Milanois où cómandoit pour le Roy Odet de Foix, Seigneur de Lautrec, fut le theatre où il fit paroistre les premices de son courage, & de sa valeur; il combatit vaillamment en plusieurs occasions, & particulierement à la bataille de la Bicoque l'an 1522. de là il vint en Guyenne où l'ennemy faisoit mine de vouloir entreprendre quelque chose sur la frontiere; il se trouua à la prise de Fontarabie, & au combat de S. Iean de Lus, où il donna des preuues de la bonté de son iugement, aussi bien que de la fermeté de son cœur; receuant des loüanges & des remerciemés du Seigneur de Lautrec son General, quoy que l'Histoire nous apprenne qu'il n'auoit gueres accoustumé de caresser personne; Aprés ceste occasion où Montluc auoit combatu valeureusement en fauorisant la retraite, il fut fait Capitaine, ayant auparauant passé par tous les autres degrez, de soldat, d'Enseigne, & de Lieutenant. Vne annee aprés il accompagna le Roy François Premier en Italie, combatit courageusement, & receut trois blessures à la bataille de Pauie: Et comme Monsieur de Lautrec alla pour conquerir le Royaume de Naples, nostre braue Montluc l'y accompagna, & y fit des merueilles de sa personne, mais notamment à la prise de Melphe & de Capistrano qui fut emporté de viue force aprés vn assaut & plusieurs attaques bien opiniastrees, où il receut de grandes blessures, la douleur desquelles ne l'empescha pas de donner ordre que les femmes & les filles ne fussent violees par les soldats, qui enragez de ce qu'vn si braue Capitaine auoit esté si griefuement blessé, mirent tout au fil de l'espee. Mais aprés plusieurs prises & reprises de places, le Seigneur de Lautrec estant mort, les conquestes de Naples s'en allerent en fumee, & Montluc s'en reuint en France, & y arriua tout à propos pour ayder à chasser l'Empereur qui estoit venu attaquer la Prouence auec vne armee prodigieuse, qui fut dissipee dans peu de temps par la diligence du Roy, & par la valeur de plusieurs Seigneurs François qui y estoient accourus de toutes parts, entre lesquels Montluc patut tousiours des premiers, & y rendit de tres-bons seruices à sa Maiesté, les menaces de l'Empereur ne nous ayant fait autre mal que de laisser les champs couuerts d'vn nombre infiny de ses meilleurs soldats. De quoy Marc-Antoine de Leue, vn des plus grands Capitaines que l'Empereur eut, & qui luy auoit donné ce conseil, mourut de regret. De là Montluc accompagna le Roy en Piedmont, ou entre autres exploits, il prit les villes de Mieulan, & de barcelonnette où il receut vn coup d'arquebuse au bras. Et aprés la trefue qui fut faicte entre le Roy & l'empereur qui fut bien-tost rompuë, il accompagna le Dauphin au siege de Perpignan; & de là reuint en Italie où il rendit de tres-bons seruices en diuers sieges, assauts, & combats;

& notamment à Casal, à Quiers, à Carignan, & à Carmagnole qui furent tesmoins de sa valeur & de sa prudence: Et comme Monsieur le Duc d'Anguyen fut enuoyé Lieutenant general en Italie accompagné de plusieurs vaillans Seigneurs François, qui ne demandoient qu'à se battre; Montluc fut choisi entre tous les plus considerables chefs de l'armee, & cóme le plus hardy & le mieux disant, pour aller trouuer le Roy & luy persuader de permettre qu'on donnast la bataille aux ennemis: Sa Maiesté cognoissant sa personne & son merite, luy donna la charge de Colonel de dix compagnies, & aprés plusieurs autres caresses & promesses de recognoistre ses seruices, le réuoya en Italie auec la permission qu'il porta au Duc d'Anguyen, d'attaquer & combattre l'armee des ennemis de quelle façon qu'il le trouueroit à propos. En suite de quoy l'armee marcha droit à Serisolles affronter celle de l'Empereur, qui estoit commandee par le Marquis du Guast, la bataille y fut opiniastree & sanglante, mais en fin la valeur des François, qui donnerent auec vne fureur & vaillance incroyable la picque à la main dans les plus espais & formidables bataillons des Allemans, renuersa tout; la victoire fut entiere, & la perte des ennemis tres-grande, quatorze ou quinze mille des plus vaillans y estans demeurez morts sur la place: là le braue Montluc fit tant de merueilles, soit à sagement cómander qu'à courageusement combatre, qu'il fut iugé estre de tous les chefs, celuy qui auoit le plus vtilement contribué au gain de la victoire; aussi en fut-il loüé & remercié publiquement par le Duc d'Anguyen qui le fit Cheualier, & luy donna l'accollade sur le champ de bataille, ne pouuant pour lors mieux recompenser les signalez seruices qu'il auoit rendu dans vne si memorable iournee. Comme l'Empereur eut receu les nouuelles de la deffaite de son armee, le desir de vengeance le poussa à se liguer auec le Pape, & auec le Roy d'Angleterre, qui tous ensemble attaquerent la France par diuers endroits; mais le Roy d'Angleterre fut bien-tost las de ce mestier; car aprés la prise de Boulongne il repassa la mer, & mit fin à ces conquestes imaginaires. Montluc accompagna Monsieur le Dauphin en cette guerre de Picardie où il augméta sa renommee au siege de Boulogne, & empourpra sa victorieuse espee dans le sang des Anglois, comme il auoit fait ailleurs dans celuy des Espagnols, des Lombards & des Allemans. Aprés quoy s'estant retiré chez soy, le Roy François I. mourut, & incontinent le Roy Henry II. l'enuoya querir, & luy donna ordre d'aller en Italie auec le Mareschal de Brissac, qui aprés auoir esprouué la vertu de Mótluc en plusieurs memorables occasions, pria le Roy de luy donner les Gouuernemens de Casal, d'Albe, & de Montcalier ce que le Roy agrea tres-volontiers, & luy en enuoya les prouisions, auec celles de Gentilhomme de sa Chambre, & de Mareschal de camp; auec ces honnorables recompenses Montluc fit si bié esclater sa valeur qu'il s'acquit l'estime & l'amitié de só Roy, de tous les princes, de son General, & de tous les François; Et le Piedmont qui estoit alors la meilleure escole de la guerre, & le theatre le plus fameux de Belóne se souuiendra tousiours de ce grand Capitaine, & de ses vaillans soldats nommés les Mourions iaunes, pour ce qu'il leur auoit donné des pannaches & des escharpes de ceste couleur pour l'amour de Monsieur de Brissac & de Mósieur de Termes qui portoiét ces couleurs. Enuiron ce temps-là Montluc estát allé en Gascogne pour se remettre d'vne fievre en respirant l'air natal, fut choisi par le Roy pour aller commander à Sienne en qualité de son Lieutenant, en l'absence du Mareschal de Strossy qui ne pouuoit tenir la campagne, & commander dans la ville en mesme temps: Le choix que sa Maiesté fit de ce braue Capitaine fut vniuersellement suiuy par tous ceux du Conseil d'enhaut, excepté par Monsieur le Connestable qui disoit que Montluc estoit trop prompt & trop colere, ce qui obligea sa Maiesté de luy escrire, lorsqu'il luy enuoya sa commission, de laisser sa colere en Gascogne, & de s'accommoder à l'humeur de ce peuple vers lequel il l'enuoyoit; mais il faut dire à l'honneur de ce grand homme que ce que Monsieur le Connestable blâmoit estoit plustost pour quelque animosité particuliere qu'il auoit contre Montluc, que par aucune cognoissance n'y preuue certaine que l'humeur colerique de celuy dont il vouloit reculer l'employ, eut porté quelque preiudice au seruice du Roy dans les occasions où il auoit commandé; Et il faut dire à l'honneur de Montluc que ce sang bouillant & igné qui le faisoit iuger tel, est vne partie que tous les grands & hardis Capitaines deuroient souhaitter: Car ils sont plus prompts à conceuoir & à resoudre & plus vaillans à executer, que ceux qui croyent auec leur froideur se faire estimer plus sages, Comme que ce fut, Montluc s'acquitta auec tant de gloire de la charge que le Roy luy auoit commise que iamais homme n'a seruy auec plus d'affectio n de fidelité, de constance, de peine, de trauail, de soin, de vigilance & de courage qu'il fit au siege de Sienne, durant tout le temps qu'il y commanda en qualité de Dictateur des Siennois & de Lieutenant de Roy, n'y ayant adresse, ruse, stratageme, persuasion, promesse, n'y protestation dont il nese seruit pour tenir le peuple & les soldats Italiens, François & Allemans dans vne generalle vnion & volonté dese bien deffendre comme ils firent, iusques à les auoir obligé à souffrir toutes les plus violentes & les plus enragees extremitez de la guerre; & à contracter, s'il faut ainsi dire, vne habitude intrepide auec le trauail, la faim, la peste, & la mort; En fin il fut forcé de laisser faire aux Siennois leur capitulation, ensuite de laquelle il sortit auec les trouppes Françoises & Italiénes que le Marquis de Marignan qui auoit commandé l'armee de l'Empereur à ce long & memorable siege, luy ayant rendu tous les honneurs imaginables, & tous les officiers de l'armee Imperiale luy estans venus embrasser la cuisse auec beaucoup de respect & d'admiration: Il quitta les Siennois auec plusieurs larmes, & pour memoire eternelle de l'assistance glorieuse qu'ils auoient receuë de luy, ils le prierent d'aiouster, comme il fit, aux armes qu'il auoit receu de ses ancestres, celles de leur ville qui sont vn loup & vne louue; lesquelles le Seigneur de Montluc & ses successeurs ont tousiours depuis porté escartelées auec les leurs: Il alla rejoindre le Mareschal de Strossy à Montalsin, puis il passa à Rome, où il fut consideré comme vn homme miraculeux par tout le peuple qui accouroit de tous costez pour le voir, le Pape mesme, quoy qu'extremement malade le voulut embrasser. Enfin pressé par beaucoup de considerations il reuint en France, où le Roy le receut auec tant de ioye & tant de caresses qu'il n'eut peu en souhaiter de plus grandes, & pour le recompenser, sa Maiesté l'honnora du colier de son ordre, luy donna vne compagnie d'ordonnance, trois mille liures de pension, & trois mille liures de rente sur son Domaine. Et comme le roy cognut qu'il ne falloit pas laisser vne telle vertu sans luy donner de l'action, Montluc receut ordre d'aller en Piedmont comander l'infanterie souz le Mareschal de Brissac, où il acquit encore vn tres-grand honneur. D'où estant derechef rappellé il receut commission d'aller à Rome au seruice du Pape que le Duc d'Albe faisoit mine de vouloir assieger, si la valeur & la reputation de Montluc ne l'en eut empesché: En fin il reuint à Montalsin commander les troupes de Siennois, & y exercer encore vn coup la charge de Lieutenant general pour le Roy, où il continua à faire des merueilles, & notammenc à la prise de la ville de Piance qu'il fit scalader, & où il montra vne si glorieuse & si ardente obstination que ses officiers & ses soldats confesserent que s'estoit luy seul qui auoit emporté la place; Aprés cet exploit Montluc passa à Ferrare où il seruit quelque temps, puis reuint en France, où il fut tres-bien receu, & en suite enuoyé auec Monsieur de Guise au siege de Thionuille auec la charge de Colonel de l'infanterie de France que le Roy auoit osté au Seigneur d'Andelot à cause de la Religion; la vigilence & le courage que Montluc tesmoigna durant ce siege couronnerent sa gloire de plusieurs lauriers, & Monsieur de Guise qui auoit esté spectateur & admirateur tout ensemble de son insigne valeur, en rendit au Roy de si auantageux tesmoignages que sa Maiesté depuis ce temps-là reuera Montluc côme le plus grand Capitaine de son Royaume. Mais aprés la mal-heureuse mort de ce grand Prince, les François diuisez en deux partis, se firent de tres-cruelles guerres, & tramperét leur sang dans leurs propres entrailles; mais tousiours Montluc se tint attaché au seruice de son Roy, & à la religion de ses ancestres, pour le maintien desquels il rendit de tres-signalez seruices à l'Estat dans son Gouuernement de Guyenne & ailleurs, par la prise de Thoulouse, de Bourdeaux, de Montsegur, de Cahors, de Montauban, de Leitoure, & de plusieurs autres places que les Protestans auoient occupees; par la celebre bataille de Ver, où sa vertu remporta vne victoire si importante, par la deffaicte de plus de sept mille de ses ennemis qui demeurerent morts sur la place: Et finallement par le fameux siege de Rabestens, où allant le premier à l'assaut pour remettre le courage aux siens, il receut vn coup d'arquebuse à trauers les deux mâchoires, & força la place malgré la resistáce enflammee des ennemis qui y furent tous tuez ou pris prisonniers; Vne si longue suitte d'exploits & de victorieux succez fut recompensee par le baston de Mareschal de France que le Roy Henry III. luy donna à son retour de Pologne, ce Prince se souuenant de l'auoir veu combatre souz ses commandemens auec vn courage de lyon, & ayant appris les obligations que sa Couronne & son Estat auoiét à ce grád Capitaine; qui en fin comblé d'honneur & de gloire mourut accablé de blessures, de trauaux, & de vieillesse: laissant à la posterité vne memoire eternelle de sa vertu & de son bonheur, & à la Noblesse des enseignemens & des preceptes militaires tres excellens qu'elle apprendra en lisant les admirables Commentaires qu'il nous a laissez, ou toutes les actions guerrieres où il s'est trouué sont si bié representees, qu'on peut dire que son ame martial, quoy que destachee de ses organes ne laisse pas de se plaire dans les combats, & d'enseigner côme il faut s'y conduire pour y acquerir de la gloire, & en sortir couronné de palmes & de lauriers.

Le vaillant Mareschal porta pour armes. Escartelé, au premier d'azur à vn loup d'or, au quatriesme d'azur à vne louue d'or, au second & troisiesme d'or à vn tourteau de gueules.

Armandus de Biron Polemarchus.
Sub Carolo 9.° Henrico 3.
& Henrico quarto.
In Arie Yuriaca, ubi natalis Regiæ
Spectando, et expectando, motus plus fecit.
Unde Rex qui Militiæ partes
Armandus ... ore promeritum.
Fortunæ dies, & summa rerum agebatur;
& profecit, quam cæteri Agendo:
Impleuerat, Imperatoris nomen
Ore Sacro pronuntiauit.
Siege de la Rochelle 1573
Ingentis Semina Flamæ
La Victoire de Villeneuse Algenois ... 1575
Levis sed Internis
La Bataille de Moncontour
Le Siege d'Issoire
ou il fut tue 1591.
Milituâ Egregius, mortem qui fortis in Armis Oppetit: Felix ni Genuisset erat.
Armée du Secours en Flandres
Non differt Bellu timenda
Il se tient en Courage Sa Soubriete a lui
Crescendo majora parat
Prise de Meulan et la Patais le Neuf.

ABREGE DE LA VIE ET DES ACTIONS

GLORIEVSES DE MESSIRE ARMAND DE GONTAVD DE BIRON,
Mareſchal de France, viuant ſouz les regnes de Henry II. de François II.
de Charles I X. de Henry III. & de Henry IV.

Omme vn jeune arbre qui eſt tiré d'vne bonne pepiniere, & puis tranſplanté en bonne terre, & cultiué auec ſoin deuient grand en peu d'annees ; & ſes rameaux verdoyans aprés auoir produit de tres-belles fleurs au prin-temps, donnét d'ex-cellens fruits en Eſté & en Automne. Ainſi Armand de Biron eſtant ſorty d'vne famille tres-noble & tres-ancienne, fut mis dans le glorieux ſentier de la vertu dés ſa plus tendre enfance, & ſon inclination guerriere ſecondee par vne admirable éducation, porta ſa ieuneſſe dans pluſieurs belles occaſions où il ſignala ſon courage & ſa valeur : ce qui obligea l'illuſtre Mareſchal de Briſſac de le preferer à beaucoup de braues & glorieux ſeigneurs de la Cour, & de le choiſir entre tous pour porter le guidon de ſa compagnie d'ordonnance : Et certes ce grand Capitaine ne ſe trompa pas dans ſon élection : car Biron s'acquitta auec tant de valeur & de gloire de ceſte premiere charge, qu'il s'acquit non ſeulement l'amitié & l'eſtime de ſon Capitaine, mais auſſi l'affection & la faueur de ſon Prince, qui luy fit de tres-grandes careſſes, lors que le Mareſchal de Briſſac l'enuoya à la Cour pour repreſenter à ſa Maieſté quelques affaires de grande conſequence, & ſçauoir ſa volonté ſur des entrepriſes importantes, qui ne pouuoient eſtre confiees qu'à vn homme de l'eſprit & de la fidelité duquel l'on ne pouuoit pas doubter. Biron profita ſi bien dans la belle eſcole, & ſouz les glorieux exemples du Mareſchal, qui de ſon coſté prit beaucoup de plaiſir à le pouſſer, que la ſuitte de ſa vie nous a fait voir qu'il atteignit auſſi haut que ſon general, & que ſa vertu appendit ſes trophees dans le temple de la gloire auſſi auât que les ſiens. La premiere occaſion memorable où il commanda fut l'an 1551. lors qu'il deffit trois cens Hongrois & Bohemiens qui eſtoiét paſſez en Italie pour venir au deuant, & accompagner le Roy & la Reyne de Boheme qui deuoient bien-toſt arriuer à Gennes reuenás d'Eſpagne ; le Comte Hieroſme Palauicin, qui commandoit l'infanterie des ennemis, & qui eſtoit venu au ſecours de ces pauures Hongrois, ayant eſté pris priſonnier auec quelque-vns des ſiés, & le reſte mis en route : aprés quoy Biron reuint trouuer le Mareſchal de Briſſac ; ſes gens menans vn ſi grand nombre de priſonniers que le nombre excedoit le leur de plus de la moitié, outre la deſpoüille & le butin qu'ils y firent, de cheuaux, d'armes, de chaiſnes d'or, de belles fourrures, de grandes targues & de pennaches dont ils eſtoient fort parez. Et pour ce que Biron auoit le plus contribué à la victoire, & qui ce iour-là, à ce que dit Villars, *auoit fait office de fort aduiſé Capitaine, & de vaillant & reſolu en d'arme*, il choiſit entre toutes ces choſes deux tres-riches habillemens de teſte couuerts de lames d'or & d'argent, deux targes de meſme, & ſix lances dorees tres-belles qu'il donna à ſon General ; qui pour rendre recommandable la generoſité de Biron, & faire valoir ſon merite à la Cour par ce glorieux trophee enuoya, par vn courrier exprés tout ce beau preſent au Roy qui le receut auec beaucoup de ſatisfaction & de ioye : La ſeconde occaſion où il donna des preuues de ſa valeur, fut à la retraite que le Marquis de Peſcaire fit deuant l'armee, lors que le Mareſchal de Briſſac eſſaya, mais inutilement de l'attirer à vn combat general : car commandant vne partie de la caualerie

il chargea les ennemis en queuë, en tua pluſieurs, & en ramena de priſonniers, continuant en ſuite à bien faire durant tout le temps qu'il demeura en Piedmont ; d'où eſtant de retour les Roys Henry II. François II. & Charles IX. le conſidererét beaucoup, & luy donnerent pluſieurs glorieux & importans emplois. A la celebre bataille de Montcontour, Biron commandoit l'auant-garde de l'armee du Roy, & y combatit auec tant de iugement & de courage, que le Duc d'Anjou luy donna tout l'honneur de la victoire ; le iour d'auparauant Biron ayant rencontré inopinément les ennemis à S. Cere & chargé Moüy, qui faiſoit la retraite auec trois cens cheuaux, & deux cens arquebuſiers, luy tua cinquante gensdarmes, & preſque tous ſes pietós, & eſtonna tellement l'armee des Princes, que chacun commençoit à branler & à ſe mettre à vauderoute ; il perdit à la bataille vn de ſes freres comme il combatoit vaillamment à ces coſtez. Ceſte victoire ſur les Proteſtás, attira pluſieurs places dans l'obeiſſance, Biron y agiſſant touſiours auec beaucoup de prudence & de courage, mais ſur tou au ſiege de S. Iean d'Angely où il commeça d'exercer la charge de grand Maiſtre de l'artillerie, & où le Roy & la Reyne mere furent teſmoins de ſa vertu ; qui en ſuite l'employerent à traicter la paix, & l'enuoyerent au Roy de Nauarre pour luy propoſer le mariage de Madame Marguerite de France, à quoy il reüſſit ; & ſceut auſſi ſi bien manier l'eſprit des Princes de Condé & de l'Admiral, qu'il les perſuada d'accorder à leurs Maieſtez tout ce qu'on ſouhaitta d'eux ; mais la cruelle iournée de S. Bartelemy ayant plongé le Royaume dans vne plus horrible combuſtion qu'auparauant. Le Roy ſe ſeruit de Biron à reduire à ſon obeiſſance pluſieurs places, & luy ayant donné le Gouuernement de la Rochelle, il luy ordonna de s'y en aller auec commandement aux habitans de le receuoir ; ce que n'ayans voulu faire que ſouz des conditions iniuſtes, il les fit ſommer en vertu de ſon pouuoir ; & comme ils refuſerent d'obeir, il leur declara la guerre, & commença ce memorable ſiege, où le Duc d'Anjou vint quelque temps aprés commander en perſonne, ſe deſchargeant toutesfois ſur la ſuffiſance de Biron de tout le fardeau de la guerre, qui nonobſtant l'admirable reſiſtance des ennemis, eut eu en fin vn ſuccez heureux, ſi les Ambaſſadeurs de Pologne ne fuſſent venus querir ce braue Prince iuſques dás ſon camp pour luy offrir le Sceptre de leur Royaume, & l'eſleuer ſur leur troſne ; Et ſi le Roy n'eut donné la paix à ſes ſujets, dans laquelle les Rochelois furent compris, lequelle pourtant ne dura pas longtéps. L'année 1575. Biron ſe trouua auec le Duc de Guiſe à la deffaicte de Thoré qui menoit de la part du Prince de Condé quinze cens Reiſtres, & ſix cens arquebuſiers François au Duc d'Alançon qui auoit depuis peu pris le party des Proteſtans ; l'an 1577. il remporta vne celebre victoire proche de Ville-neufue d'Agenois, & rendit dans les annees ſuiuantes de ſi importans ſeruices à l'Eſtat par ſa bonne conduite & experience aux grandes affaires, & par ſa valeur, que le Roy Henry III. l'honnora du colier de ſon Ordre, de la dignité de Mareſchal de France, & de la charge de Lieutenant de ſa Maieſté en Guyenne, & luy donna la conduite de l'armee de Xainctonge où il prit pluſieurs places, & comme il aſſiegeoit Marans le Roy de Nauarre le vint attaquer auec de plus grandes forces que les ſiennes, & le contraignit de leuer le ſiege, &

S "

de passer au delà de la riuiere de la Charante, ce qu'il fit auec tant d'ordre & de resolution que ce braue Roy l'eut tousiours en grande estime depuis ce temps-là. L'an 1588. lors que le peuple de Paris estoit en diuision auec son Prince, Biron se tint tousiours prés de la personne du Roy, & pourueut à tout ce qui estoit necessaire pour sa seureté. Il fit entrer les gardes Suisses & Françoises vn peu auparauant les barricades, ce qui empescha que le torrent de ses desordres n'allast dans l'extre-me, & le Roy eut le temps de se retirer pour regarder l'ota-ge de loin, & songer aux remedes auec plus de loisir: En suite de quoy il accompagna tousiours sa Majesté, & luy rendit de tres-fideles seruices iusques à sa mort; après laquelle il se rengea prés du Roy Henry le Grand, qui cognoissant sa hau-te vertu le receut auec ioye, & le considera tousiours comme vn des plus grands Capitaines de son Royaume, & luy don-na les plus glorieux emplois de ses armees: l'an 1589 il eut vn des principaux commandemens lors que le Roy attaqua le Duc de Mayenne à Arques, & l'histoire nous apprend, que l'armee de la ligue se trouua chargee par trois endroits tout à vn coup. Au moulin, par le Roy: à Martinglise, par le Ma-reschal de Biron: & au Pollet, par Chastillon: en sorte que la valeur des vns & des autres obtint vne memorable victoire à sa Majesté, & deslors tous les François commencerét à ployer sous le joug de l'obeissance legitime, & à se destacher petit à pe-tit de la rebellion. Au mois d'Octobre de la mesme annee le Mareschal de Biron eut encore vn des principaux comman-demens dans l'armee du Roy au siege de Paris: Et au mois de Mars de l'annee suiuante, il fit cognoistre à la bataille d'Yury la cognoissance parfaicte qu'il s'estoit acquise au mestier de la guerre: car commandant vn des principaux escadrons de l'armee du Roy, soustenu par de tres-bonne infanterie; il demeura ferme & immobile en regardant la meslee d'vn cou-rage intrepide sans se bouger, quoy que le Roy & tous les au-tres chefs fussent aux mains bien auant auec les ennemis; con-tribuât de la sorte plus puissammét au triomphe de la victoire, que tous ceux qui auoient fait vn plus dangereux effort: car les plus sages chefs des ennemis voyans en ceste posture ce ge-nereux vieillard, duquel ils cognoissoit la vertu eurent vne

telle apprehension du violent orage dont cette nuee les me-nassoit que perdans le cœur, & l'esperáce de pouuoir gaigner la bataille, ils se mirent à vau-de-route, & furent renuersez & vaincus entierement; En sorte que le Roy cognoissant le seruice tres-signalé que le Mareschal de Biron, luy auoit ren-du en ceste occasion, qui estoit la crise du bon-heur ou du malheur de sa Maiesté, & où ce deuoit decider le gain ou la perte de son Royaume; confessa publiquement de sa sacree bouche qu'il auoit combatu en soldat, & que Biron auoit tenu la place de sa Maiesté, & fait l'office d'vn tres-excellent General d'armee. Sur la fin de la mesme annee ce glorieux Mareschal ramena souz l'obeissance du Roy Clermont en Beauuoisis, & cinq ou six autres villes, & plus de vingt Cha-steaux ou forteresses occupees par l'ennemy. Et vers le com-mencement de l'annee suiuante il acquit à sa Maiesté les villes de Caudebec, de Harfleur, de Fescamp, & reduisit en fin tou-te la Normandie, excepté la ville de Roüen qui fut assiegee au mois de Ianuier de l'annee 1592. aprés que le secours du Duc de Parme eut esté rendu inutile par la vigilance du Roy & du Mareschal de Biron, qui chaussa les esperons d'vne si bó-ne sorte à ces Espagnols, qu'ils ne prirent plus enuie de reue-nir attaquer les François. A son retour de ceste chasse nostre Mareschal ne voulant laisser inutilles ses trouppes, assiegea, battit & prit Espernay, en Champagne qui fut le lieu fatal où il termina ses glorieux trauaux y ayant esté tué d'vn coup de canon vn peu auparauant sa redition, l'an 1592. aagé de 68. ans. Il laissa successeur de son courage & de sa valeur, Charles de Gontaud son fils aisné qui fut Mareschal, Admiral, Duc & Pair de France, & Gouuerneur de Bourgogne, mais qui ne pouuant donner des bornes à son excessiue ambition, tresbu-cha du haut de la roüe, & changea ses glorieux lauriers en de funestes & malheureux ciprés.

Les armes de la maison de Gontaud Biron, sont presque tousiours representees sur vn Escu en banniere, qui est escar-telé d'or & de gueules, sans aucune assiette: auec ceste deuise, *l'honneur y gist*, laquelle i'ay donnee au braue Marquis de Bi-ron qui ne degenere point de la vertu de ses illustres prede-cesseurs.

FRANCISCVS DE LESDIGVIERES
Sub Hen: 4.º
COMES STABVLI
et Lud.º 13.º
Omnia Virtutj, Vix quicquam
natalibus debuit, Naturâ probâ,
quam Ingenio melior, procul
ab Aula Egregijs factis. Iudaruit.
longam Vitam Secundâ fortunâ
Emensus est, si Alternum hymenæum
exciperes, fœlix, cuj neg Vera
Religio ad extremum deffuit.
La Prise de la Ville de Grenoble. 1590.
Penœœ Nido Majores.
Le Chasteau de Xilles. 1591.
Stadiis cum Luce cucurrit.
La Journée de Sal Bertrand. 1591.
La Bataille de
Pont Chara.
Contigit huic tandem, merces præclara Laborum,
Militiæ, à grato Principe, Summus Honos.
Cum Priuil.
Sie Fort du Barreaux. 1597.
Sic Crevit ab Ouo.
Force Ennemy dans un Roc.
Frangit Iniacens sa.
Siege de Mont meillan.

ABREGE DE LA VIE ET DES ACTIONS

HEROIQVES DE FRANCOIS DE BONNE DVC DE LESDIGVIERES,
Pair, & Connestable de France, viuant souz les Regnes de Henry III. de Henry IV. & de Louys XIII.

E n'est pas par vne faueur injustement donnee que le grand Connestable de Lesdiguieres est monté iusques au plus haut comble de la gloire qui s'acquiert par les combats ; son inuincible courage, & sa haute valeur, rendirent la Fortune tributaire de sa vertu, & obligerent nos Roys de l'honnorer de leur affection, & de leur estime, & de le faire passer par tous les degrez militaires, pour l'honnorer, en fin du baston de Mareschal de France, de la dignité de Duc & Pair, de l'espee de Connestable & du gouuernement de plusieurs Prouinces.

Vn fatal embrasément qui se prit à la maison de son pere & à tout le bourg de S. Bonnet en Champsaur, esclaira sa naissance & sa mort, comme le pronostic & la preuue de la splendeur de sa vie ; les ieux & les exercices de sa ieunesse furent les images des guerres qu'il acheua auec tant de gloire ; & ceux qui considererent bien son humeur bouïillante & sa complexió robuste, iugerent bien qu'il ne failloit rien attendre que de merueilleux, d'vne vie dont l'enfance mesme estoit heroïque. Ses parens eurent soin de luy faire apprendre les belles lettres, afin qu'il n'y eut aucune des dispositions naturelles qu'il auoit au bien, qui demeurast inutile : mais comme son inclination estoit portee aux armes ; il s'y voüa si heureusement que ses premiers essais furent des coups de maistre ; & le courage qu'il fit paroistre aux premieres occasions où il fut employé luy donnerent tant de reputation, que ses chefs le considererent beaucoup, & l'admirerent tout à fait, lors qu'ils virent aussi que sa valeur estoit accompagnee de prudence & de bonne conduite. La mort du vaillant & sage Mombrun fut le premier eschelon qui l'esleua dans le party des Protestans, desquels il fut esleu General, aprés auoir tesmoigné en plusieurs memorables occasions sa valeur & sa sagesse, à la surprise de Gap, au siege de Serres, & à la deffaite du secours qui y vouloit entrer, & des troupes de Vif : au secours qu'il conduisit à Liuron trauersant le camp Royal sans estre recoghu, iusques au signal qu'il fit aux assiegez, ce qui obligea l'armée Catholique de leuer le siege : aux combats qu'il fit auec tant d'auantage contre Gordes dans des passages scabreux & difficiles des montagnes du haut Dauphiné ; Et à la prise d'Ambel & de Corp, Exploits considerables, & qui luy acquirent tant d'estime que le Mareschal d'Amuille, qui protegeoit en ce temps-là les protestans, l'honnora de son amitié & de son estime, & confirma l'eslection qu'on auoit fait de sa personne ; Le Prince de Condé estant venu en Deuphiné à son retour d'Allemagne en fit de mesme, & commáda à quelques Seigneurs qui ne luy vouloient pas obeïr, de le recognoistre comme leur General. En mesme temps le Roy de Nauarre, qui auoit esté informé par le sieur de Vulson, des difficultez qui se presentoient à cette élection, confirma son pouuoir à Lesdiguieres, & l'authorisa par ses prouisions ; En vertu desquelles il mit à la raison ses concurrens, & les fit ployer souz ses commandemens : & deslors il releua les courages abbatus depuis la prise & la mort de Montbrun, & fit plusieurs exploits memorables. Et comme le serpent de la ligue voulut ietter son venin en Dauphiné, il y trouua cet Alcide qui le combatit auec tant de vertu qu'il le mit aux abois à la celebre deffaite d'Allemagne, ou par vne signalee victoire, il ne parut

pas moins fatal aux superbes que fauorable aux oppressez. La ville de Grenoble admira sa moderation, & benit le iour que ce genereux Capitaine là soûmit à son pouuoir, & reconnut que la resistance qu'elle luy auoit faite, n'auoit esté que le retardement de sa felicité ; il fut son pere aussi tost que son vainqueur ; toutes les prosperitez de la paix y entrerent auec luy : il l'honnora de son seiour ordinaire, & par les monumens publics dont il l'enrichit, il la combla des mesmes faueurs, que la vieille Rome receut de la magnificence d'Auguste. Il auoit pris auparauant, le Montelimar, & quelques places aux Baronnies, le chasteau de Champs, celuy du Monestier, & le fort du pont de Coignet dont il fit le Gouuerneur le Capitaine la Colombiere, qui y fut tué malheureusement auec tous les siens vn demy heure aprés auoir pris vn fort aux ennemis qui incommodoit celuy de Coignet. Guillestre & Queiras furent aussi conquis, & la citadelle de Puymore bastie en despit des Gapensois & de quelques autres trouppes qui y furent deffaites : le chasteau Dauphin fut aussi pris par Lesdiguieres, & les villes de Crest, de Talard & de Moirans se rendirent aprés quelques combats : & plusieurs autres places du Dauphiné & de la Prouence, où il alla pour secourir le party Royal ; d'où estant de retour il gaigna la bataille de Pontcharra sur le Duc de Sauoye, qui estoit assisté des troupes d'Espagne, ausquelles il fit veoir que la France auoit aussi *son grand Capitaine* ; ce fut là où il tua auec tát d'adresse & de valeur vn Seigneur Espagnol qui estoit venu la lance au poing, deffier le plus vaillant de son armee ; ce qui fut vn asseuré presage de la sanglante deffaite qu'il fit de l'armee ennemie qui laissa plus de cinq mille morts, & enuiron mille prisonniers de marque, auec trente-deux drapeaux gaignez, vn guidon & quelques cornettes qu'on enuoya au Roy. Aprés cela il repassa en Prouéce & dás les Estats du Duc de Sauoye, les troupes duquel il deffit à Vinon, prit Barcellonne, assiegea & emporta Cahours auec l'estonnement des ennemis qui furent esmerueillez de voir la batterie dressee sur le haut d'vn rocher où à peine pouuoit-on faire aller des hommes ; le Duc de Sauoye confessant qu'il n'y auoit rien d'impossible à la vertu de Lesdiguieres ; ce qu'il confirma encore glorieusement à Salebertran par la memorable deffaicte des trouppes Espagnolles, Napolitaines & Milanoises qui composoient l'armee du Duc de Sauoye : qui fut encore batu à Gresillane. La reprise du fort d'Exilles où Lesdiguieres n'eut pas moins à combatre la rigueur de la saison, que la puissance de ses ennemis fit voir clairement, que si la fortune auoit laissé tomber cette place entre les mains du Duc de Sauoye, il la forçoit auec plus de valeur à la luy rendre, car il repoussa auec beaucoup de gloire les violentes attaques que son Altesse fit pour tâcher de secourir ceste forte place qui se rendit aprés vn mois de siege. Aprés cet exploict Lesdiguieres & le Duc de Sauoye campez souuent l'vn prés de l'autre, se saluerent par plusieurs scaramouches : & en fin vne coutte treve ou suspension d'armes donna loisir à Lesdiguieres d'aller à Lyon pour y voir le Roy Henry le Grand : il y vint accompagné du braue Crequy son gendre, & de plus de six vingts gentils-hommes de Dauphiné : comme il entroit par la porte du Rhone, il rencontra inopinément dans la place de Bellecourt, le Roy qui couroit la bague, & qui l'apperceuant de loin, & le cognoissant fort bien, quoy qu'il y eut quinze ans, qu'il ne l'eut veu : picqua droit à luy accompagné de plusieurs Princes & Seigneurs, auec vn visage plein de ioye, & la lance baissee : *ha viel Huguenot*, luy dit-il de bonne grace, *vous en mourrez*, Lesdiguieres, ayant aussi-tost mis pied à terre, pour luy faire la reuerence : *Vous soyez le tres-bien venu*, reprit le Roy, *vous estes celuy de tous mes seruiteurs que i'auois le plus enuie de voir*. Là dessus il luy commanda de remonter à cheual, & en suitte le mesme iour luy fit mille caresses ; accompagnees de plusieurs promesses de recõpenser dignemét ses glorieux & profitables seruices, peu de temps aprés Lesdiguieres vint en Prouence pour ayder au Duc de Guise d'entrer en possessiõ de son Gouuernement, à quoy il reussit auec beaucoup de satisfaction de la part de ce Prince & de gloire pour luy : ce pendãt le Roy obligea Lesdiguieres à venir à la Cour, ou il le receut auec grãd ioye, desirãt de se seruir de luy pour la guerre que sa Maiesté estoit resoluë de faire au Duc de Sauoye : & en effet il luy donna la qualité de Lieutenant general de ses armees, en Piedmont, en Sauoye & en Dauphiné, de laquelle charge il s'acquita tres-auãtageusement pour son Prince, & pour l'augmentation de sa gloire; il leua à ses despens toutes les troupes qu'il iugea luy estre necessaires à ceste guerre, & la Sauoye se ressouuiédra plusieurs siecles à venir du passage qu'il s'y fit à trauers les neiges & la glace pour empescher celuy des ennemis de la France : & cõme il se rendit maistre de ses villes & de ses forteresses en si peu de temps, que les nouuelles de ses victoires, deuancerent celles de son arriuee. La prise du fort de Chamousset qui fut emporté de viue force, & tout ce qui estoit dedans passé au fil de l'espee, fut vne action de la pure vertu de Lesdiguieres, & dautant plus excellente, qu'elle ne fut point premeditee: le fort de Charbóniere se rendit en suitte aprés auoir esté battu quelques iours : & celuy de Leuille en fit de mesme : Cependant le Duc de Sauoye ayant receu vn renfort de deux mille Suisses & d'autant d'Espagnols & de Napolitains, creut de pouuoir hardimént affronter le camp de Lesdiguieres, qui de son costé ne demandant qu'à venir aux mains, se disposa à luy aller au deuant; les armees se rencontrerent prés d'vn village nommé les Molettes toutes deux rangees en bataille; Le premier iour il n'y eut que des escarmouches où les François eurent tousiours l'auantage : mais le lendemain le combat fut grand & glorieux pour Lesdiguieres qui mit à vau-de-route toute l'armee du Duc, & luy tua prés de douze cens hommes, Et comme son Altesse eut fait construire auec beaucoup de peine & de despence, le fort de Barraux pour seruir de bouleuard à Chambery, & incommoder la vallee de Grisiuaudan, nostre sage & vaillant general le prit par escalade, & par vne merueille, digne de sa valeur, fit d'vne nuict obscure vn des plus beaux iours de sa vie. Le fort de S. Barthelemy fut aussi adiousté aux trophees de nostre conquerant; dont la vertu heroïque fut recõpensee par le Roy de la charge de Lieutenant general en Dauphiné; En suite de quoy il fit son entree guerriere & magnifique à Grenoble. Sur ces entrefaictes la paix de Veruins ayant esté faite l'an 1599. le Duc de Sauoye s'y trouua compris, ce qui fascha le vaillant Lesdiguieres de voir que ses conquestes se terminoient à mesure qu'il estoit sur le poinct de les acheuer. Le Duc de Sauoye & Lesdiguieres allerent à la Cour en mesme temps: mais le Roy voyant le refus que ce Prince faisoit de rendre le Marquisat de Saluces, il resolut de luy faire la guerre. Lesdiguieres rauy de trouuer l'occasion de faire voir au Roy des preuues de sa vertu, prit en peu de temps le fameux fort de Montmelian, & plusieurs autres places : Sa Maiesté acheuãt

le reste de la conqueste de Sauoye. L'an 1609. le Roy estant reuenu en France recompensa les penibles & glorieux trauaux du Seigneur de Lesdiguieres de l'office de Mareschal de France, dont il luy donna le baston à Fontaine-Bleau : Vne annee aprés comme nostre nouueau Mareschal estoit en Dauphiné, il receut les deplorables nouuelles de la mort du Roy; la Reyne Mere & Regente du Roy Louis XIII. luy enuoya le breuet de Duc & Pair de France, en recognoissance de quoy il rendit plusieurs bons seruices à leurs Maiestez en diuers endroits, & notamment par le soin qu'il prit de contenir dans l'obeissance ceux de la Religion durant la Regence; l'an 1612. il vint à la Cour à la celebration des mariages de France & d'Espagne: Il fut vn des quatre Iuges de cet admirable Carosel de la place Royalle. En fin les affaires du Montferrat l'appellant en Dauphiné, & puis en Italie; par le secours qu'il y mena à ses propres despens; il eut la gloire de voir changer le desadueu de la Cour en des remerciemens. Il prit par force Feslissan & plusieurs autres places. Et puis reuint encore à la Cour, & accompagna le Roy à la guerre qu'il fit aux Protestans rebelles : mais quelques mouuemens estans arriuez en Dauphiné, il y fut enuoyé pour les appaiser: Il reduisit plusieurs places sur le Rosne dans l'obeissance du Roy, & en suite ayant abiuré la Religion Protestante il fut fait Connestable de France & Cheualier des ordres du Roy ; & estant encore allé à la Cour où sa presence & ses conseils estoient tousiours necessaires, il fut fait Gouuerneur & Lieutenant general en Picardie, d'où estant derechef rapellé, il passa pour la derniere fois en Italie contre les Genois, ausquels il prit Ostage, & la ville & chasteau de Gauy, & puis se signalla à la memorable retraite de Bestaigne : Et en fin l'orgueil d'Espagne fut abbattu par la seule force de sa presence, & il couronna ses exploits à Verruë : & ce fameux rocher sembla moins glorieux par l'auantage de sa propre force, que par la gloire d'auoir fait le comble des immortelles actions de ce grand & dernier Connestable : qui estant reuenu en Dauphiné où sa presence estoit necessaire pour reprimer l'audace de quelques rebelles il reduisit Soyans, le Poulin & Meüoillon, qui estoiét les dernieres places que les Protestans tenoient en Dauphiné; tellemét qu'on peut dire qu'ayant cõmencé sa fortune auec la leur, il perdit aussi la vie, lors qu'ils furent reduits aux derniers abbois : Il mourut à Valance en Dauphiné d'vne fievre violente l'an 1626. aagé de quatre vingts cinq ans, son corps fut porté au chasteau de Lesdiguieres, & reposé dans son riche tombeau, sur lequel il est tres-bien representé en marbre blanc, auec toutes ses batailles. Son cœur fut enterré à Grenoble; & l'on y fit ses obseques auec les mesmes pompes & magnificéces qu'on a accoustumé de pratiquer aux obsecques des Princes souuerains. Voicy deux vers latins que i'ay desia inserez dans mon liure de la Science Heroïque, & dans mon Veritable Theatre d'honneur & de cheualerie, lesquels furent posez sur son tombeau.

Franciscus Bonnus iacet hic, quem magna fatentur
Facta fuisse Deum, fata fuisse virum.

Les armes de ce grand & admirable Connestable furent de gueules au lyon d'or, au chef cousu d'azur chargé de trois roses d'argent : L'escu orné de sa Couronne & du manteau Ducal, & des deux mains dextres tenans l'espee de Connestable.

Le rencontre des lettres anagramatiques de son nom fit voir le zele de son cœur pour sa patrie : François de Bonne, Né bon François.

HENRICVS MAGNVS   IIII REX GALLORVM
Galliam ab hispanis et per duellibus   Et e Cineribus data Successore
Vsurpatam Galliæ sibique   Rediuiuus. Vnus omnium admiranda
Dextrâ et Ferro restituit. Phœnice   Inchoare potuit. Vnum Inchoata quj
Exquisitis, Ingentium Virtutum   Consumaret. Reliquit.
Odoribus Immortuus.

la Bataille D'Yury 1590
Dia Iuuat Virtutes
Rencontre de Fontaine Française 1595
Superat et Parcit
la Bataille D'Arques

prise de Montmelian l'an 1600
Clemens Vidor
la Bataille de Coutras
Mandat ne feros et Hoster
prise de Cahors et le combat de cinq Iours

la Reddition de Paris
le 22 mars 1595

Iniuriæ Terror dum Vixit Amorque Suorum
Gallia caput Adhuc Tristis fata Dolet

23

ABREGE DE LA VIE ET DES ACTIONS

HEROIQVES DV ROY HENRY IV.
ſurnommé le Grand.

A vie toute pleine de merueilles du grãd & victorieux Henry, aſſiſté d'vne faueur ſpeciale du Ciel, a eſté vn cours perpetuel de glorieux triomphes : Ayant conquis le Royaume des fleurs de Lys, autant par la vertu de ſon bras inuincible, que par les droicts d'vne legitime ſucceſſion ; ſa generoſité, ſa clemence, & vn nombre infiny de belles actions de Iuſtice, de paix & de prudence, ayans ſeruy de ciment pour vnir les cœurs de ſes ſujets, & de ſacrez inſtruments pour reſtablir ceſte Monarchie dans ſa premiere ſplendeur : Cet admirable Prince ayant encore plãté en vn ſi haut poinct la reputation de ſon courage & de ſa vaillance dans l'eſprit de ſes ennemis : Et ſa bien-veillance & ſon reſpect dans celuy des autres Princes ſes alliez, que ceux-là n'oſoient plus regarder ſes frontieres qu'auec beaucoup d'effroy, & ceux-cy ne ceſſoient de le cherir & de l'honorer.

Le chaſteau de Pau, ville capitale de ſa Principauté ſouueraine de Bearn, eut le bon-heur de le voir naiſtre l'an 1553. le 13. de Decembre. Le Roy Henry de Nauarre ſon ayeul maternel le fit eſleuer aſſez auſterement, pour l'accouſtumer de bonne heure aux penibles exercices de la guerre, & à ſupporter les aduerſitez, comme s'il eut eu le dõ de preuoir que la vie de ce Prince, ſeroit agitee de pluſieurs trauaux, & trauerſee de mille incommoditez plaines de peril : mais il en tira cet aduantage qu'il en deuint plus robuſte, plus patient, & plus moderé en toutes choſes, & il trouua parmy ces eſpines vne agreable moiſſon de fleurs & de roſes dont il couronna ſa vertu heroïque auec tãt da gloire, qu'il s'acquit le ſurnom Auguſte de Grand Conquerant, & de Pere de ſon Peuple.

Il n'auoit que neuf ans lors que le Roy Antoine de Nauarre ſon Pere fut tué au ſiege de Roüen, au commencement des funeſtes guerres ciuiles qui faillirent à perdre la Monarchie. A l'aage de quinze ans il commença à porter les armes & à ſe declarer chef d'vn party ſi miſerable qu'il eut peine à le releuer : Et deux ou trois ans aprés la Couronne de Nauarre luy eſtant eſcheüe par la mort de la Reyne Ieanne ſa mere, il ſe trouua enuelopé de pluſieurs dangereuſes difficultez, par la perte ou la proſcription de ſes plus fidelles amis & ſeruiteurs : ce qui l'obligea de ſe retirer en Guyenne, & de quitter la Cour de France où ſa liberté eſtoit geſnee & contrainte. Il fut accueilly par les Proteſtans auec des joyes indicibles, & tout incontinent aprés ſon arriuee, il fut declaré & recognu Generaliſſime de leurs armees par tout le Royaume : Le premier exploict qu'il fit en cette qualité, fut la priſe de Cahors aprés vn combat opiniaſtré de cinq iours, auquel il aſſiſta en perſonne, & y rendit des preuues d'vn courage inuincible. Et comme les practiques de la Cour, & les funeſtes commencemens de la Ligue, luy eurent mis en teſte pluſieurs puiſſans ennemis, il reſolut de leur oppoſer vne ſi vigoureuſe deffence, & il fut ſecondé par de ſi vaillans chefs dans toutes les Prouinces de France, que les pratiques & les forces de ceux qui le vouldrent attaquer furent renduës inutilles, & il ſe trouua preſque touſiours victorieux, ſe roidiſſant contre les difficultez & triomphant des aſſauts de la fortune. Il vainquit en bataille rangee le Duc de Ioyſe à Coutras, & vſa d'vne tres-grande moderation dans ſa victoire, ſignalee par la mort du Duc,

General de l'armee Royalle. Et quelque temps aprés le Roy Henry III. eſtant perſecuté par les chefs de la Ligue, qui par la ruine de ce pauure Prince, croyoient de mettre la Couronne ſur leur teſte à l'excluſion & au prejudice du Roy de Nauarre qui en eſtoit le veritable & droict ſucceſſeur : appella à ſon ſecours noſtre grand Henry, qui franchiſſant toute ſorte d'ombrages & de méfiances vint incontinent joindre ſes forces à celles du Roy ſon beau-frere. Sa preſence & ſon nom aſſeurerẽt les courages, & ſa hardieſſe alloit rédre facile la conqueſte de Paris, lors que l'execrable parricide commis à ſainct Cloud, en la perſonne ſacree du meſme Roy Henry III. l'an 1589. le rendit poſſeſſeur de la Couronne, de laquelle vn moment auparauant il n'eſtoit que Protecteur. Il fut recognu Roy legitime par les Princes du ſang, & par vn nombre infiny des plus grands du Royaume, & en ceſte qualité voulant maintenir vn ſi bel heritage, auec la liberté de ſes peuples, il ſe reſolut à faire vne forte guerre à ceux qui ne voudroient pas ployer le joug ſous ſa legitime domination. Et encore que l'Eſpagne, l'Italie, la Sauoye, la Lorraine & les Pays-bas luy oppoſaſſent leurs armees, & qu'ils donnaſſent de tres-puiſſans ſecours à ſes ennemis, ſon courage intrepide & veritablemẽt Royal, ſe porta auec plus d'enuie & de reſolution à les attaquer, ſçachant que ſes trophees & ſes triomphes en ſeroient plus auguſtes & plus eſclatans. Il gaigna la memorable bataille d'Arques, & contraignit ſes ennemis de leuer le ſiege de Dieppe aprés pluſieurs furieux combats, où ſon bras victorieux fut ſouuent empourpré du ſang de ſes rebelles ſujets, qu'vn voile de Religion faiſoit ſuiure contre leur conſcience, des Princes qui vouloient vſurper ſon Sceptre, & eſcheller le Troſne qui luy eſtoit deub. Les Pariſiens le croyans vaincu, ou du moins forcé de paſſer en Angleterre, s'eſtonnerent de voir leurs faux-bourgs, gaignez en moins d'vne heure, par ſa Majeſté & plus de huict cens des plus mutins tuez, pour expier en quelque ſorte par leur ſang l'aſſaſſinat horrible commis en la perſonne ſacree de ſon predeceſſeur. Ces genereux & bien-heureux exploits furẽt ſuiuis de la priſe des villes d'Eſtampes, de Vendoſme, du Mans, d'Alançon, de Damfront, de Falaiſe, de Liſieux, de Vernueil, de Ponteau de Mer, & meſme de pluſieurs Prouinces toutes entieres. Et comme l'armee ennemie fortifiee par quelques eſtrãgers eut aſſiegé Meulan, ſa Majeſté luy fit leuer le ſiege, & luy donna vne ſanglãte chaſſe. Et quelque temps aprés les ennemis croyans de reparer leur honte, augmenterent encore les palmes de noſtre Conquerant, & luy preparerent de nouueaux triomphes, à la bataille d'Yury, où ſa Maieſté eut vne victoire entiere & par la mort de plus de dix mille des ennemis, ſon bras & ſon eſpee raffermirent ſa Couronne ; ayant en meſme iour remporté vne autre celebre victoire en Auuergne, ſouz la cõduite d'vn de ſes Lieutenãs. Les villes de Mantes, de Vernon & de Meulan vindrent auſſi-toſt rendre hommage, & receuoir la loy de leur victorieux Monarque. Chartres, Noyon, Auranchies & pluſieurs autres places en diuerſes Prouinces ſe remirent auſſi ſouz la domination legitime. Le Duc de Parme qui eſtoit venu pour ſecourir Paris & Roüen fut attaqué & chaſſé bien viſte hors des limites du Royaume, où il trouua plus de valeur & de fidelité que l'on ne luy auoit fait conceuoir. En fin ſa Maieſté eſtant perſuadé de changer de Religion pour oſter toute ſorte de pretexte & de plainte aux Catholiques qui ne

V

tenoient pas son party, & qui ne luy vouloient point obeir s'il demeuroit dans la Religion Protestante, resolut de la quitter & d'embrasser celle des Roys ses predecesseurs, ce qu'il fit solemnellemét à S. Denis: comme s'il eut voulu auoir pour tesmoins d'vne action si pieuse, les cendres & les tombeaux de ces ancestres. En suite de quoy il se fit sacrer à Chartres dans l'Eglise de nostre Dame par Nicolas de Thou, Euesque du lieu, & en mesme temps il prit les ordres de S. Michel & du S. Esprit. La ville de Rheims se priua de cet honneur pour n'auoir pas encore fléchy souz les loix de son Souuerain, comme elle fit bien-tost aprés, par l'exemple & les persuasions du Duc de Guise qui se rangea aussi dans le deuoir. Aprés quoy les Parisiens secoüerent le joug estranger, changeans leurs ruines passees en feux de joyes & resiouissances publiques à l'arriuee de ce grand Prince qui fit vne magnifique entree dans ceste Reyne des Citez : Roüen, Amiens, Troyes, Poictiers & presque tout le reste du Royaume suiuit l'exemple de Paris : mais Laon n'ayant pas voulu ployer fut attaquee & forcee par sa Maiesté, malgré les vains efforts des troupes Espagnoles qui estans venuës pour son secours furent taillees en pieces. Aprés quoy la Bourgogne seruit de glorieux theatre où sa Maiesté vint encore faire paroistre sa valeur & sa bonne fortune. Lors qu'il abbatit l'orgueil de ses ennemis dans la plaine de Fontaine Françoise, ayant auec cent cinquante cheuaux qu'il destacha de son armee soustenu genereusement l'effort de celle du Cónestable de Castille, composee de dix-huict mille combatans ; sa Maiesté renuersant comme vn vray foudre de guerre, tous ceux qui furent si hardis de l'attendre. Toutes ces glorieuses actions furent suiuies de la submission du Duc de Mayenne, chef du party contraire, comme aussi de celle des villes de Dijon, de Thoulouse, de Narbonne, de Marseille, & de Soissons. La Fere qui voulut tenir bon fut emportée aprés vn siege de quelques mois. Et Amiens ayant esté surpris par l'Espagnol, le Roy le reprit glorieusement à la veuë d'vne tres-puissante armee qui entreprit vainement de faire leuer le siege. La Bretaigne d'autre costé recognut ce Roy victorieux, & le Duc de Mercœur s'estima heureux d'obtenir le pardon de ce grand Prince. En fin la paix estant concluë auec Philippes II. Roy d'Espagne par le traicté de Veruins, Calais, Ardres, le Catelet, Monthulin & Blauet furent restituez, & cela fit voir que ce genereux Monarque n'auoit pris les armes que pour recouurer le sien, & que l'interest & la gloire de la Couronne auec la protection de ses peuples, auoit tousiours esté le seul but de ses iustes armes. Et afin que les Protestans ne troublassent point ceste douce paix, il fit l'Edit de Nantes pour les contenter. Toutes choses estans doncques pacifiees au dedans, il attaqua le Duc de Sauoye pour la restitution du Marquisat de Saluces, qui auoit esté rauy au Roy son predecesseur. La conqueste de toute la Sauoye par sa Maiesté en personne, & par le Seigneur de Lesdiguieres, & notáment du fort de Montmeillan reputé iusques-là imprenable, contraignirét le Duc de Sauoye de se mettre à la raison ; & l'eschange qui fut fait dudit Marquisat auec les Comtez de Baugey, de Bresse, de Veromey & de Gex, pacifierent ce different par vn traicté de paix conclud à Lyon. Ce qui commença de faire changer à sa Maiesté les couronnes de lauriers dont sa vertu auoit esté si souuent recompensee, en des guirlandes d'oliuiers, symboles de la paix qu'il donna à toute l'Europe, dont sa valeur l'auoit rendu le glorieux arbitre. Durant ces tranquillitez & resioüissances vniuerselles, il termina plusieurs grands differents entre ses Alliez, & secourut les Princes de la maison de Cleues & de Iuliers, ayant donné de la terreur à leurs ennemis par le moyen de deux grandes armees qu'il auoit mis sus pied pour vn merueilleux dessein dont le succez l'auroit rendu le maistre absolu du globe de l'Europe. Mais helas ! auparauant que de s'acheminer sur la frontiere de Champagne, pour de là passer plus outre, il desira de voir la solemnité du magnifique couronnement de la Reyne Marie de Medicis son Espouse, qui se fit à S. Denis, & resolut de la laisser en son absence Regente de ses Estats ; mais pendant les preparatifs de la magnifique entree qu'il voulut qu'on luy fit dás la ville de Paris : ces ioyes publiques furent par vn funeste & deplorable accident, conuerties en vn moment en deüil & desolation extréme & vniuerselle le 14. de May l'an 1610. car vn monstre & demon infernal ayant pris la forme humaine, porta ses impitoyables & parricides mains sur ce grand Hercule, & luy fit perdre la vie au milieu des plus solemnelles prosperitez de la paix, vie qu'il auoit conseruee dans les plus sanglantes & mortelles meslees. Il fut pleuré & regretté par ses suiets & par tous les Potentats du monde, autant que Prince qui ait iamais vescu ; & ses excellentes vertus, ioinctes à vn courage & vne valeur sans exemple luy acquirent les Eloges & les Tiltres glorieux *de Grand, d'Inuincible, d'Incomparable, de Clement, de Magnanime, de Protecteur de la paix, de Restaurateur & Conseruateur de l'Estat, d'Ornement de l'Eglise, et d'Arbitre des Princes Chrestiens.* Il estoit de stature mediocre, d'vn visage & abord venerable & Auguste, ayant le nez aquilin, les yeux vifs, le tint vermeil, le front large, le poil brun, qui commença de grisonner sur l'an trente-troisiesme de son aage, ayant accoustumé de dire, que c'estoit le vent & l'orage de ses aduersitez qui auoient donné sur sa barbe & sur sa cheuelure : Au reste ce grand Monarque n'ayant fait la guerre que pour procurer vne paix durable à ses sujets, & les combler de felicitez, remit la Iustice & la pieté en leur siege, rendit la force aux loix, l'authorité aux Magistrats, deffendit les duels par plusieurs seueres Edicts, reforma la discipline militaire, poliça ses villes, & les embelit de plusieurs structures magnifiques, garnit ses ports de mer de vaisseaux & de galeres, remplit ses coffres de finances, & ses arsenaux d'vn si grand nombre de canons & d'autres armes & instrumens de guerre, qu'il estoit bien facile à voir, que ses desseins eussent enfanté de belles victoires. Il fit rebastir ses Chasteaux & Palais du Louure & des Tuilleries à Paris, ceux de Fontaine-bleau, de S. Germain en Laye, de Blois, de Verneüil & de Monceaux, & au lieu qu'ils estoiét auparauant tous ruinez, il les fit restaurer & embellir de jardins, de fontaines, de parcs, de statuës, de perspectiues, de grottes, de casquades, & de si excellentes peintures, qu'elles porteront aux siecles aduenir les marques de l'excellence de son Regne, & de la gloire de son nom. Il fit aussi bastir la place Royalle, & acheua le Pont-neuf & plusieurs autres monumens perdurables. Ce grand & inuincible Monarque porta premierement pour sa deuise, la figure d'vn Hercule symbole des penibles & des glorieux trauaux qu'il souffrit, & des monstres de rebellion qu'il dompta, auec ces mots : INVIA VIRTVTI NVLLA EST VIA, Depuis il porta vne espee nuë posee en pal sur deux Sceptres passez en sautoir, auec ceste ame, DVO PROTEGIT VNVS, pour donner à entendre, que ses iustes armes n'auoient desormais autre but, que la deffense & la protection de ses deux Royaumes.

Sa Couronne exaucee à l'Imperiale couuroit les deux escus de France & de Nauarre, dont chacun sçait les blazons ; & les deux coliers de ses ordres du S. Esprit & de S. Michel les enuironnoient.

MARIA MEDICEA. H. IIII. CONIVX.
Corporis et Animi Dotibus totius æuj superás
Heroidas, Henriej Magni quondam Vxor, trium
Potentiss imorum Orbis Regum Mater et Socrus
Extitit quæ nec Moderatior In Secundis, nec
Constantior. In Aduersis.
Inualescentes Procerum Regnj motus, Rege ad-
huc Infante, mirabilj prudentiá Sedauit Vtrique
Ætatj tantum sexuj Consulens, Parisjs Insigne
Nosocomion Orphanorumque Challotij Cœnobio
phium Extruxit Artium Ouium Protectrix, singularj
Dilectione Pæsim Picturaeque Complexa est.
La France la
Reçoit a
Marseill
Fulgent
Diademate
Partus
La
Naissance
du Dauphin
Louis. XIII
Vmbra
Luce Reote
Fugat
Roy
La fait
Regente
Son
Mariage
A Lion
Le Roy la
faict Couronner
a S.t Denis
Nitet
atque
Servat
La
Reconciliation
et Retour du
Prince de Cõ
Nunquam
Sub Mole
fatescit
le 17.me
December
1600
Quanta Gerens splendet Maiestate Cernua in Ore
Hæc tantum Henricus Cantuque Digna fuit.

24

ABREGE DE LA VIE ET DES ACTIONS

GLORIEVSES DE LA REYNE MARIE DE MEDICIS,
Femme du Roy Henry le Grand.

Out ce que ie pourrois dire d'excellent & d'Auguste de la Reyne Marie de Medicis, sera tousiours iugé estre beaucoup au dessous de sa grandeur & de sa vertu: Il me suffira de faire voir qu'elle a ioint la dignité & la puissance de la maison d'Austriche, de laquelle elle estoit descenduë par sa Mere; la prudence & la sagesse de celle de Medicis, qui est son tige Paternel, au Trosne de la France, qui est le plus esleué de toute la terre; Et qu'elle a esté l'Espouse du grand Hercule François. Ie serois blasmé si i'en parlois auec mediocrité, mais i'apprehende que voulant traicter ceste matiere selon la dignité de son suiet, ie ne puisse luy donner tous les ornemens, & tous les brillans qui luy sont necessaires. Mais cóme l'on ne laisse pas de cognoistre la figure du soleil, encore qu'on ait dessiné auec vn crayon obscur ses plus esclatans rayons, ie me persuade qu'on pourra voir dans cet abregé vne copie ou vne ombre de ce sublime original.

Ceste grande Princesse fut fille de François de Medicis grand Duc de Toscane, & de Ieanne Archiduchesse d'Austriche, Reyne nee de Hongrie & de Boheme, fille, sœur, tante & niepce d'Empereurs.

Les graces assisterent à sa generation & à sa naissance, les Muses & les Vertus furent ses nourrices, & la Renómee porta le portrait esclatant de sa beauté par tout le monde: Les plus grands Roys le regarderent auec respect & admiration, mais la valeur extraordinaire du grand Henry, fut seule iugee digne d'en pouuoir posseder l'original, le ciel l'ayant destinee pour adoucir par ses charmes la vie laborieuse de ce grand Conquerant, & perpetuer le bon-heur de son Regne, par la suite d'vne longue lignee & d'vne Royale posterité.

Le Traicté de son mariage auec le Roy fut fait à Florence au Palais de Piti le 25. d'Auril 1600. Le grand Duc Ferdinand premier, oncle de la Reyne, ayant constitué en dot & faueur de mariage, à cause de la Royale grandeur & de la dignité de la Maison Tres-Chrestienne, où elle estoit receuë, la somme de six cens mille escus d'or pour tous droits successifs, auec plusieurs ioyaux & meubles tres-riches & tres somptueux. Le doüaire fut assigné & cóstitué par le Roy de deux cés mille escus de rente. Et encore qu'au mois d'Octobre ensuiuant le mariage eut esté parfait & ratifié par procuratió enuoyee par le Roy, au mesme grand Duc Ferdinand; Et que le Cardinal Aldobrandin neueu du Pape Clement VIII. en eut receu les paroles & les promesses à Florence, & qu'il ne fut necessaire d'y adiouster autre solemnité; pourtant le Roy voulut que les François eussent part à ceste publique réioüissance, & que ce Cardinal, Legat en France pendant la guerre de Sauoye, en receut derechef la confirmation; tellement que les autres ceremonies furent faictes dans Lyon le 17. de Decembre.

L'arriuee de cette grande Reyne en France fut accompagnee de tres-heureux presages, le ciel s'esclaircit, la mer se calma, & le Roy donna la paix à ses voisins, comme il l'auoit desia affermie dans son Royaume; le globe de l'Europe qui auoit esté diuisé par tant de funestes guerres, fut reüny, & la Iustice, l'Amour, le Commerce, & l'Abondance qui estoient abbatuës aux pieds de Belonne furent restablies par toute la Chrestienté. Les resioüissances, les ieux, les triomphes & les feux de ioye furent publics & vniuersels, & les Princes estrágers en tesmoignerent leur ioye par de celebres Ambassades qu'ils enuoyerent à leurs Maiestez pour les feliciter. Dix annees de paix, de concorde & de delices suiuirent ce Royal mariage, & la Reyne fut mere feconde de six enfans. Cependant le Roy ayant conceu de tres-grands desseins, auoit fait de merueilleux preparatifs pour les faire reussir à sa gloire, & toute l'Europe trembloit desia aux menaces de ce Mars, lors que les fatales destinees changerent l'esperance des lauriers de triomphe, en de funestes & lamentables cyprés. Car le Roy ayant voulu assister au sacre & couronnement de la Reyne, auparauant que de s'en aller endosser le harnois, & desirant de luy laisser la Regence de son Royaume en son absence, hasta le plus qu'il peut l'accomplissement de ces ceremonies & magnificences, qui en fin furent celebrees à S. Denis le Ieudy 13. iour de May de l'annee 1610. auec les plus augustes pópes qu'on eut iamais practiqué en telles occasions. La Reyne fut conduitte à l'Eglise sur les deux heures auec ceste magnificence. Monseigneur le Dauphin, Monsieur le Duc d'Anjou tenant la place de Monsieur le Duc d'Orleans qui estoit malade, assistez & aydez des sieurs de Souuray & de Bethunes leurs Gouuerneurs, porterent les pans du manteau de la Reyne. Les Cardinaux de Gondy & de Sourdis la conduisirent. Monsieur le Prince de Conty porta la Couronne, le Duc de Vendosme le Sceptre, le Cheualier de Vendosme la main de Iustice, Madame & la Reyne Maguerite suiuirent la Reyne; & Madame la Princesse de Condé, Madame la Princesse de Conty, Madame la Duchesse de Montpensier, porterent la queuë du monteau Royal, & le sieur de Chasteau-vieux, Cheualier d'honneur, ayda à la soustenir par le commandement particulier de sa Maiesté. Ainsi la Reyne estant venuë à l'Eglise toutes choses y furent heureusement acheuees, le Roy ayant veu & pris plaisir à toutes ces admirables ceremonies, en sorte qu'il dit, que iamais il n'auoit trouué la Reyne si belle que ce iour-là. Les Roys & Herauts d'armes firent largesse au peuple d'vn grand nombre de pieces d'or & d'argent, sur lesquelles estoit representee d'vn costé l'effigie de la Reyne merueilleusement bien faite, & de l'autre vne grande Couronne, du milieu de laquelle sortoient trois branches, vne de laurier, vne de palme, & vne d'oliuier, auec ceste inscription SECVLI FELICITAS. Toute l'Eglise retentissant de cris & d'acclamations de ioye entremeslees de vœux & de benedictions. Mais helas! comme ceste gráde Reyne croyoit d'estre au comble de ses felicitez, & qu'elle se preparoit de faire son entree triomphale à Paris, qui deuoit estre la plus magnifique, & la plus admirable qu'on eut iamais veu, vne triste & lamentable catastrophe changea sa gloire en affliction, ses habits brillans d'or, de diamans & de perles, en de funestes & lugubres crespes de dueil, & sa Couronne rayonnante, en vn voile d'vne perpetuelle viduité: Car ce grand Roy qui ne marchoit que sur les trophees, & à qui tous les champs de bataille auoit tousiours esté de theatres de victoire, qui de son seul nom espouuentoit ses ennemis; fut malheureusement assasiné par vn execrable & detestable patricide. Le mesme iour ceste desolee Reyne fut declaree Regente par la Cour de Parlement, ce qui fut confirmé le lendemain par le Roy Louis XIII. son fils seant en son lit de Iustice. Elle gouuerna l'Estat auec beaucoup de douceur & de prudence, & éuita auec vne adresse merueilleuse tous les escueils qui le menaçoient de naufrage dans la minorité du Roy ; elle maintint la paix & la tranquilité au dedans, aprés auoir assoupy quelques émotions, & conserua & accreut la reputation au dehors, & entretint les anciennes alliances auec les Princes estrangers ; Elle donna des preuues de sa pieté & de son affection naturelle enuers le Roy son fils & ses autres enfans, par mille tendresses qu'elle eut pour eux, & par la deuise qu'elle prit d'vn Pelican qui se perce l'estomac pour donner son sang à ces petits, auec ces mots, TEGIT VIRTVTE MINORES. Et lors que quelques Princes & autres grands du royaume se voulurent sousleuer, sa Maiesté voulant tesmoigner qu'elle estoit resoluë de maintenir l'authorité Royalle, & acquerir la paix par la force des armes, elle prit pour sa deuise vn Aigle portant dans son bec vn rameau d'oliuier, auec ceste ame : NEC FVLMINA DESVNT, voulant donner à cognoistre que pour conseruer la paix & la tranquilité publique, elle se seruiroit des foudres & des canons du Roy pour chastier, ceux qui apporteroient le trouble. Et pour ce que ceste grande Princesse creut que l'alliance d'Espagne estoit necessaire pour conseruer la Chrestienté en paix, elle traicta vn double mariage pour seruir de ciment à l'vnion & à la côcorde des deux plus puissantes & valeureuses natiós de l'Europe. Le Roy Louis XIII. fut marié auec l'Infante d'Espagne Anne d'Austriche, & Madame Elizabeth de France auec le Prince d'Espagne Philippes, qui fut puis aprés Roy IV. de ce nom : ces mariages se solemniserent auec les plus admirables magnificences qu'on ait iamais veu, & les Princes & Seigneurs François firent vn Carrosel si auguste & si pompeux, accompagné de si belles courses & orné d'vn si grand nombre de miraculeuses inuentions, d'habits, d'armes, de machines, de deuises, de cartels & de poësies qu'on peut dire auec toute sorte de verité, que les Fastes triomphales des Romains, ne nous descriuent rien de si pompeux n'y de si magnifique ; tous les Princes & les Ambassadeurs estrangers en ayans esté rauis en admiration ; Aprés la majorité du Roy, nostre bonne Reyne se laissa persuader à quelques esprits ambitieux & broüillons qui l'obligerent de se retirer de la Cour ; mais aprés le combat du pont de Cé, la reconciliation de leurs Maiestez se fit auec des tesmoignages reciproques d'amour, de respect & de tendresse. Quelques annees aprés ceste grande Princesse ayant obtenu du Roy son fils, qu'il donnast l'entiere administration des affaires à l'Eminentissime Cardinal de Richelieu, il fut declaré premier ministre d'Estat & Chef du Conseil de sa Maiesté. Mais dans quelque temps, elle fut obsedee par des broüillons & des enuieux, qui luy conseillerent de s'en esloigner ; à quoy n'ayant pû reüssir, plusieurs soupçons & defiances la porterent auec vn peu trop de precipitation de se retirer dans les Pays-bas, où l'Archiduchesse Isabelle la receut tres-magnifiquement ; puis aprés ayant passé en Holande elle y fut honnoree par le Prince & la Princesse d'Orâge, & par Messieurs les Estats, des Prouinces vnies, autant que la grandeur de sa personne le meritoit ; mais surtout dans la belle & riche ville d'Amsterdam où les bourgeois en armes à pied & à cheual luy firét vne admirable entree, & vne tres-splendide & auguste reception, decorée de plusieurs arcs triomphaux, ornez d'excellents tableaux representans les belles actions de sa vie ; entre lesquels celuy fut le plus beau où sa Maiesté paroissoit assise au milieu d'vn superbe chariot

de triomphe, vestuë & couronnee comme la Deesse Cybele, Mere des Dieux, cnuironnee de tous ses enfans, & tiree par quatre lyons, auec ceste belle deuise, LÆTA DEVM PARTV. Ils luy donnerét aussi le plaisir de voir plusieurs jeux & combats sur la mer, & regalerent sa Maiesté de somptueux festins & de riches presens. De là elle passa en Angleterre où le Roy Charles son gendre & sa fille la Serenissime Reyne Henriette Marie la receurent auec tous les honneurs & bons traictemens imaginables. Depuis elle vint en Allemagne, & estant tombee malade dans la ville de Cologne, elle fit son testament le 2. Iuillet 1642. ordonnant d'estre inhumee dans l'Eglise de S. Denis prés du Roy son Espoux. Elle declara que nonobstant toutes les mes-intelligences, & les occasions qui l'auoient portee à sortir de France, elle auoit tousiours conseruée en son cœur, les affections & les sentimens d'vne Reyne enuers son Roy, & les cordiales tendresses d'vne mere enuers son enfant, luy souhaittant toute sorte de bon-heur & de prosperité. Entre autres legs que ceste bonne Princesse fit ; elle donna à la Reyne tres-Chrestienne Anne d'Austriche sa Bru, le riche diamant qui luy auoit esté donné aux ceremonies de son mariage, & elle legua aux Reynes ses filles plusieurs riches pierreries ; nommant pour executeurs de ce Testament le Roy Louis XIII. son fils & son Altesse Royalle Monseigneur le Duc d'Orlens. Le lendemain troisiesme de Iuillet elle deceda, aagée de soixante huict ans. Son corps fut apporté en France, & enseuely dans l'Eglise de sainct Denis, où le Roy luy fit faire des seruices & pompes funebres dignes de sa grandeur.

Plusieurs excellens esprits publierent diuers onurages, ausquels sont representées les singulieres vertus de cette Reyne & sa pieté enuers Dieu, auec la fin de sa vie meslée de cuisantes afflictions qu'elle supporta auec beaucoup de constance.

Ceste grande Reyne, Mere de tant de Roys, le fut aussi des pauures ayant fondé plusieurs Hospitaux à Paris, au fauxbourg S. Germain pour les hommes, & les femmes malades. A Chaillot pour les enfans orphelins, & le Monastere des filles du Caluaire, joignant & enfermé dans l'enclos de son magnifique Palais Royal de Luxembourg, nommé à present le Palais d'Orleans ; qu'on estime estre vn des plus parfaits & des plus magnifiques de l'Europe ; les meilleurs Architectes du monde l'ayant dressé, les plus rares Sculpteurs d'Italie embelly, & le plus expert & sçauant peintre des Pais-bas Rubens, ayant orné la grâde gallerie de plusieurs grands tableaux où l'histoire, & la suite de la vie de ceste Reyne est tres-bien representee ; les autres sales & chambres estans décorées de magnifiques lambris dorez de quantité des plus exquises & rares peintures d'Italie. Elle fit aussi planter ces admirables rangees d'arbres, dont les ombrageuses allées seruent d'agreables cours & de magnifiques promenoirs aux Seigneurs & aux Dames de la Cour : Et tant que la Nature nous donnera de belles saisons, l'on se souuiendra & renommera tousiours le Cours de la Reyne Marie de Medicis, Mere & grand'Mere des plus grands Roys du monde.

L'Escu de ses armes party en deux, au premier de France pur, au second escartelé de Medicis & d'Austriche, orné de la Couronne Royalle, & enuirónné de Cordelieres.

ARMANDVS IOANNES DV
DE RICHELIEV Sub Ludouico XIIJ.
Tot extant latis quos Vniuersus Orbis
Audiit Laboribus, hoc Vnum præstitisse
sibi Vsus est, quod summa Rerum
PLESSIS CARDINALIS DV
a Domino suo sibi concredita, Tanq
Regis mentem Ingenio Assequutus
secundante Cælo forti animo
Fœliciter Executus est
Grandia qui tot facta Vides tollatur Imago, Dices hæc non sunt Vnius acta Viri
La prise de Nancy 1632
La prise de pignerol
Le Secours de RE 1627
La Rochelle 1628
Secours de Casal

25

'Eſt à ce coup que mon Genie paroiſtra temeraire de vouloir comprendre dans vn ſi petit eſpace les admirables actions d'vn Heros qui a remply toute la terre du bruit eſclatant de ſa gloire, & qui a effacé par les merueilles qu'il a fait en nos jours tout ce que les Demy-Dieux des Payens, & les plus Illuſtres de l'antiquité ont fait de plus releué & de plus eſtonnant : Mais ce qui me donne du courage à entreprendre vne choſe ſi hardie, c'eſt que la matiere qui ſe preſente à moy eſt ſi belle & ſi precieuſe, qu'elle n'a pas beſoin de l'ouurier, n'y du ſecours de ſon art pour la rehauſſer; & que pour peu que ie parle des incomparables & inimitables actiós du grand Armand de Richelieu, i'en diray beaucoup; ſçachât auſſi que quand i'y employerois de grands volumes, ie n'en dirois encore que fort peu de choſe. Que ſi le crayon que ie pren la hardieſſe d'en faire, ne repreſente que tres-imparfaitement vn ſi diuin Original; ceux qui liront cet Abregé, en formeront pourtant vne idée ſi belle & ſi lumineuſe que l'eſclat en rejallira iuſques ſur mon diſcours, & la moindre loüāge que ie luy donneray eſtalera deuant les yeux de tout le monde toutes celles qu'il a meritees : En tout cas ie ſuis bien aſſeuré que l'enuie que i'ay de bien repreſenter aux ſiecles à venir, les éminentes vertus de ce grand Homme, eſtant toute entiere, ſi ma ſuffiſance ne peut reſpondre à l'excellence du ſujet, l'ardeur de mon zele me ſouſtiendra dans le deſſein que i'ay d'y reüſſir. Pour donc paruenir à cette haute entrepriſe, qui ne me peut eſtre que tres-fauorable, puis que toute l'Europe, qui a reueré & preſque adoré les miraculeux effers de ce grand Genie, eſt de mon coſté; & que la Renommee qui m'a deuancé volant par toute la terre, me promet de me ſeconder encore tres-puiſſamment; ie diray que noſtre Armand, tira ſon origine d'vne famille tres noble & tres-ancienne dans la Prouince de Poictou, honnoree durant la ſuitte de pluſieurs ſiecles de quantité de bonnes alliances; & qui a donné à la France de grands & illuſtres Hommes, & notamment Meſſire François du Pleſſis, Seigneur de Richelieu, marié auec Suſanne de la Porte, deſquels eſt ſorty celuy dont nous parlons: lequel François s'acquit par pluſieurs belles actions, l'amitié & l'eſtime de nos Roys, & fut honnoré du collier de l'Ordre du S. Eſprit par le Roy Héry III. & poſſeda deux des plus grandes charges de la maiſon Royale. Il infuſa vn ſi bon naturel à ſon fils Armand, & prit vn ſi grand ſoin de bien faire cultiuer ſon excellent eſprit, & de luy faire apprendre tous les exercices qui dreſſent le corps, qu'auec l'inclination qu'Armand eut aux belles lettres, & à frequenter les plus grands hommes, il ſe rendit en peu de temps le miracle de ſon aage, & s'acquit la gloire d'eſtre vn des plus ſages, des plus adroits & des plus doctes Seigneurs de ſon ſiecle, en toutes les ſciences requiſes à vn grand Prelat; & en celles qui donnent la cognoiſſance des plus importantes affaires du monde, & de l'intereſt des Princes & des Eſtats. Qualitez qui le rendirent ſi recommādable qu'il fut fait Eueſque de Luçon prés de la Rochelle, quoy que fort ieune; & encore qu'il fut deſtiné à porter l'eſpee, la prouidence Diuine luy mit en main la croſſe, de laquelle il ſe ſeruit auec tant d'eſtime & tant de

gloire, que la Grande & Auguſte Reyne Marie de Medicis le prit en ſinguliere affection, & luy procura la charge de Grand Aumoſnier de la Reyne Regnante Anne d'Auſtriche, & peu de temps aprés celle de Secretaire d'Eſtat, de laquelle il s'acquita auec tant de capacité & d'intelligence, que le Roy & la Reyne Mere le conſidererent comme celuy, qui leur donnoit les plus ſolides conſeils, & dans l'eſprit duquel ils voyoient briller tant de lumieres, que non obſtant mille eſpineuſes difficultez que l'enuie luy ſuſcita à diuers temps, leurs Majeſtez ſe ſeruirent de luy, & reuererent ſes Oracles: Et comme il eſtoit particulierement attaché aux intereſts de la Reyne Mere, il diſpoſa l'eſprit de ceſte grande Princeſſe à la reconciliation auec le Roy ſon fils, aprés qu'elle ſe fut retirée meſcontente en Angoumois: & comme les meſmes broüilleries ſe renouuellerent peu de temps aprés entre leurs Majeſtez, noſtre fidele & excellent Prelat moyenna encore la paix aprés le combat du pont de Cé: Et deſlors le Roy qui auoit recognu le prix ineſtimable d'vn ſi admirable Conſeiller, l'attira prés de ſoy, & ſe confiant entierement en luy, ſa Majeſté luy communiqua vne partie de ſon eſclat, en remettant à ſa ſageſſe & à ſa courageuſe conduite, le timon des principales affaires de la paix & de la guerre; il fut fait Chef du Conſeil, & grand Miniſtre d'Eſtat, aprés auoir eſté reueſtu de la ſacrée dignité de Prince de l'Egliſe; Le Roy & la Reyne Mere, ayās demādé au Pape Gregoire XV. le chapeau de Cardinal pour l'en honnorer: ce que ſa Sainceté leur accorda auec beaucóup de joye & de ſatisfaction, ſçachât fort bien que la pourpre eſtoit le moindre ornement de ce grand homme, & que ſes eminentes vertus meritoient encore de plus ſublimes recompenſes: En ceſte qualité il benit le mariage de Monſieur frere vnique du Roy auec Mademoiſelle de Montpenſier, qui fut celebré à Nantes en preſence de leurs Majeſtez: noſtre prudent Cardinal ayant en ce meſme temps deſcouuert & diſſipé vne conjuration & attentat contre la ſacree perſonne du Roy. Et comme la gloire & la grandeur de ſa Majeſté eſtoient le principal but de ſes heroïques deſſeins: Nous allós voir ſes miracles dans la ſuitte du Regne de Louis le Iuſte, & des preuues certaines que le Ciel auoit employé ſes plus fauorables influences à la creation & à l'auancement de cet incóparable Miniſtre, pour le faire trauailler ſi heureuſement qu'il a fait à la grandeur de ceſte Monarchie, que nous voyons aujourd'huy eſleuee en vn lieu où nous auions peine autresfois de porter noſtre veüe & noſtre eſperance: car par vne merueille qui deſment preſque nos yeux, comme elle a ſurpaſſé nos plus ambitieux deſirs; le ſacré & hardy Miniſtere de ce prodige d'intelligence a ruiné en douze annees l'ouurage de pluſieurs ſiecles, abbatu l'eſpouuentable grandeur de la maiſon d'Auſtriche, & releué l'authorité de nos Monarques, au plus haut comble d'vne ſouueraineté abſoluë & independante. Et encore que le Globe de la France fut diuiſé en deux partis, & que les Proteſtans euſſent eſleué des fortereſſes & des rempars qui ſembloient inexpugnables, pour maintenir par la force les pretendus priuileges de leur liberté: Et que le deſſein de les abbatre parut eſtonnant & impoſſible: noſtre heureux & ſacré Alcide deſploya tant de vertu, qu'il vint glorieuſement à bout de tout ce qu'il auoit promis au Roy. Et pour ce

Y

que la superbe Rochelle estoit le principal & le plus formidable bouleuard de la rebellion, il conseilla sa Maiesté d'y mettre le siege; aprés le memorable secours qu'il fit donner à l'Isle de Ré, qui estoit attaquee par le Duc de Bukinkam fauory du Roy d'Angleterre, & General de ses armees, qui en fut chassé honteusement, aprés la perte d'vn grand nombre de ses vaisseaux, de ses meilleurs soldats & de son canon. C'est en ce fameux siege de la Rochelle, où se firent voir en leur plus haut lustre la Fortune & la Vertu, la pieté & le courage, le miracle & la prudence : c'est là où nostre grand Cardinal parut comme vn autre Moyse, priant auec tant de zele, & agissant auec tant d'intelligéce & de labeur, pendát que le Roy, comme vn second Iosué combatoit vaillamment, & executoit les resolutiós, & s'il faut ainsi dire les ordres de celuy qu'il auoit creé son Generalissime. C'est là que le trauail de l'homme, & la main de Dieu se firent sentir en mesme temps, auec vn si glorieux succez : Le trauail de l'homme, dans les lignes, dans les forts, dans les circonuallations, dans les tranchees, & dans cette admirable digue, de laquelle son Eminence fut le principal Architecte : mais la main de Dieu dans les marees diminuees & interrompuës, dans la mer vaincuë, dans les vents & les flots bridez, & dans l'espouuente & la terreur, qui saisit, qui escarta, & qui mit en fuite toute l'Angleterre armee & embarquee pour le secours de ceste ville; qui en fin estant abbatuë & forcee, par les trois fleaux dont le Dieu des armees se sert pour chastier les hommes, vint implorer la misericorde de son Prince victorieux & clement, & en mesme temps rendre hommage à la vertu heroïque de cet inuincible Cardinal; qui fit cognoistre au Roy, qu'ayant dompté l'Ocean, les montagnes ne pouuoient pas seruir d'obstacle à ses victoires : Et qu'il estoit necessaire pour vne plus haute éleuation de sa gloire, qu'il allast cueillir d'autres lauriers dans l'Italie, qu'il appelloit du plus haut des Alpes pour le secours, & pour la protection de ses alliez : Mantouë, dót le Prince estoit François estoit inuestie, Casal assiegé, & la liberté de toute l'Italie tellement opprimee, qu'il ne luy restoit plus que la voix & les plaintes pour inuoquer son liberateur : A ceste clameur nostre genereux Ministre reueille le Roy, & dispose só courage, à surmonter les hauteurs immenses des montagnes, à franchir les rochers, à sauter les precipices, à fondre les neiges, & à forcer des destroits si rudes & si meurtriers, qu'vne poignee d'hommes eut esté capable, d'empescher le passage aux plus grandes armees; Le Pas tant renommé de Suze fut forcé, & ses fortes barricades garnies de canons, & gardees par les meilleures troupes du Duc de Sauoye & du Roy d'Espagne furent emportees par l'impetueule valeur des François, & toute l'Italie soulagee par la diligence, & par la prudence de cet incomparable Ministre : qui voulant aprés ce miraculeux exploit acheuer d'estouffer la rebellion dans le Royaume, & purger le corps de la Monarchie Françoise de tous les maux intestins qu'il l'auoient affoiblie & gastee depuis si long-temps, obligea le Roy à venir assieger la ville de Priuas qui estoit le plus fort & le plus venimeux repaire des Protestans; Et quoy que ses fortifications, & ses difficiles aduenuës l'eussent iusques à ce temps-là renduë imprenable, elle fut emportee de viue force, & chastiee de ses frequentes felonnies; aprés quoy nostre Monarque appuyé du Conseil, de la hardiesse, & de la Fortune de son sacré Ministre, qui auec ces trois chevrons affermissoit le sceptre, & rendoit victorieuse l'espee de sa Maiesté, sceut si bien intimider par le foudre menassát de sa iuste colere, tout le reste des rebelles, qu'Alez, Vsez, Castres, Nismes, Montauban, & plus de trente autres villes, ouurirent leurs portes, & se iettans aux pieds du Roy implorerent sa clemence & sa misericorde : Et le Duc de Rohan leur

General fut aussi si bien persuadé par cet admirable Cardinal, qu'il fut cótraint de se sousmettre & d'implorer le pardon de sa Maiesté, qui le luy accorda, & peu de temps aprés employa sa vertu contre les Espagnols à la Valtoline & aux Grisons; où ce sage Capitaine remporta trois ou quatre signalees victoires. Toutes ces prosperitez furent suiuies de la paix d'Angleterre, du restablissement du commerce, & de la confederation qui fut renoüee auec les Princes voisins. Mais comme les plus solides grandeurs sont sujettes à des troubles, & meslees d'amertumes & de desplaisirs; Nostre sage Cardinal en receut deux tres-sensibles presque tout à la fois; La Reyne Mere qui l'auoit tant estimé se laissa persuader à quelques enuieux & broüillons, qui poussez d'vne malice noire donnerent à ceste Princesse de mauuaises impressiós contre ce fidele Ministre, & la mirent en vne telle colere contre luy, que le Roy & la plus part des Princes, & des Officiers de la Couróne s'estás employez à la vouloir desabuser, n'en peurent iamais venir à bout; & mesme la chose alla si auant, que quelques submissions & instátes prieres que son Eminence sceut faire, & quelques soins qu'il prit pour rasseurer son esprit, pour luy oster les mésiances, & pour empescher ses extrémes resolutions, elle se retira de la Cour, & s'en alla en Flandres, où elle n'eust iamais que malheurs, & que desplaisirs, d'auoir suiuy les conseils pernicieux de ces venimeux serpens qui luy auoient empoisonné le iugement : depuis ce temps-là tous les desseins de ceste illustre & malheureuse Princesse se destruisirent l'vn l'autre, & comme si le Cardinal eut esté l'Ange Tutelaire de sa gloire & de son bon-heur, elle fut tousiours infortunee, depuis le moment qu'il fut contrain malgré soy de s'en esloigner : l'autre fascherie fut celle qu'il receut par l'esloignemét de Monsieur, frere vnique du Roy qui se retira à Orleans, & de là en Lorraine & aux Pays-bas : Mais la prouidence Diuine, qui cognoissoit la sincerité des intentions de ce fidele Ministre luy donna plus de force cu'il ne croyoit d'auoir pour resister à ces rudes secousses, qui faillirent à luy faire tout abandonner, pour se retirer dans vn port esloigné des funestes escueils & des enuieuses tromperies de la Cour; le Roy qui auoit receu tant de veritables preuues de sa candeur & de son zele, pout tout ce qui concernoit les personnes sacrees de la Reyne sa Mere, & de Monsieur son frere, luy seruit tousiours de garand, & l'estant venu visiter iusques dans son logis, le consola dás son affliction, & le conjura de ne vouloir pas abádonner les resnes de l'Estat, sur le poinct qu'il commençoit de ioüir de la felicité qu'il luy auoit procuree par ses penibles trauaux : Et pour ce que ses ennemis employerent les plumes venimeuses, & mesme les assassins pour tascher de noircir & de faire perir vne si belle vie; Sa Majesté voulut absoluëment qu'il prit des gardes, & fit publier des Declarations & des lettres circulaires par tout le Royaume pour seruir de manifeste & de iustification à son Ministre, qu'il tenoit si cher, & estimoit à vn tel poinct, que sa Majesté declara plusieurs fois, *qu'il eut mieux aimé estre vn simple Gentilhomme de dix mille liures de rente, que Roy de France sans Monsieur le Cardinal :* Ce sage Prince preuoyant bien que la vertu de ce sacré Ministre faisoit le salut de ses peuples & la fermeté de son Trosne. Quelque peu de temps auparauant cés desordres de la Cour les Espagnols ayans voulu renouueller la guerre en Italie, le Cardinal y fut en personne pour les reprimer, & pour oster encore vn coup le Duc de Sauoye hors de l'alliance estrangere; Casal fut secouru, & Pignerol reüny au Royaume auec les forts de la Peirouse, & de saincte Brigide, & par vn nouueau traicté de paix, l'on obtint de l'Empereur l'inuestiture du Duché de Mátouë, & la restitution de la ville capitale à son legitime Prince. Et dans quelques mois aprés le Roy fut contraint de s'en aller en Lorraine pour tascher par sa presence de contenir dans le
deuoir

deuoir le Duc Charles, qui ayant osé se deffendre, sa ville capitale de Nancy fut assiegee, & contrainte de se rendre à sa
Maiesté, plustost par les effets de la prudence & de l'adresse
du Ministre, que par les efforts des armes du Roy : aprés quoy
les villes de la Mothe, de Pont à Mousson, de Vic, de Moyen-
uic, de Marsal & de Clermont en Argonne subirent la Loy
du Conquerant : & ce pauure Duc de Lorraine s'estant ima-
giné de moissonner des lauriers & des fleurs de Lys en mesme téps, fut contraint de voir ses allériós & ses aigles seruir de
trophee à nostre Monarque, par la perte de toutes ses Prouinces.

Ce pendant les Espagnols enuieux des prosperitez dont les
François iouissoient souz vn si heureux Ministre, & des palmes triomphales qu'il ioignoit aux Sceptres du Roy, conti-
nuoient d'enfraindre en beaucoup de façons la paix de Veruins, opprimoient les Alliez de la Couróne, refusoient d'executer les Traictez de Mouçon & de Queiras, perseueroient
en leurs entreprises contre les Grisons & contre les Estats de
Sauoye & de Mantouë, & mesme auoient fomenté l'enuie
que le Duc de Lorraine auoit prise d'armer contre la France :
auoient donné des troupes à Monsieur, pour entrer dans le
Royaume : Et qui plus est auoient publiquement violé le
droict des gens par l'outrage fait à l'Archeuesque de Treues,
l'vn des Princes Electeurs de l'Empire, qui auoit imploré la
protection du Roy : auoient pris sa ville Capitale, & arresté sa
personne sacree, sans l'auoir voulu mettre en liberté aprés les
instances que sa Maiesté leur en fit. Tant de sensibles offen-
ses, qui estans souffertes, en pouuoient attirer d'autres, porterent en fin le Roy Tres-Chrestien à declarer la guerre au Roy
Catholique l'an 1635. par vn Heraut d'armes qu'on enuoya
à Bruxelles au Cardinal Infant, Ce fut alors que nostre prudent Ministre posa les fondemens de tant de victoires, & que
sa vertu agissant en tous les coins du monde par de tres-secre-
tes intelligences, acquit à nostre Roy tant de trophees & tant
de triomphes par mer & par terre : & qu'il commença à sapper les plus fermes appuis de ce prodigieux Colosse Castillan,
& qu'il luy fit non seulement diminuer l'esperáce qu'il auoit
conceuë de se rendre Monarque vniuersel, mais le reduisit
aussi dans la crainte de ne pouuoir pas mesme conseruer son
propre patrimoine. Le grand amas de finances & de tout ce
qui est necessaire à la guerre, à quoy son admirable sagesse
auoit pourueu, & la leuee de cinq puissantes armees, rendirent
les premices de cette guerre estrangere, heureux & glorieux
de tous les costez. Les Mareschaux de Chastillon & de Brezé
attaquerent les Pays-bas, & remporterent vne signalee victoire par le gain de la bataille d'Auain, & par la prise de plusieurs places. En Alemagne le Cardinal de la Valette, ioint
auec le Duc de Saxe Vveimar que les glorieuses & profitables practiques de nostre preuoyant Ministre auoient attiré
au seruice de la France, subjugua la ville de Binguen & plusieurs autres places au Palatinat. Le Duc de Rohan deffit en la
Valteline l'armee du Comte Cerbellon : Et le Duc de Crequy gaigna la bataille du Thesin au Milanois : Et l'ennemy
s'estant emparé de Corbie, de Roye & du Catelet, les soins
du Cardinal de Richelieu furent accompagnez de tant de diligence & de bon-heur, & si bien secondez de la valeur des
François, qu'elles furent bien-tost reconquises, Les Isles de
Saincte Marguerite & de Sainct Honorat, ayans aussi esté
surprises en la coste de Prouence, le vaillant Comte de Harcourt, allié de son Eminence, & Lieutenant du Roy dans
son armee nauale, les attaqua si vigoureusement, qu'il les arracha des mains des Espagnols, qui y furent deffaits, encore
qu'ils s'y fussent puissamment fortifiez, & que l'accez & la
dessente y fussent tres-difficiles. Les villes de Landrecy en
Hainaut, de Damvilliers & d'Yuoy en Luxembourg auec
plusieurs autres places importantes, furent aussi subiuguees,
& la Capelle reprise à la veuë de l'armee ennemie. En Landoc

le Mareschal de Schomberg attaqua si genereusement
& auec vn tel succez l'armee d'Espagne commandee par le
Duc de Cardonne, & par le Comte Cerbellon deuant Lau-
eate, qu'aprés vn grand carnage des ennemis forcez dás leurs
retranchemens, il ruina tout cet appareil de guerre qui auoit
cousté au Roy Catholique le soin & le trauail de deux annees.
D'autre costé le Duc de Vveimar continuant de soustenir
l'honneur & les interests de la France en Alemagne, en resolution d'y restablir l'ancienne liberté des Princes, y gaigna
la bataille de Rhinau, & secondé par la valeur du Duc de Rohan, deffit l'armee Imperiale à Rhinfeld commandee par les
Generaux Sauelly & Ieá de Vvert qui y furét pris prisonniers,
Ensuite de quoy les villes de Fribourg en Brisgau, & de
Rhinfeld & plusieurs autres fortes places dans l'Alsace & dás
la Suaube furent conquises ; bref tous les Generaux qui fai-
soient la guerre pour les fleurs de Lys, eurét par tout de glorieux & aduantageux succez ; attribuans tout le gain de leurs
lauriers au miraculeux Genie de l'incomparable Cardinal, qui
par des ressorts surnaturels & plus qu'humains, rendoit les
destinees complices de sa gloire, & mouuoit auec vn si iuste
pois toutes les machines de l'Europe, qu'il les faisoit abou-
tir, au plus souhaitable point de ses volontez. Peu de temps
aprés deux de nos armees naualles, équippees & mises en mer
souz les heureux auspices de son Eminence, qui en qualité de
Sur-Intendant de la nauigation & du commerce de France,
auoit fait construire & armer plusieurs grands vaisseaux, sçachant bien que l'Empire de la mer est de tres-grande importance ; remporterent deux celebres victoires, l'vne sur l'O-
cean prés de Bayonne, & l'autre sur la mer Mediteranee en
la coste de Gennes, où plusieurs nauires des ennemis furent
coulez à fonds, & d'autres pris par les nostres, qui y tuerent
plus de quatre mille hommes. L'an 1638. le Duc de Vveimar
assisté du genereux Vicomte de Turenne & du Comte de
Guebriant assiegea & prit la forte ville de Brissac, munie de
deux cens canons, malgré les efforts des Imperiaux qui furét
tousiours viuement repoussez & deffaits par ce General, en
plusieurs memorables attaques & combats qui se firent iusques sur les lignes. Quelques mois aprés, le Marquis de Lega-
nés ayant encore vn coup osé troubler le repos de l'Italie par
le siege qu'il mit deuant Casal, en fut chassé par l'inuincible
Comte de Harcourt, qui l'attaqua auec tant de courage dans
ses retranchemens par trois differentes charges, qu'il luy deffit son armee, & deliura ceste ville, aussi fatale & malheureuse aux Espagnols, que glorieuse aux François, aprés quoy il
alla tout d'vn coup si hardiment inuestir Thurin, que toute
l'Europe apprehendoit que son courage ne luy eut fait conceuoir ceste entreprise au dessus de ses forces ; pourtant aprés
plusieurs penibles trauaux, attaques, combats & sorties, où le
Seigneur de la Mothe Houdancourt, qui quelque téps aprés
fut fait Mareschal de Franee, seconda aussi bien sa valeur
comme il auoit fait à Casal, la ville fut contrainte de se rendre, & de receuoir Madame Royale Mere & tutrice du ieune
Duc de Sauoye. La mesme annee le Seigneur de la Melleraye
grand Maistre de l'Artillerie, parent de son Eminence, assiegea, battit & emporta la forte ville de Hedin en Artois : Le
Roy & Monseigneur le Duc d'Orleans estás venus à l'armee,
sa Majesté entra dans la ville par la bresche, & sur le desbris d'i-
celle honnora la haute vertu & le courage inuincible de cet
illustre General, du baston de Mareschal de France, lequel il
a porté depuis auec tant de gloire, qu'il est tousiours forty
victorieux des plus hardies & des plus perilleuses entreprises :
Ayant la mesme campagne deffait les Croates d'Isolani & de
Forgatz, & peu aprés l'armee de l'ennemy à la bataille de
S. Nicolas, où le Colonel Gassion, qui puis aprés fut fait Mareschal de France continua de montrer beaucoup de courage
& de valeur. Mais l'heureux succez du siege d'Arras, où le

Mareschal de la Melleraye auoit encore le principal commã-
dement auec le Mareschal de Chastillon, qui fut pris à la veuë
d'vne armee de trente mille hommes, commandee par le Cardinal Infant, & la deffaite du General Lamboy & du Comte
de Bucquoy, & la prise des villes d'Aire, de Bapaume, de la
Bassee, furent des actions qui releuerent encore tres-haute-
ment l'honneur de la France, & qui firent admirer aux ennemis mesme, la diuine conduite du Cardinal de Richelieu, sous
laquelle toutes choses reussissoient ; là où les conseils & les entreprises du Comté Duc d'Oliuarés premier Ministre du Roy
de Castille, auoient tousiours vn succez malheureux, & vne
fin infortunee. Pourtant quelques Grands de l'Estat des plus
considerables, s'estans depuis quelque temps esloignez de la
Cour, s'estoient sousleuez vers la frontiere de Champagne, &
auoiet eu quelque victorieux succez, qui auroit eu sans doute
vne plus grande suite, si la mort de leur vaillant Chef arriuee au combat donné prés de Sedan, n'eut abbattu en vn
instant & dissipé tous leurs desseins. Le Comte de Guebriant
General de l'armee du Roy en Allemagne obtint vne victoire signalee à Kempen sur les Imperiaux commandez par le
General Lamboy qui y fut pris ; & quoy que les ennemis se
fussent vantez d'empescher ce genereux Lion de passer, il fit
comme le foudre dont la violente impetuosité se fait faire
place auec plus d'effet, lors qu'il trouue vne matiere dure, &
qui luy resiste : l'esclat de cet aduantage ayant remply d'espouuente les Alemans & leurs Alliez. D'autre costé le Seigneur de la Mothe Houdancourt obtint plusieurs victoires
importantes en Catalogne, prit plusieurs places, fit leuer des
sieges, & rendit sur tout vn tres-memorable seruice, lors qu'il
suiuit, attaqua & deffit l'armee Espagnole destinee pour le
secours du Roussillon ; Iournee remarquable en cela particulierement, que de toute l'armee ennemie il ne s'en sauua pas
vn, & que tous furent tuez ou pris prisonniers, ce qui obligea le Roy, voyant la tres-grande importance de cet exploit,
de recompenser ce vaillant & prudent General, de la dignité
de Mareschal de France, dont le baston luy fut donné par le
Mareschal de Brezé Vice Roy de Catalogne, auquel il succeda, & sa Maiesté luy donna encore le Duché de Cardonne
aprés la signalee victoire qu'il obtint à Lerida, declarant hautement qu'il n'auoit iamais esleué personne à ces dignitez de
meilleur cœur. Et pour ce que le Roy receut en mesme temps
les nouuelles de la victoire de Kempen, il enuoya aussi le baston de Mareschal de Fráce au Comte de Guebriant. Et d'autant que la ville & la Citadelle de Perpignan & toute la Cô-
té de Roussillon estoient feudataires de la Couronne de France : & que c'estoit vne clef pour passer en Catalogne & en Espagne, le Roy fut prié par Monsieur le Cardinal de vouloir
aller en personne attaquer & prendre ceste ville fameuse, qui
auoit autresfois resisté aux plus vaillans de nos Roys ; sçachãt
bien qu'elle ployeroit, comme elle fit, souz la vertu d'vn si
grand Monarque ; l'on y trouua plus de cent pieces de canon
& dequoy armer plus de vingt mille hommes. Le Mareschal
de la Melleraye, ce grand & illustre preneur de villes de nostre
siecle, rendit en ce memorable siege des preuues cõtinuelles
de son courage & de sa vertu, comme il auoit fait aussi vn peu
auparauant par la prise de Colioubre. Comme le Roy estoit
deuant Perpignan, nostre sage & prudent Cardinal presenta à
sa Maiesté le Prince de Monacho Hónoré Grimaldi qui auoit
depuis peu quittéauec beaucoup de generosité la protection
d'Espagne pour prendre celle de France, sa Maiesté le receut
auec beaucoup d'honneur, & le fit Cheualier de ses Ordres
au milieu de toute l'armee rangee en bataille.

Et deslors le Roy par le Conseil de son Eminence proposa d'enuoyer
aussi les mesmes Ordres, aux Mareschaux de Guebriant & de la Mothe,
iugeant bien que ceux qui commandoient si glorieusement ses armees
dans les pays estrangers, deuoient estre reuestus les premiers de ces marques d'honneur ; mais les ialousies & les brouilleries de la Cour empes-

cherent les effets de la bonté de ce grand & iuste Monarque.

Durant ce siege & peu de temps auparauant, quelques Princes & quelques Seigneurs des plus grands de la Cour, conceurent vne si grande enuie contre la faueur & contre l'authorité du Cardinal, qu'ils coniurerent
contre sa vie, & en mesme temps contre l'Estat ; ce qui estant descouuert,
les principaux complices furent punis exemplairement, seruans d'exemple memorable de l'instabilité & incertitude des grãdeurs de ce monde.
Et comme Dieu auoit tousiours permis, que toutes les coniurations &
attentats qu'on auoit fait contre la sacree personne de ce glorieux Cardinal, eussent eu vn éuenement tout contraire, aux intentions de ceux qui
les conceuoient ; il arriua encore à ceste fois que ceste machinatiõ apporta du profit à la France par la prise de Perpignan, & par l'acquisition de
Sedan qui fut liuré au Roy : ainsi Dieu confondoit les ennemis de son
Eminence, & il conuertissoit tousiours le mal en bien.

Mais helas ! toutes les grandeurs de ce monde sont perissables, & la
gloire des plus sages & des plus forts, passe en vn moment aussi bien que
l'infirmité des plus foibles. En fin les nobles inquietudes & les cõtinuels &
penibles trauaux de corps & d'esprit que ce grand Cardinal auoit souf-
ferts pour la gloire de son Roy, & pour tascher d'acquerir par vne forte
guerre vne longue paix, & vne prosperité ferme & durable aux François ;
qui estoit le veritable but de toutes les entreprises ; ces fatigues, dis ie, luy
causerent vne dangereuse maladie en Languedoc, & vne si grande foiblesse, qu'il fut contraint de se faire porter dans son lit sur le dos de ses
Gardes, qui ne voulurent iamais ceder à d'autres personnes, l'honneur
qu'ils reccuoient de luy rendre ce seruice, allans mesme tousiours la teste descouuerte, nonobstant les iniures du temps, si grand estoit le respect & l'amour qu'ils portoient à cet excellent Maistre, qui auoit toute
sa vie, si bien recompensé ceux qui l'aymoient d'vn amour fidele. En cet
estat il arriua à Paris, où quelques mois aprés il mit fin à ses heroiques
actions, cessant de viure & de vaincre le Ieudy quatriesme de Decembre
de l'annee 1642. Tres-heureux en cela particulierement d'estre mort
auec vne grande force d'esprit, & dans vne tranquilité parfaicte, dans le
plus haut solstice de sa gloire, dans son lict, dans son Palais Cardinal,
enuironné & assisté de ses plus proches, müny de tous les Sacremens de
l'Eglise, fortifié des consolations de son veritable Pasteur, visité, pleuré,
& souuent regretté par son Roy, & par tous les Princes & Grands de
France ; Et qui plus est dans l'esperance de ioüir des felicitez eternelles
que Dieu a preparé, à ceux qui comme luy, auoiet combatu le bon combat, & parachè la course de ceste vie, en seruant son Prince & sa Religion, auec vn zele & vne fidelité sans exemple.

Funeste malheur ! deplorable perte ! & mort trop tost aduancee pour
la felicité de la France : car ce grand & incomparable Heros, n'auoit fait
la guerre dans ce Royaume que pour en chasser la Rebellion & les hu-
meurs peccantes : Et les Aigles de l'Empire, les Lyons d'Espagne, les
Chasteaux de Castille, les Leopards d'Angleterre, les Allerions de
Lorraine, & les croix d'Italie, n'auoient esté contraints de seruir de trophees à ses Triomphes, que pour esleuer celuy du Roy Louis le Iuste, au
plus haut comble de la gloire, & le rendre, comme il fit, le plus Auguste & le plus redoutable de tous les Monarques, & l'Arbitre absolu de
toute la terre.

Et pour faire voir dans vn racourcy les veritables qualitez de la personne & de l'esprit de ce grand homme. Nous dirons à ceux qui ne l'ont
point veu, qu'il estoit enrichy d'vne tres-belle phisionomie, d'vn abord
agreable & charmant, d'vne riche taille, d'vne complexion delicate, d'vn
temperament phlegmatique, d'vn excellent esprit, & d'vn iugement admirable, affable, doux & courtois au possible, docte, éloquent, bon philo-
sophe, grand Theologien, & le plus parfait Politique qui fut iamais, enrichy d'vne cognoissance entiere de la langue Grecque, de la Latine, de
l'Italiéne, & de l'Espagnole ; Mais par dessus tout doüé d'vn courage ferme & intrepide, tousiours égal dans la bonne & dans la mauuaise fortune,
genereux, liberal, & mesme glorieusement prodigue à bien recompenser
la vertu, sçauoir & la vaillance, seuere à punir les traistres & les lasches,
secret dans ses resolutions, dans ses conseils, & dans les intelligences qu'il
auoit iusques au fonds de tous les cabinets des Princes de l'Europe ; tres-
habile à destourner la tempeste & tenir la discorde esloignee de la France :
Ambitieux d'honneur & de gloire, & tres-ialoux de sa reputation de sa
memoire & de sa renommee, pour l'eternité desquelles, il a basty de superbes Palais, des villes toutes entieres, de grandes Eglises, & notamment celle de la Sorbonne de Paris où il est enterré, composé d'excellens
liures, & cizelé son nom, & posé sa statuë dans vn si haut feste du Temple
de l'Eternité, que iusques à la consommation des siecles, toute la terre
sera contrainte de confesser que les temps passez, le present & ceux qui
sont à venir n'ont trouué & ne trouueront iamais personne qui luy puisse
estre comparé.

Il portoit pour armes d'argent à trois chevrons de gueules, l'escu orné
de la Couronne & de son manteau Ducal, de son Chapeau de Cardinal,
& d'vn Ancre d'or: Son Anagramme Latine & Françoise que i'ay autresfois sur son nom, est de ceste sorte ; ARMANDVS RICHELEVS,
HERCVLES ADMIRANDVS ; ARMAND DE RICHELIEV,
ARDVE MAIN D'HERCVLE ; laquelle il a si glorieusemẽt employee
à dompter les hydres de la rebellion, & les lyons d'Ibere.

LVDOVICVS IVSTVS   XIII REX GALLORVM
Justus, pius, fœlix, Terra marique Victor, Europæ
Arbiter, consumpta sectariæ religionis excetra,
domitis perduellibus, Amplificato Imperio summotis
terra Rhenum et Padum Franciæ hostibus, deffensis
socius, retecta Aulicarum factionum quæ Turbas
In Regno ciebant tela, duo ad cumulum Gloriæ In
Cogitatione prima In Opere Vltima Cristianj Orbis
Pacem et populj leuamentum quæ speranius respirat
son
Couronnemt
a Reins le 17
sept 1610
Sub Iusto
Temperat
Orbem
NeMe
Monstra
morantur
Alrestablis
la Religion
et les Eglises
en Bearn
1620
L'Entree
du Rey
dans la
Rochelle
1628
Aquilis
Generosior
Alas
Imprese
des
Montagnes
en Italie
1629
Et
gradus suos
Alcides
Protegit auxilio socias, qui fortibus Armis
Regia deffendit, Lafaque Iura Dej.
Assaut de
Suchie en
Italie Rey
Vermars
La
Triomphde
F.nicie
du Roy
dans
Paris
La
Prise
d'Arras
1641

26

ABREGE DE LA VIE ET DES ACTIONS

HEROIQVES DV ROY LOVIS XIII. SVRNOMME'
le Iuſte, & des choſes plus memorables arriuées ſouz ſon Regne.

Epuis les fondemens de la Monarchie Françoiſe il n'y a point eu de Regne remply de tant de merueilles que celuy du Roy Louis *le Iuſte*, qui a triomphé de tous ſes ennemis auec tant de felicité & de gloire; que le troſne des Roys Tres-Chreſtiens, n'a iamais eſté eſleué à vn ſi haut côble de puiſſance, d'authorité & deſplendeur.

La ſeconde annee du ſiecle où nous viuons, lors que chacun ioüiſſoit des agreables douceurs de la paix, à l'ombre des lauriers & des palmes cueillies par le grand Henry, qui auoit baſty dans le cœur deſon Royaume le ſacré Temple de la Felicité: Ce Prince naſquit à Fontaine-bleau le 27. de Septembre 1601. ſouz le fauorable ſigne des Balances, qui ſont le hierogliphe & le ſymbole de cette vertu qui luy acquit le ſurnom *de Iuſte*, auſſi rare & glorieux, qu'aucun dont on ait iamais honnoré la Majeſté des Roys. Il fut baptiſé au meſme Palais de Fontaine-bleau l'an 1606. & porté ſur les ſacrez fonds, par le Cardinal de Ioyeuſe, au nom du Pape Paul V. & par la Princeſſe Eleonor de MedicisDucheſſe de Mantoüe & de Montferrat ſa tante maternelle; il fut nommé L o v i s, comme digne ſurgeon du ſainct & ſacré tronc du Roy S. Louis ſon grand Ayeul. Les ceremonies de ce Royal bapt: eſme furent tres-magnifiques, & ſuiuies de jeux, de feſtins, de bals, de balets, de courſes, de Bague & de Tournois; Le Duc de Suilly fit aſſaillir aux flambeaux vn chaſteau artificiel, auec vne quantité innombrable de fuſees, de petards, de boiſtes, & de canons: mais l'on ne vit iamais rien de plus admirable à la veuë, n'y de plus incroyable à l'oüye: que la beauté, l'ornement & le luſtre des Princeſſes & des Dames de la Cour; les yeux les plus fermes ne pouuans ſouſtenir la ſplédeur de l'or, la beauté des perles, n'y le brillant des pierreries, qui couuroient leurs ſuperbes habillemens; la robe de la Reyne, ſemee de trente-deux mille perles, & de trois mille diamens, rendoit ſa Majeſté eſclatante comme le Soleil parmy les autres clartez: Les Princes & les Seigneurs de la Cour firent auſſi d'eſtranges profuſions pour celebrer ceſte feſte. La garde de l'eſpee du Duc d'Eſpernon couuerte de diamans, comme tout ſon habit fut eſtimé à trente mille eſcus.

Quatre annees aprés la France fut plongee dans vne deſolation extréme par la mort du Roy Henry IV. qui donna des apprehenſions à toute l'Europe que le flambeau de la guerre ne ſe ralumaſt. Mais la ſage preuoyance de la Reyne mere, des Princes & des Parlemens, tindrent encore le Temple de Ianus fermé; & la jeuneſſe du nouueau Roy Louis fut eſleuée dans la paix que Dieu conſerua à ſon Royaume. La Reyne ſa mere fut declaree Regente de ſa perſonne & de ſes Eſtats, & ainſi aprés auoir rendu les honneurs funebres au Roy defunt; leurs Maieſtez ſuiuirent le genereux deſſein qu'il auoit pris auparauant ſa mort, deſecourir les Princes Allemans alliez de la Couronne, iniuſtement troublez en la poſſeſſion des Duchez de Cleues & de Iuliers; le Mareſchal de la Chaſtre y conduiſit l'armee auec vn ſi heureux ſuccez, que la ville de Iuliers (dont Leopold Archiduc d'Auſtriche s'eſtoit emparé) eſtant aſſiegee, fut miſe en liberté, & renduë à ſon Prince legitime. Enuiron le meſme temps le Roy Louis fut ſacré & couronné à Rheims le 18. d'Octobre 1610. par le miniſtere du

Cardinal de Ioyeuſe en la preſence de la Reyne & de tous les Princes du ſang, qui firent les fonctions des Ducs & Pairs de France. Deux ans aprés le mariage du Roy auec l'Infante Anne d'Auſtriche, & de Madame Eliſabeth de France auec le Prince d'Eſpagne furent reſolus & publiez; En ſuite de quoy l'on fit ce tres-magnifique Caroſel à la place Royale, où les Princes & Seigneurs de France firent paroiſtre leur adreſſe & leur galanterie auec tant de bombance & d'eſclat. Deux Ambaſſadeurs extraordinaires furent en ſuite enuoyez reciproquement pour faire ſigner & arreſter les conuentions de ces mariages, auſquelles les auantages furent reciproques & ſemblables; la conſtitution dotale des Princeſſes, ayant eſté de ſix cens mille eſcus chacune; Henry de Lorraine Duc de Mayenne, alla en Eſpagne de la part de France; & Ruy Gomes Duc de Paſtrane, Prince d'Emerito vint en France de la part du Roy d'Eſpagne. Cependant le Roy commençoit à s'attacher auec affection à apprendre tous ſes exercices, & notamment les militaires ou il ſe porta auec vne violente propenſion: ſes paſſe-temps eſtoient de dreſſer des bataillons & des eſcadrons, & à faire faire l'exercice à ſes gardes qu'il cognoiſſoit preſque toutes, & les nommoit par leurs noms; à peine ſceut-il tenir vne plume ou vn crayon qu'il commença à tirer les plans & les perſpectiues des places fortes, à marquer l'aſſiette des camps, & à tracer des tranchees; tous les termes de la guerre luy eſtoient familiers, & il ſçauoit manier le mouſquet & la picque auſſi bien que le plus habile officier deſon Regiment des gardes eut pû faire; il picquoit & pouſſoit vn cheual auec adreſſe, & tiroit de l'arquebuſe & du piſtolet auec plus de juſteſſe qu'homme de tout ſon Royaume; s'exerçant ainſi dans l'image de l'art militaire, en attendant de le mettre en pratique tout de bon, comme depuis il a fait auec autant de courage que de bon-heur. Il fut ennemy de l'oiſiueté, ſçachant bien qu'elle corrompt les eſprits & qu'elle attire aprés ſoy le vice & la moleſſe: Et pour ce que la chaſſe eſt l'exercice qui reſſemble le plus à la guerre, il s'y adonna exceſſiuement & ſi rendit vigoureux & infatigable.

La jalouſie que les Princes conceurent contre le Mareſchal d'Ancre, qui par les practiques de Leonora Galigai ſa femme s'eſtoit acquis vn grand aſſendant ſur l'eſprit de la Reyne mere, & auoit vſurpé vne tres-puiſſante authorité dans la conduite des affaires: fut cauſe qu'ils ſe retireret de la Cour. Mais ce trouble fut bien-toſt appaiſé par le traicté de Sainct Menehoud, dont le premier article portoit la conuocation des Eſtats du Royaume, Cependant le Roy ayant atteint la quatorzieſme annee de ſon aage, ſe fit declarer majeur par la Cour de Parlemét; conuoqua les Eſtats generaux à Paris, & l'aſſemblee des Notables à Roüen, & puis à Paris; pour reformer les deſordres qui s'eſtoient gliſſez dans l'Eſtat. Aprés quoy leurs Majeſtez s'acheminerent en Guyenne pour accôplir le mariage reſolu auec l'Infante d'Eſpagne, nonobſtant l'empeſchemét qui voulurét apporter quelques Princes, qui paſſerent au delà de la riuiete de Loire auec leur armee, quelques proteſtans s'eſtans joints à eux, pour ce qu'ils auoient pour ſuſpectes ces Alliances, apprehendans que le Conſeil d'Eſpagne obligeaſt leurs Majeſtez à les perſecuter. Le Duc de Guiſe fut enuoyé ſur la frontiere d'Eſpagne, pour y receuoir au nom de ſa Maieſté Tres-Chreſtienne la Reyne Anne ſon Eſpouſe, & pour

A A

deliurer aux Ambaſſadeurs d'Eſpagne la Princeſſe Elizabeth de France, ſœur du Roy, promiſe au Prince Philippes IV. L'eſchange de ces grandes Reynes ſe fit ſur vn pont, d'vne admirable charpente qu'on auoit eſleué en forme de theatre ſur la riuiere de Bidaſſo ou d'Endaye, qui fait la ſeparation des deux Royaumes. Les magnificences qui ſe firent à la reception de la Reyne à Bourdeaux furent tres-pompeuſes & tres-auguſtes, & l'on y reïtera & paracheua les ſolemnitez de la benediction nuptiale, dans l'Egliſe de S. André par le miniſtere de l'Eueſque de Xainctes. Et pour ce que le Mareſchal d'Ancre abuſant de ſon authorité, continuoit à mal traicter les Princes & les grands du Royaume, ils ſe retirerent encore de la Cour; mais aprés les ſieges de Soiſſons & de Neuers, la prudence du Roy fortifiee par le conſeil de ſes plus fideles Miniſtres eſteignit le feu dans le ſang du Mareſchal d'Ancre; aprés la mort duquel, ſa Maieſté rappella proche de ſa perſonne tous les Princes & Seigneurs eſloignez, comme auſſi le Chancelier de Sillery, le Garde-des-Sceaux du Vair, le Seigneur de Villeroy, & les autres Miniſtres d'Eſtat, qui furent careſſez & reſtablis dans la fonction de leurs charges, deſquelles le Mareſchal les auoit eſloignez. Les differens que le Roy d'Eſpagne auoit auec les Ducs de Sauoye & de Mantouë furent auſſi pacifiez par l'entremiſe de noſtre ieune Monarque. Quelque téps aprés la Reyne mere meſcontente de ce qu'à meſure que le Roy croiſſoit en âge, l'authorité qu'elle s'eſtoit conſeruee dans les affaires diminuoit, ſe retira en Angoumois auec quelques Princes & grands Seigneurs; mais vne entreueuë ayant eſté faicte en Touraine entre leurs Maieſtez, le Roy donna à la Reyne ſa mere le Gouuernement d'Anjou où elle ſe retira: & comme on ſe promettoit vn repos entier aprés ceſte reconciliation, les choſes ayans eſté mal expliquees le remuëment ſe renouuella, & la Reyne & les Princes commencerent à armer. Le Roy de ſon coſté ayát ramaſſé ſes forces paſſa en Normandie, s'aſſeura de la ville de Roüen, & puis ayant reduit à ſon obeiſſance Caen & Alençon, il paſſa dans l'Anjou où il obtint vne victoire ſur les rebelles ou meſcontans au combat du pont de Cé ſur Loire. Ce fut en cette occaſion où ce Monarque montra les premieres preuues de ſa vertu & de ſa bóté, s'eſtant laiſſé porter auec beaucoup de tendreſſe à la reconciliation auec la Reyne ſa mere, par l'entremiſe du Cardinal de la Rochefoucaud, & de l'Eueſque de Luçó, qui fut puis aprés, comme nous auons dit cy-deuant, l'Eminentiſſime Cardinal de Richelieu. Et pour ce que ſa Maieſté auoit eu pluſieurs plaintes, que les Proteſtans occupoient depuis vn fort long-temps les biens des Eccleſiaſtiques Catholiques en Bearn, & qu'ils auoient chaſſé les Eueſques & les Preſtres aprés les auoir expoliez: il reſolut de les aller reſtablir, à quoy il reüſſit auec beaucoup de prudence & de douceur; il vnit auſſi ces deux Cours de Parlemét, l'vne appellee de Saint Palais pour la baſſe Nauarre, & l'autre de Pau pour le Bearn, en vne ſeule Cour Souueraine & Parlement, qu'il eſtablit dans la ville de Pau; Il vnit auſſi & annexa les Eſtats de Nauarre & de Bearn, à ſó Royaume de France. Enuiron ce temps-là les Proteſtans ſe plaignans de l'infraction de l'Edict de Nantes & de la perſecution dont ils diſoient qu'on les menaſſoit, conuoquerent vne aſſemblee generalle des Deputez de toutes les Prouinces, dans la ville de Loudun, laquelle ils tranfererent en ſuitte à la Rochelle pour y eſtre en plus de ſeureté. Et pour ce que les cahiers de leurs demandes ſemblerent vn peu trop hardis, & qu'outre cela ils fortifioient leurs places de ſeureté, qu'ils faiſoient amas d'argent & de ſoldats, qu'ils auoient des intelligences & vne vnion ſecrete auec les Anglois & les Allemans. Le Roy reſolut de les reprimer, aprés toutesfois auoir vſé de patience & de douceur en leur endroit, & auoir proteſté qu'il

n'en vouloit qu'aux rebelles & non à la Religion; ce que cognoiſſant pluſieurs grands Seigneurs de ce party, qu'on eſtimoit deuoir adherer à la faction, ils s'en retirerent pour ſeruir le Roy, entre autres les Ducs de la Trimoüille & de Leſdiguieres, & le Mareſchal de Chaſtillon. Sa Maieſté voyant dóc qu'il en failloit venir aux armes, partit de Fótaine-bleau au mois d'Avril de l'annee 1621. Quelques-vnes des villes que les Proteſtans nommoient, places de ſeureté ou d'oſtage, ſe rendirent au Roy, comme Saumur paſſage ſur la riuiere de Loire, où eſtoit Gouuerneur ce celebre & docte Proteſtant le ſieur du Pleſſis Mornay; Sancerre, Iargeau, Vitré, & Fontorſon en firent de meſme. La ville de ſainct Iean d'Angely, ſe fiant en ſes fortifications, & à Monſieur de Soubiſe frere du Duc de Rohan qui y commandoit, voulut ſouſtenir le ſiege; mais enfin le courage du Roy & la valeur des attaquans la forcerent à ſe rendre, & à implorer le pardon de ſon Prince, qui la fit demanteler, & luy oſta auec ſes priuileges ſon ancié nom, ordonnant qu'elle fut appellee le Bourg Louis. Les villes de Pons, de Caſtillon, de ſaincte Foy, de Bergerac, & de Clerac furent auſſi remiſes ſouz l'obeiſſance du Roy; mais Montauban ayant eu grand loiſir de ſe bien fortifier ſe deffendit ſi long-temps, que l'on fut contraint de leuer le ſiege aprés pluſieurs memorables aſſauts, attaques, ſorties & combats où moururent pluſieurs vaillás hommes des deux partis; & entre autres le Duc de Mayenne, tué d'vn coup de mouſquet. Le Roy ayant paſſé outre, aſſiegea & prit Monheur & pluſieurs autres places: ſa Maieſté agiſſant auec vne merueilleuſe patience, & force d'eſprit & de courage en tous ces ſieges, paſſant des iours & des nuicts à la campagne, & parfois dans les tranchees: & n'ayant pas ſeulement à combattre les ennemis, mais encore à reſiſter aux violentes chaleurs & aux maladies contagieuſes qui auoiét infecté ſon armee, deſquelles Dieu le preſerua. L'annee aprés le Roy voulant acheuer de mettre à la raiſon les rebelles, les alla attaquer dens Rié, qui eſt vne peninſule du bas Poictou en lieu preſque inacceſſible, enuironné de la mer & d'vne riuiere: là le courage du Roy eſtonna les plus hardis, car il paſſa à gué le bras de mer & montra le chemin aux ſiens: ce qui eſpouuenta tellemét les ennemis, qu'ils laſcherent le pied aprés quelque legere reſiſtance, & furent entierement deffaits auec la perte de leurs vaiſſeaux & de leurs canons. Aprés cet exploict ce Monarque victorieux paſſa plus outre, aſſiegea & prit Royan tres forte place proche de la mer, fit preſſer la Rochelle par le moyé du fort Louis, qu'il auoit fait conſtruire pour ſeruir de cauation aux inſolences des Rochelois. De là il trauerſa la Guyenne & le haut Languedoc, où il força encore pluſieurs places, puis mit le ſiege deuant Montpellier, qui eſtoit la plus grande & la plus forte place que rinſent les Religionnaires dans la Prouince de Languedoc: ce ſiege fut tres-memorable bien attaqué bien deffendu, mais en fin forcé de ployer le joug ſouz la volonté de ſon Souuerain, & de ceder à ſes armes inuincibles. Ce qui ayant abbatu l'orgueil & les eſperances des Proteſtans, ils furent contraints de ſe venir ietter aux pieds de leur Monarque, & d'implorer la clemence de ſa Maieſté, qui les voulant traicter comme vn pere fait ſes enfans rebelles, auſquels aprés auoir donné quelques coups de verges il retire les chaſtimens, & leur pardonne: ainſi ce genereux & magnanime Prince accorda la paix & le pardon à ſes ſujets aprés qu'il fut entré dans la ville de Montpelier. Henry Duc de Rohan, chef de tous les Proteſtans fit auſſi ſes ſubmiſſions. Comme ces choſes ſe traictoient, l'armee navale du Roy commandee par le Duc de Guiſe, aſſiſté du Duc de la Rochefoucaud, & du Comte de Ioigny, General des galeres, emporta vne victoire ſignalee deuant la Rochelle: Et le genereux Iean de

ſainct

sainct Bonnet, Seigneur de Toiras, qui s'estoit aussi trouué à cette bataille, estant estably Lieutenant du Roy dans le fort Louis, resista vigoureusement aux ennemis, & les batit en plusieurs rencontres. Aprés la paix de Montpelier le Roy passa en Prouence, & fit vne entree magnifique dans sa ville d'Aix, qui luy dressa plusieurs arcs de triomphe, où estoient representez tous les anciens Comtes de Prouence, semblans receuoir sa Majesté & le congratuler de ses Triomphes plus grãds que ceux de l'inuincible Hercule. De là sa Majesté vint en Auignon, où il receut aussi de tres-grands honneurs, le Pape ayant ordonné qu'on n'y oubliast rien; Charles Emanuel Duc de Sauoye vint visiter & faire ses complimens à sa Majesté dans ceste ville, & se conjoüir auec elle de ses victoires, & renouueller leur ancienne alliance, comme firent aussi les Venitiens & les Grisons. Sa Majesté passa aussi à Grenoble où le Connestable de Lesdiguieres luy fit dresser plusieurs Ars de Triomphe ornez de tableaux qui representoient par Emblémes les victoires & les trauaux de ce Prince; Les sept merueilles qui se trouuent en la Prouince de Dauphiné y furent aussi dépeintes. Et ce glorieux Connestable donna le plaisir d'vne tres-belle chasse dans le parc de son superbe chasteau de Vizille à deux lieuës de Grenoble, où sa Majesté courut & tua le cerf à coups d'espee. Les guerres intestines semblans estre pacifiees, le Roy eut soin d'assister ses Alliez: souz ses heureux auspices le Marquis de Cœuures, depuis Mareschal d'Estree, chassa l'Espagnol de la Valteline, à laquelle il rendit sa premiere liberté: Et le Connestable de Lesdiguieres, duquel nous venons de parler, assiegea & prit quelques places dans l'Estat de Gennes, à la priere du Duc de Sauoye. L'an 1625. le Pape Vrbain VIII. enuoya son neueu le Cardinal François Barberin, Legat en France pour traicter la paix d'Italie, mais ses propositions ne furent pas receuës. Cependant le Seigneur de Soubise & plusieurs autres Protestans violerent le traicté de paix, ayans voulu prendre le port de Blauet en Bretagne, & se saisir des nauires du Roy; mais la noblesse du pays y estant accouruë, les rebelles se retirerent honteusement. Et peu de temps aprés le Duc de Montmorency Admiral de France gaigna vne bataille navale contre eux, & assisté des Hollandois, se saisit de l'Isle d'Oleron, & puis ils perdirent aussi celle de Ré: tellement que se voyans ainsi mal-menez ils eurent encore recours à la genereuse Clemence du Roy, qui leur pardonna, l'an 1626. Le traicté de Mouçon fut conclud en ce temps-là auec l'Espagnol, par lequel la Valteline (dont il s'estoit encores emparé) fut renduë, les forts demolis, & toutes choses remises en leur premier estat. Sa Majesté fut en Bretagne sur la fin de la mesme année où il arresta le cours d'vne cõspiration qui se tramoit dans la Cour, le principal complice de laquelle fut puny exemplairement à Nantes. Et quelque mois aprés estant à Paris vne forte maladie faillit à l'oster de ce monde, de laquelle estant releué par l'assistance diuine, il fut contraint de monter à cheual pour s'aller opposer à vne descente inopinee que le Duc de Bukinkam auoit faite à l'Isle de Ré, pour fauoriser les Rochelois; l'armee duquel ayant mis pied à terre, sans auoir denoncé la guerre, fut aussi tost repoussee par la vertu du Seigneur de Toiras, & par le miraculeux secours que le Roy y enuoya, conduit par le Mareschal de Schomberg qui forcerent cet insolent ennemy de se rembarquer, aprés auoir perdu ses meilleurs soldats, plusieurs vaisseaux & tout son canon. Cet heureux éuenement obligea sa Maiesté à se resoudre d'assieger ceste orgueilleuse Rochelle, encore que son port, son assiette & ses orgueilleux bouleuards la fissent estimer imprenable: tout incontinent l'on mist la main à l'œuure, l'on dressa plusieurs forts, ioints par des lignes de communication de trois grãdes lieuës de tour; mais pour ce qu'il estoit necessaire d'oster à ces obstinez rebelles toute

forte de moyens de pouuoir estre secourus; Le Cardinal de Richelieu qui estoit alors le sacré Pilote qui conduisoit le vaisseau de la Monarchie souz l'authorité du Roy, entreprit & fit cõstruire vne digue si admirable pour boucher le port, qu'elle surpassoit la creance des hommes, en sorte que le plus impetueux de tous les élemens fut cõtraint de changer d'inclinatiõ & de nature pour contribuer aux victoires de ce grand Monarque: & toute la flotte des grands vaisseaux & ramberges d'Angleterre qui sont comme autant de fortes citadeles flotantes, fut dissipee & plongee dans vn tel desordre, qu'elle fut contrainte de se retirer honteusement voguant çà & là parmy les escueils de la mer du Nord, sans auoir pris ny osé attaquer le moindre de nos vaisseaux, n'y bruslé vn seul de nos villages. En fin ce superbe bouleuard, cette inuincible Rochelle fut contrainte de crier misericorde, & de venir implorer la grace de Louis le Iuste, qui acheua heureusement ceste glorieuse entreprise, où plusieurs de ses predecesseurs auoient eschoüé: comparable en cela à ces Heros de l'antiquité Alexandre le Grand & Scipion l'Affricain, qui subiuguerent les villes de Tyr & de Cartage par le moyen de deux digues Aprés la Rochelle prise, qui oseroit resister à ce inuincible Monarque: l'Anglois eschoüé, l'Ocean subjugué, & la violence des Elemens vaincuë, firent cognoistre à toute l'Europe que le bras du Dieu des armees auoit fortifié celuy de ce Genereux Prince: qui peu aprés estant reclamé par les Princes d'Italie ses alliez, partit d'vne des extremitez de son Royaume pour aller triompher à Paris, & pour aller passer les Alpes, & malgré l'aspreté d'vn froid extréme, monter auec ardeur, sur les pointes des rochers presques inaccessibles, pour paruenir au sommet de la gloire: les Espagnols qui auoient assiegé estroitement Casal pendant que le Roy estoit occupé ailleurs, furêt contraints de leuer le siege: aprés que le Duc de Sauoye fut forcé au pas de Suse, par la valleur des François animez par la presence du Roy, tellement que sa Majesté ayant fait restituer à Charles de Gonzague nouueau Duc de Mantouë, ce qu'on luy auoit injustement vsurpé: vint en Languedoc, assiegea & prit par force la ville de Priuas, & mit sa puissance les Seuenes, & de là poussant encor plus auant, les villes d'Alez, de Nismes, d'Vlez, de Castres, de Montauban, & plus de trente autres places, furent contraintes d'ouurir leurs portes, & d'implorer le pardon de leur Prince, qui les traicta auec toute sorte de douceur, de clemence & de generosité. Le Duc de Rohan, Chef des Protestans, esprouua aussi la bõté du Roy, & aprés auoir conferé secretement de plusieurs importantes affaires auec le Cardinal de Richelieu; il fut enuoyé en Italie, où il obtint deux victoires sur les Imperiaux, & vne sur les Espagnols au pays des Grisons; & en fin perdit glorieusement la vie par les blessures qu'il receut à la bataille de Rhinfeld.

Sa Majesté estant de retour à Paris, tous les Princes estrãgers luy enuoyerent des Ambassadeurs pour luy tesmoigner la part qu'ils prenoient à ses triomphes, & pour renouueller leurs alliances; La paix d'Angleterre fut acheuee, & l'Italie secouruë encore vne fois; aprés le glorieux combat de Veillane, & la genereuse resistance que le Seigneur de Toiras fit à Casal contre les violents efforts de l'armee Espagnolle commandee par le Marquis Spinola: la ville de Pignerol fut en ce temps-là reunie à la Couronne, & nos Generaux receuerent beaucoup de gloire par l'aduantage qu'ils eurent aux combats de Carignan, & à la prise d'Auigliane, & de plusieurs autres places; toutes ces conquestes furent suiuies du traicté de paix faict à Queieras, par le moyen duquel toutes choses furent restablies. Ce fut en ce temps-là que le Roy de Suede estoit entré victorieux en Allemagne, & que nostre Roy Louis *le Iuste*, l'obligea à declarer que ce n'estoit point à la Religion Catholique qu'il en vouloit, mais seulement à l'v-surpation que l'Empereur auoit faicte, sur les terres, sur la liberté, & sur les Priuileges des Princes Allemans, qui l'auoient appellé à leur se-cours: l'an 1633. le Roy s'achemina en Lorraine pour reprimer le Duc Charles, Nancy, la Mothe, le Pont-à-Mousson, Vic, Moyenvic, Mar-sal & Clermont en Argonne, furent conquises par l'armee du Roy & plusieurs autres places en Suaube & en Alsasse. Enuiron ce temps-là la Reyne Mere Marie de Medicis, & Monsieur frere du Roy, s'estans reti-rez firent paroistre leur mescontentement par quelques practiques & re-muëmens qu'ils firent en France, qui furent funestes aux entrepreneurs. Et les Espagnols ayans donné plusieurs sujets de plainte au Roy, & no-tamment par la prise de la ville de Treves, & par l'injuste detention de son Prince legitime, qui s'estoit depuis peu mis sous la protection de la France: Sa Maiesté fut contrainte d'enuoyer vn Heraut d'armes à Bru-zelles pour déclarer la guerre au Cardinal Infant: En suite de laquelle les armees Royales eurent plusieurs glorieux aduantages par mer & par terre, comme nous auons dit cy-deuant dans l'abregé de la vie de l'Emi-nentissime Cardinal de Richelieu. Mais quand ie vous auray encore ra-freschy la memoire de la bataille, & de la victoire d'Avain, & des pro-grez que le Cardinal de la Vallette, & le Duc de Veimar firent au Pala-tinat; des victoires du Duc de Rohan à la Valteline, de la bataille du Tesin gaignee au Milanois par le genereux Duc de Crequy, & de plu-sieurs places qu'il emporta sur les Espagnols: des reprises de Corbie, de Roye, du Catelet, de la Capelle, & des Isles de Saincte Marguerite & de S. Honorat; des sieges & prises des villes de Landrecy, de Damuilliers, d'Yuoy; de la bataille de Laucate, & de celle du Rhinau & de Rhinfeld; la de conqueste de Fribourg, de Brisgau & de Rhinfeld, & peu de temps apres de Brisac, par le Duc de Veimar qui estant mort apres ce glorieux exploict: le sage & vaillat Duc de Longueville luy succeda qui prit plu-sieurs places dans la Franche-Comté de Bourgogne, & puis emporta sur les Imperiaux & Bauarrois Hermenstein, Neustad, Landau, Creuze-nac, & Coblens: Et en suite se joignit au Mareschal Bannier, chef de l'armee Suedoise, & traicta Alliance auec la Lantgraue douäiriere de Hesse Cassel, Princesse genereuse, & portee à l'auancement de la liberté Germanique, & aux interests de la France. Quand dis-je, ie vous auray encore parlé de la victoire que le genereux Comte de Harcourt rempor-ta à Casal, où il fit leuer le siege aux Espagnols auec tät de valeur: Et puis du fameux siege de Turin, où ce mesme Prince fit triompher son coura-ge, sa constance & sa magnanimité: Secondé par le vaillant Seigneur de laMothe Houdancour depuis Mareschal de France, qui depuis en qualité de Vice-Roy de Catalogne, y a tant acquis de gloire & d'estime pour le seruice de la France. Quand nous aurons encore dit vn mot, de la prise d'Hedin & du combat ou bataille de S. Nicolas gaignez par le Mareschal la Meilleraye: & d'vn nombre de fameux combats & prises de places par le Colonel de Gassion, depuis Mareschal de France, du memora-ble siege d'Arras, & de sa prise, de la deffaicte de Lamboy & du Com-te de Buquoy: & puis de la conqueste d'Aire, de Bapaume, de la Bassee; de la bataille de Kempen, gaignee par le Mareschal de Guebriant; de celle de Leide en Catalogne par le Mareschal de la Mothe, des prises de Colioure, d'Argiliers, de S. Elme, & peu après celle de la for-te & renommee ville de Perpignan, & en fin de la reduction & acquisitiõ de Sedan: Ie laisseray faire le reste à l'imagination de ceux qui liront tou-tes ces choses, les priant de iuger combien il a falu de peines, de soins, & de sueurs, combien d'éminentes qualitez de Roy, de Capitaine, de Soldat; combien de fortune, de suffisance, de patience, & de magnani-mité, pour acheuer vn si grand nombre de genereuses entreprises: Et par ce raisonnement, comme par des eschelons Geometriques, l'on descouurira la grandeur des victoires de ce Prince, & l'on confessera qu'il a fait des merueilles, & que son Regne a esté autãt glorieux qu'au-cun des siecles passez.

Comme donc la France estoit montee au plus haut feste de grandeur où elle pouuoit atteindre; & que les affaires publiques & celles de la guerre estoient preparees à vn accommodement, par la proposition d'v-ne paix generale, à quoy les ennemis attaquez & vaincus de toutes pars,

inclinoient auec beaucoup d'affection & d'instance: ces douces esperan-ces furent bien-tost conuerties en vne tres-amere & cuisante affliction, quand ce grand Roy estant tombé malade d'vne langueur & foiblesse ex-tresme fut attaché dans son li: trois mois entiers, au bout desquels il ré-dit l'ame à son Createur, à Sainct Germain en Laye le 14. iour de May 1643. auec vne resignation parfaicte à la volonté Diuine, & vn desta-chement entier des grandeurs de ce monde, ayant fait paroistre en ses plus cuisantes douleurs vne ferme resolution au mespris de la mort & de la vanité, de laquelle il fut si ennemy, qu'il deffendit mesme qu'õ luy fit des pompes funebres. Il laissa la Regence de ses Estats à la Reyne son Espouse, ayant recognu les excellentes vertus & la pieté de ceste grande Princesse: Il estoit debonnaire, clement, chaste, courageux & tres-intelligent aux affaires de la guerre & de la paix: secret dans ses re-solutions, dissimulé, vigilant & infatigable aux expéditions militaires & à la chasse. Il ayma les Arts, & particulierement la Peinture & la Musi-que, il restablit les monnoyes d'or & d'argent dans leur perfection, il re-dressa vne excellente Imprimerie, & augmenta ses bastimens du Lou-ure, de Sainct Germain & de Fontaine-bleau, fit bastir Versailles, & l'Eglise de S. Louis, & acheua plusieurs autres choses admirables.

Sa deuise estoit composee d'vne massuë d'Hercule auec ces mots pour ame, ERIT, HÆC QVOQVE COGNITA MON-STRIS. Et ses armes toutes semblables à celles du Roy Henry le Grãd son Pere.

Messieurs de Saincte Marthe freres jumeaux & tres-do-ctes Historiografes du Roy, dresserent vn Monument à ce grand Prince, sur le sujet de la Statuë Equestre qu'on luy a erigé à la place Royalle, les curieux seront bien aises de le voir sur la fin de cet Abregé.

Ludouico XIII. Christianissimo Francorum & Na-uarrorum Regi, Pio, Iusto, Felici, Triumphatori semper inuicto, Catholicæ Religionis Assertori. San-ctorum Principum Arnulfi Ducis, Caroli Magni Imperatoris, Ludouici IX. Regis Sanguini Primi-genio, Henrici Magni filio, Ludouici XIV. à Deo dati, vt Regni sic primis ab annis victoriam heredis, parenti non sine miraculo, post bellorum ciuilium ignes sopitos, Fusos ac Fugatos Anglos, Fractæ Heretico-rum Partes, Oceanum Stupendo aggere imo compe-dibus vinctum; Rupellam nullis fere humanis viri-bus expugnabilem ad deditionem compulsam, post sub-ditorum itidem rebellantium prostratam peruicaciam; Tum fortitudine, Tum clementia, Casalim præcipuum Italiæ munimentum tribus obsidionibus exemptum: Augustam Taurinorum ac Mantuam ciuitates Sa-baudo ac Mantuano Ducibus restitutas; Italiam li-beratam, post Catalauniam vindictam: Regem Lusi-taniæ Ioannem IV. aliosque foederatos Reges ac Prin-cipes auxiliis adiutos. Post Atrebatum, Brisiacum, Nanceium, Perpenianum, Sedanum, Munitissimas vrbes, plurimasque alias armis subactas, Germanos, Belgas, Hispanos, Lotharingos, Allobroges, collatis signis Terra Marique sæpissime superatos, &c.

ANNA AVSTRIACA
REGINA GALLORVM REGES
Principibus tot Auis nec Coniuge Rege Superba
Q. Barum laudes Nobilitate Decus

27

ABREGE DE LA VIE ET DES ACTIONS

GLORIEVSES DE LA TRES-ILLVSTRE ET TRES-
Augufte Reyne Anne d'Auftriche, Femme du Roy Louis XIII. Mere
& Regente du Roy Louis XIV. furnommé Dieu-donné,

IAmais le Ciel fauorable n'a verfé de plus precieufes influences, que celles qu'il infufa à la conception & à la naiffance de cette Grande & Augufte Princeffe Anne d'Auftriche, fille, femme, fœur & mere, des plus grands Roys du monde; elle eft née dans la pourpre, le trofne a efté fon berceau, & le tronc d'où elle eft fortie n'a iamais eu pour branches que des Sceptres, & pour fruicts que des Couronnes; & pour haut qu'on veüille remonter vers vne fi belle fource, l'on ne luy trouua pour predeceffeurs que des Empereurs & des Roys. Les Vertus & les Graces fe donnerent à elle pour ne s'en efloigner iamais, & fes tres-belles mains furent deftinees de poffeder le cœur, & de lier la foy du plus grand Monarque de l'Vniuers, & adoucir par leurs chaftes embraffemens les penibles trauaux de cet illuftre & victorieux Conquerant. Elle fut rauie de quitter les tiltres pompeux de tant de Royaumes qui font dans la maifon de fes Anceftres, pour prendre la qualité de Reyne de France, qui comprend en vn feul mot toute la Maiefté des puiffances humaines. Et l'efclat de cefte dignité a toufiours efté, & eft encores accompagné de tant de hautes qualitez, & particulierement de celles qui font neceffaires à à la perfection d'vne grande Reyne, & qui peuuent embellir fon ame, que nous pouuons dire que fi la fortune luy a donné des Sceptres, la brillante poffeffion de toutes les vertus Chreftiénes & Morales, l'ont renduë tres-digne de les porter.

La publication de fon mariage auec le Roy Louis XIII. fut folemnifee à Madrid le 22. d'Aouft 1612. en prefence de l'illuftre Duc de Mayenne qui y auoit efté enuoyé exprez accompagné d'vn grand nombre de Seigneurs François, qui parurent auec vne merueilleufe bombance dans la Cour d'Efpagne : En mefme temps le Roy Catholique auoit enuoyé en France le Duc de Paftrane pour demander en mariage Madame Elizabeth de France fœur du Roy, qui luy eftant accordee, les Mariages furent publiez à Paris en tres-grande folemnité le 25. d'Aouft 1612. Cefte double alliance ayant efté traictée & refoluë, quelques mois au parauát : Et les Seigneurs François en ayans tefmoigné leurs réjoüiffances, par cet admirable Carofel qu'ils firent à Paris dans la place Royalle, à l'imitation duquel les Seigneurs Napolitains firent auffi de tres-belles courfes de Bague & autres cóbats dans la ville de Naples, pour la joye qu'ils prenoyent de ces Alliances, qui fembloiét promettre vne felicité affeurée & perdurable à la Creftienté. Mais d'autát que les vns & les autres des futurs conjoints n'eftoient en âge cópetant, la folemnité du Mariage & de la Benediétió nuptiale ne fe fit que le 18. d'Octobre 1615. Le Roy eftát allé à Bourdeaux pour receuoir la Reyne fon Efpoufe, & pour accompagner par mefme moyen Madame fa fœur, qui par vn Royal efchange eftoit deftinee au Prince Philippes frere de la Reyne Anne; la feparation de ces deux Princeffes fe fit fur la riuiere de Bidaffo ou Margary, qui fait la diuifion de la Fráce & de l'Efpagne, au lieu nommé Andaye. Il y auoit dans la Machine de France plufieurs beaux ornemens de tapifferies, de peintures, & d'Emblémes; mais les Efpagnols fe contenterent de la brauerie & parade exterieure de leurs habits, qui ne fut pas moindre du cofté des Courtifans François; outre le pont qui fut conftruit fur la riuiere, & les efchafaux & machines de part & d'autre, il y auoit auffi vn riche batteau de châque cofté deftiné pour receuoir les Princeffes; on fit difficulté fur vn accident qui fit bien parler le monde : car les Efpagnols ayans outre la Couronne, mis vn globe de l'Vniuers fur le batteau qui deuoit receuoir Madame Elizabeth leur Princeffe; croyans que les François euffent fait le mefme fur celuy de la Reyne, il falut pour garder vne efgalité entiere, abbatre ce globe, & renuerfer le monde; ce qui fut de mauuais augure à cette nation, qui pretendoit à la Monarchie vniuerfelle. Ce pédát les Bourdelois preparerét vne magnifique entree à leurs Maieftez, car outre l'admirable inuention des feux artificiels fur l'eau & fur la terre, & plufieurs autres machines & reprefentatiós de dragós, de balaines, de lyons, de Geans, de Nains & de ftatues de Roys & de Reynes : douze jeunes hómes de la ville habillez de different maniere, faluërent leurs Maieftez comme s'ils euffent efté les Ambaffadeurs des douze plus renommez Monarques de l'Europe, venus de la part de leurs Princes pour feliciter le Roy & la Reyne, & fe refioüir de leur mariage : ce qui fut accompagné du prefent que la ville fit à leurs Maieftez de deux grandes medailles de fin or, pefans chacune fix mille liures. D'autre cofté le Roy defirát gratifier les Bourdelois, fit faire largeffe au peuple par des Herauts d'armes, qui jetterent plufieurs belles medailles d'or & d'argent, fur l'vn des coftez defquelles eftoient reprefentez les vifages & les nós de leurs Maieftez, & de l'autre deux Couronnes ioinctes enfemble par deux branches d'oliuier & de laurier entrelaffees, l'vne d'ans l'autre, auec ces mots dans le tour de la Medaille. ÆTERNÆ FOEDERA PACIS. Aprés ces heureux commencemens nos ieunes Mariez vindrent à Paris, & furent receuz par toutes les villes où leurs Maieftez pafferent auec des honneurs qui ne fe peuuent defcrire n'y imaginer. Cefte fage Reyne attirant le cœur & les affections de tous les François, & rendant au Roy fon efpoux de continuels tefmoignages de refpect, d'amour & de tendreffe : Elle l'accompagna prefque en tous les voyages & expeditions militaires qu'il fit, & partagea auec luy les foins & les inquietudes qui font infeparables des grandeurs les mieux eftablies; cefte grande Princeffe montrant vn exemple continuel de fageffe, de modeftie, de charité, de douceur & de pieté; & comme le flambeau de la guerre eut efté allumé contre l'Empereur & contre le Roy d'Efpagne, & que cefte impitoyable difcorde efgorgeoit la Chreftienté au grand fcandale & affoibliffement de la Religion; Noftre fage Reyne faifoit fans ceffe des prieres & des vœux, & fe mortifioit par plufieurs penitences & aufteritez, pour tafcher d'adoucir la colere du Ciel, & attirer la paix à l'Europe defolee; & pource que cefte bonne Princeffe fçauoit tres-bien que Dieu n'agit iamais que par les caufes fecondes, elle employa toutes les forces de fon efprit, & toutes fes perfuafions enuers le Roy fon mary, & enuers les Ambaffadeurs qui la venoient faluer, & mefme enuers le Cardinal Infant fon frere, pour les conjurer de contribuer tous leurs foins & tout leur pouuoir, pour paruenir à cefte paix tant defiree & fi neceffaire à la Chreftienté : Mais helas! la grandeur de nos iniquitez auoit tellement allumé la colere du Tout-puiffant, qu'il ne pouuoit encore eftre appaifé, en forte que fes végean-

B b

ces se font mesme multipliees en nos iours : mais comme Dieu ne rend point inutilles les prieres de ceux qui l'inuoquét auec vne ferme foy & humilité de cœur : Il exauça ceste Princesse affligée par vne benediction qui luy fut toute particuliere, rendant sa couche feconde, & la faisant Mere bien-heureuse de deux enfans admirables, qui estans à present les delices & les esperances du genre humain, en seront vn iour les ornemens & la restauration.

L'an 1638. le 5. de Septembre, cette bonne & heureuse Princesse accoucha à S. Germain en Laye d'vn Royal Dauphin, qui resioüit toute la France comme estant le sacré presage de sa bonace & de sa prosperité.

Et le 21. de Septébre de l'annee 1640. le Serenissime Prince Duc d'Anjou nasquit au mesme lieu de Sainct Germain en Laye; ce qui fut vn surcroit de benediction & de joye à ceste grande Reyne.

Miraculeux enfans, & Astres noueaux de benigne influence, ou bien deux Alcions esclos au milieu des orages & des tempestes, & agreables auant-coureurs de la paix generalle, venus au monde en vn temps que toute la terre se troue agitee de fascheux troubles & de sanglantes diuisions.

Le Roy & la Reyne rauis de voir sortir deux si beaux rejettons de leur sacree couche, remercierent Dieu de ceste insigne benediction, & luy voüerent ces jeunes plantes, afin qu'il luy pleût de les mettre souz sa diuine protection, & les rendre des instruments de sa gloire & du salut de leurs peuples.

Le Pape Vrbain VIII. & les plus grands Princes de l'Europe prirent part au contentemét de leurs Maiestez : & la voix publique benissant les merueilles de Dieu en ceste occasion, surnómaincótinent ce ieune Prince, DIEV-DONNE', cóme estant vn enfant de merueille, dans sa conception non attenduë, dans son heureuse naissance, dans la beauté & la vigueur de son corps, dans la maturité & l'excellence de son esprit, & dans son éducation fauorable. Mais comme ces faueurs celestes auoient donné vn grand sujet de joye & de consolation à nostre bonne Reyne, le Ciel mesla de l'amertume parmy les douceurs qu'elle sauouroit dans sa famille, par la longue maladie du Roy Louis XIII. son mary; qui auparauant que mourir voulut auoir le contentement de faire baptiser Monseigneur le Dauphin, & par ce Sacrement l'inuestir du tiltre de Fils aisné de l'Eglise. La solemnité en fut faicte le 20. iour d'Avril par Dominique Seguier Euesque de Meaux, premier Aumosnier du Roy : Et pour le presenter sur les sacrez fonds, Sa Maiesté nomma, la tres-illustre Princesse de Condé Charlote Marguerite de Montmorency, auec l'Eminentissime Cardinal Iules Mazarin, deslors premier Ministre d'Estat; ayant esté choisi par le Roy, pour le rendre d'autát plus interessé par ce glorieux engagement, à seruir auec affection ce ieune Prince; dont il deuoit estre le sacré Parrain & le fidelle Ministre. Et quant au nom, l'on n'en trouua point de meilleure augure que celuy de Louis,

Trois semaines aprés l'affliction de la Reyne fut beaucoup augmentee par le trespas du Roy son mary; & au mesme téps qu'elle s'abandonnoit aux regrets & aux larmes, toute la France luy demanda son assistance, & tourna les yeux de son costé, comme vers son azile, pour la coniurer de vouloir estre aussi bien la Mere & la Tutrice des François, que de leur ieune Monarque.

Le landemain de la mort du feu Roy, Monseigneur le Duc d'Orleans. Monseigneur le Prince de Condé, & tous les autres Princes & Seigneurs de la Cour accompagnerent le ieune Roy Louis XIV. & la Reyne sa Mere à Paris; où leurs Maiestez furent receuës auec autant de joye qu'on se sçauroit imaginer; tout le peuple de ceste grande & admirable ville,

estant venu si loin au deuant, que tous les chemins en estoient remplis, & l'air retentissoit de cris d'allegresse entremeslez de larmes de ioye, de benedictiós, de vœux & de prieres tres-ardentes, qu'ils poussoient vers le Ciel, pour la prosperité de leur ieune Roy, & de la Reyne sa Mere qu'ils regardoient desormais comme la source feconde de tout leur bon-heur; esperás de voir bien-tost refleurir la paix dans le Royaume, puis que Dieu en auoit rendu arbitre, ceste bonne Reyne, qui auoit tousiours tesmoigné auec tant d'ardeur de la souhaiter. Le lendemain elle fut declaree Regente par la Cour de Parlement, qui reccut vn nouueau lustre, de la presence de son Prince, & de la premiere apparition d'vn si bel Astre : le pouuoir de son administration luy estant donné sans restriction ny reserue aucune, n'y ayant aucun interest particulier de ceux qui luy auoient esté donnez pour adjoints par le feu Roy, qui ne cedast volontiers à ceste necessité publique, & qui ne vit clairement que de restraindre son pouuoir, c'estoit donner des bornes à nostre felicité. Dans ce grand Senat de Paris, dans cet Auguste Parlement, qui est le Temple sacré & le plus ancien de la Iustice Souueraine de nos Roys, les Officiers du Roy qui haranguerent, souhaiterent au nouueau Prince la duree du Regne de ses ancestres, l'heritage de leurs vertus, & sur tout la clemence du Roy Henry le Grand son ayeul, la pieté du Roy Louis XIII. son Pere, & la saincteté de S. Louis : à quoy ils adjousterent vn autre desir, qui fut heureusement accomply quatre iours aprés, à sçauoir qu'il pleust au Ciel de rendre ses armes victorieuses, afin qu'il eut aussi les qualitez d'*Auguste & de Conquerant*, & qu'il peut deuenir en suite plus facilement, *le Prince de la paix*.

Vœux & prieres qui furent en partie exaucees, par la celebre bataille que le vaillant & inuincible Duc d'Anguien gaigna à Rocroy, côtre les Espagnols; laquelle on peut appeller à bó droict le iour natal de la fortune de Louis XIIII. Et en suite par la prise de Thionuille, qui furent des victoires si importantes à l'Estat dans la conjoncture de la mort du Roy, qu'elles empescherét l'insolence des Espagnols de pousser leurs armes iusques au cœur de la France, & de porter le feu iusques aux faux -bourgs de Paris, comme ils s'estoient orgueilleusemét vátés. Et ainsi la vertu heroïque de ce glorieux & vaillát Prince fut tres-auantageuse à son Roy & à la Patrie : Aussi nostre Reyne Regente & toute la France luy rendirét des honneurs indicibles à son arriuee, & le considererent cóme l'Ange tutelaire de leur bon-heur & de l'affermissement glorieux de l'Empire François.

Ces profitables succez furent augmentez vne annee aprés par la prise de Graueline, que Monseigneur le Duc d'Orleans subjugua auec beaucoup de gloire & de hardiesse; & en suite par les conquestes des villes de Bourbourg, de Bethune, de Linck, d'Armantiers, de Sainct Venant, de Lilers, du fort de Mardik & de Menen.

Enuiron le mesme temps nostre incomparable Duc d'Anguien estant passé en Allemagne, remporta encore vne signalee victoire sur les Bauarois, à Fribourg, & fit des merueilles à commander auec prudence, & à combatre auec vn courage & vne valeur sans exemple : en sorte que les ennemis mesme furent rauis en admiration, & rehausserent auec de tres-grands Eloges, la haute vertu d vn si illustre ennemy; Aprés quoy nostre jeune Alcide remit encore vne fois sous l'obeissance du Roy les importantes villes de Philisbourg, de Mayence, de Vvormes & de Spire. Et comme il semble que la prouidence Diuine a fait naistre ce jeune Heros pour la grádeur de cette Monarchie, pour la protection de ses Alliez, & pour abbatre de plus en plus le courage & les esperances des ennemis, il gaigna encore dans le fonds de l Allemagne la
tres-

tres-memorable bataille de Nortlinguen, & mit au plus haut
poinct de reputation le courage des François, & la gloire de
nos armes. Le sage & vaillant Mareschal de Thureane seconda tres-puissamment la valeur de ce Prince, & vengea auec
beaucoup de gloire la prise du Mareschal de Gramont qui
combatant auec beaucoup de hardiesse à l'esle droite paya
de sa personne, & fut pris prisonnier par les ennemis à la premiere charge. Enuiron ce temps-là, la Reyne Regente eut
nouuelle de la prise de Rose en Catalogne par le Comte du
Plessis Praslin, depuis Mareschal de France, & de la victoire
obtenuë au mesme pays par le vaillant Comte de Harcour à
Lliorens. D'autre costé le Marquis de Villeroy, aussi à present
Mareschal de France, & Gouuerneur du Roy, remit dans
l'obeissance de sa Maiesté, la ville & forteresse de la Mothe
en Lorraine. Et ainsi l'on vit les commencemens du Regne
de Louis XIV. pleins de victorieux succez de tous les costez:
& nostre grande Reyne, ainsi que ceste illustre Amazone la
vefue Debora, dont parle l'Escriture, pouuoit rendre la iustice à ses sujets à l'ombre des palmes & des lauriers qui enui-
ronnent son trosne: & il semble que la victoire ne trauailloit
que pour faire triompher l'Empire François, & que les plus
puissans genies de *Henry le Grand* & *de Louis le Iuste* auoient
passé à leur heritier, comme estant en effet vn vray phœnix,
qui renaist de leurs cendres : Ce pendant la ville de Treues
estant prise par le Mareschal de Turenne, le chemin fut ou-
uert à l'entiere liberté & au restablissemét du Prince Electeur
Philippes Cristophle Archeuesque de ceste ville, qui reco-
gneut tenir ce bien-fait signalé, des puissantes armes de nostre Roy son allié, & des soins de nostre sage Regente qui en
ceste qualité acqueroit à son fils le tiltre glorieux *de Deffenseur*
& de Protecteur des Princes affligez. L'injuste detention que les
Espagnols & les Imperiaux auoient fait de ce Prelat durant
l'espace de dix années, ne l'ayant pû obliger à abandonner le
party de France ; quoy qu'il eut beaucoup souffert en sa disgrace, laquelle auoit donné vn des principaux motifs, à la
rupture de la paix, entre les Couronnes de France & d'Espagne, cóme nous auons dit cy-deuát en la vie de Louis XIII.

Enuiron ce temps-là nostre Regente prenant la part qu'elle
deuoit aux interests du Roy & de la Reyne de la Grand Bretagne, enuoya en Angleterre vne Ambassade extraordinaire, pour ouurir quelques moyens de paix, & tâcher de faire
venir à la raison les principaux Seigneurs du pays assemblez
en Parlement, & armez contre leur Souuerain; mais les bonnes intentions de la Reyne, ayans paru suspectes à ces esprits
messians, l'on s'en retourna sans beaucoup auancer ; & la
Reyne de la Grand Bretagne voyant de plus en plus augmenter les entreprises des Parlementaires passa la mer en tres-
grand danger, vint surgir en Bretagne, & finalement arriua
à Paris, dans la Cour de France, qui est l'azile ordinaire des
Princes affligez. Le Prince de Galles son fils y arriua aussi peu
de temps aprés, & ils y furent receuz, auec les honneurs & le
fauorable accueil qui leur estoient deu, cette illustre & mal-
heureuse Princesse estant tante de nostre jeune Monarque &
par consequent fille de la maison.

Dans tous ces rencontres & dans la conduite du nouueau
Regne, nostre auguste Regente fut tousiours puissamment
appuyee du courage, de la valeur & des sages cóseils des Princes du sang, qui viuoient dans vne parfaicte vnion & concorde pour le bien de l'Estat; semblans n'auoir de la jalousie
& de l'émulation que pour montrer à leurs Majestez, l'enuie
qu'ils auoient de les seruir: Le zele & la prudence de l'Eminentissime Cardinal Mazarin premier Ministre d'Estat que
le feu Roy auoit choisi, contribuoit aussi beaucoup à l'affermissement & à la gloire de cet Empire, & à faire reussir les plus

grandes entreprises. La Reyne donc cognoissant les bonnes
qualitez des Grandhóme, luy remit le soin de l'éducatió du
Roy, puisque par vn chois glorieux il auoit eu l'honneur de
le tenir entre les bras dans les ceremonies de son Baptesme; &
de plus elle luy remit le maniement de toutes les plus importantes affaires de la paix & de la guerre, ayát vne cognoissance parfaite de sa vertu, de son affection & de sa fidelité, esprou-
uee en plusieurs occasiós importantes à la gloire de cet Esta t,
mesme sous le Regne precedent. Cependant nostre bonne
Reyne portee d'vne ardente passion au bien vniuersel de la
Chrestienté. Dressa dessors toutes ses pensees à luy procurer
vne bonne paix ; estant excitee à ce sainct œuure par les prieres du feu Pape Vrbain VIII. & par celles de plusieurs Princes estrangers ; mais par dessus tout par les pitoyables plaintes
de tous les peuples de l'Europe qui sont aux derniers abbois;
& qui esperans de receuoir de sa Royalle bonté & de sa genereuse entremise, vn si grand bien, promettoient de la combler de loüanges, de graces, de vœux & de benedictions, &
d'esleuer sa statuë au plus haut comble du Temple de la Gloire, pour en benir le sacré original iusques à la fin des siecles.
Ceste bonne & sage Reyne donc esmeuë de toutes ces considerations, & de l'apprehension qu'elle auoit qu'on ne l'esti-
mat trop lente, si pouuant auancer la paix ; elle demeuroit la
derniere à y trauailler, craignant aussi qu'on l'accusast d'e-
stre coulpable du crime de la guerre, qui est vne chose horrible, & tout à fait contraire aux sentimens qu'elle auoit fait
paroistre durant la vie du feu Roy ; elle resolut de trauailler le
plus ardemment qu'il luy seroit possible à ceste saincte actió;
& donna la principale conduite de ce grand & si necessaire
ouurage au Duc de Longueville, Chef des Plenipotentiaires
de France, & aux Comtes de la Roche-Seruient, & Dauau
de Mesme, enuoyez à l'assemblee de Munster en Vvestfalie.
Ce Genereux & sage Duc y tint le premier rang entre les
autres Ambassadeurs des Roys, des Princes & des Estats in-
teressez en la paix ; agissant auec grand soin, prudence, fidelité & affection, à conseruer les droits legitimes & les notables
pretentiós du Roy Tres-Chrestien son Souuerain, & de tous
les Princes & Estats estrangers qui sont ses alliez.

Pendant ces choses le mariage du Serenissime Roy de Pologne Vladislas IV. fut negotié & arresté auec la tres-ver-
vertueuse Princesse Louïse Marie de Gonzague de Cleues,
Princesse de Mantouë & Duchesse de Neuers proche parente
de leurs Maiestez, pour estre sortie de la Royalle maison de
France par les branches de Bourbon, d'Alançon, & de Bourgogne. Ce Royal Mariage fut publié à Fontaine-bleau le 25.
de Septembre 1645. en presence du Roy, de la Reyne Regé-
te, de Monseigneur le Duc d'Anjou, des Princes & Princes-
ses de France, & des Eminentissimes Cardinaux Mazarin &
Bichi; le Seigneur Gerrard Comte Donhost Palatin de Po-
meranie Ambassadeur & Procureur du Roy de Pologne
agissant au nom de son Maistre en ceste occasion, où il fut
accompagné de plusieurs Seigneurs & Gentils-hommes Po-
lonois vestus ce iour-là à la Françoise; Quelque temps aprés le
mesme Roy de Pologne enuoya en France ses Ambassadeurs
extraordinaires, pour solemniser son Mariage, & pour luy
emmener cette belle Reyne son Espouse; l'vn de ces Ambassadeurs estoit le Comte de Lesno Prince & Euesque de Varmie;
& l'autre le Comte de Bnin Opalinsxy Palatin de Posuanie,
qui firent vne tres-magnifique entree à Paris, habillez à la
mode de leur pays, leurs cheuaux & leur cimeterres & bon-
nets ornez de pierreries & de petites plumes qu'ils tiennent
fort cheres & honnorables parmy eux, comme estans les
marques de leur vaillance. Aprés toutes les ceremonies, les
festins, les bals & autres honneurs que leurs Maiestez firent,

à la Reyne de Pologne, elle partit de Paris pour estre conduite dans ses Estats, où elle fut receuë auec vn accueil digne de sa grandeur & de celle de son mary : Estant accompagnee en ce voyage suiuant les ordres de leurs Maiestez par la tres-illustre & tres-habile Dame Renee du Bec, vefue du vaillant & renommé Mareschal de Guebriant, Lieutenant general des armees du Roy en Allemagne, qui quelque temps auparauant auoit esté blessé d'vn coup de fauconneau au siege de Rotvvil comme cette ville estoit sur le poinct de se rendre à ses victorieux efforts, & en effet il y entra, & y mourut auec vne constance & fermeté digne de sa vertu, & de la gloire qu'il s'estoit acquise.

Cependant nos genereux Princes agissoient de tous les costez auec vne merueilleuse affection & valeur, pour faire voir à la Reyne Regente qu'ils sont les plus fermes & les plus asseurees colomnes de l'Estat; & que si l'obstination des Espagnols, ou de quelques autres personnes plus interessees à leur grandeur, qu'à la paix & au repos de la Chrestienté, destournent ou esloignent le repos & tranquilité de toute la terre pour pescher en eau trouble, & assouuir leur ambition excessiue & leur auarice démesuree : Que si dis-je, cela nous oblige à souffrir vne si longue suite de malheurs & de desolations : nos Princes & nos Generaux secondans si glorieusement les bonnes intentions de nostre Auguste Regente tiennent la guerre esloignee de nous, dressent le Theatre de cette Tragedie sanglante hors de la France, & nous font viure dás vn repos parfait au milieu de l'agitation vniuerselle de toutes les autres nations.

Le Duc d'Orleans resolu de continuer ses heureux progrez conduisit l'armee dans les Pays-bas, penetra iusques au cœur de la Flandre, & y assiegea & prit la ville de Courtray, nonobstant tous les efforts d'Espagne & de ses generaux, qui n'ozerent donner la bataille, à laquelle il voulut les engager, aymans mieux laisser perdre les villes de Berg, de sainct Vinoc & le fort de Mardik, que d'esprouuer la valeur des François commandez par vn si valeureux Prince.

La mesme annee comme son Altesse Royalle fut reuenuë à la Cour, l'inuincible Duc d'Anguien voulut couronner ceste campagne par la prise de la fameuse ville de Dunkerke, laquelle il assiegea & batit par mer & par terre auec tant d'ardeur qu'il l'emporta, à la barbe & à la honte des ennemis en moins de vingt-deux iours.

Et comme vn si glorieux succez arriua sur les bords de la mer Oceane, aussi peu aprés il en arriua de tres-considerables sur la Mediteranee, où les Mareschaux de la Mellerage & du Plessis Praslin conquirent la ville & Principauté de Piombino en la coste de Toscane, & celle de Portolongone en l'Isle d'Elbe. Et en Allemagne les Confederez auec la France sous la conduite du Mareschal de Turenne, firent de notables progrez en la Baviere & en la Sueue, par les reductions de Landsberg, de Donauert, de Rain sur le Lex & de plusieurs autres places.

Enuiron ce temps-là le Roy de Pologne ayant fait demander à leurs Maiestez les deux Ordres de S. Michel & du S. Esprit, la Reyne luy enuoya le Vi-Comte d'Arpajou, Cheualier desdits Ordres, pour l'en reuestir, cela ne luy ayant pû estre refusé, nonobstant la minorité du Roy, pour ce qu'il auoit escrit à la Reyne qu'il ne vouloit receuoir cet honneur que de la plus belle main du monde, comme est sans contredit celle de nostre Auguste Regente. Mais ce pauure Roy mourut apparauant l'arriuee du Comte d'Arpajou.

Le fameux & important siege de la ville de Tortose emportee de viue force par la valeur & admirable conduite du Mareschal de Schomberg, en despit de toutes les forces d'Espagne assemblees pour son secours, estonna le Roy Catholique de sentir les François victorieux si auant dans ses Estats & si prés de son Trosne : & fit triompher nostre ieune Roy Tres-Chrestien, qui s'en alla à cheual, & en habit de guerre, accompagné de plusieurs Princes & Seigneurs, rendre graces à Dieu de cette victoire à l'Eglise de nostre Dame.

Enuiron ce temps-là le tres-vaillant & incóparable Prince de Condé (que nous auons cy-deuant nommé Duc d'Anguien) assiegea & prit la ville d'Ipre en Flandres, & quelques autres places : Et en suite combatit en bataille rangee l'armee Espagnolle beaucoup plus nombreuse que la sienne, commandee par l'Archiduc Leopold, & la deffit entierement : renuersant par ce moyen toutes les esperances & les entreprises que cet illustre ennemy, auoit conceuës de venir iusques dans le cœur de la France, pour y profiter de quelques diuisions arriuees à la Cour, par les maluersations aux finances de quelques Ministres : Nostre Inuincible Alcide fit des merueilles à bien commander & à bien combatre, & fit agir les siens auec tant de vigueur, qu'il renuersa les plus espais bataillons des Espagnols, & deffit les escadrons des Lorrains & des Allemans, & se dressa vn glorieux trophee des Lauriers que son ennemy auoit gaignez par la prise de deux ou trois places. Son courage intrepide & sa valeur sans exemple, forçant le Genie de la guerre, & la fortune de luy conceder toutes les campagnes vne victoire nouuelle, & se rendans semblable à cette excellente plante Indienne dont le tige admirable produit toutes les annees des fleurs tousiours differentes & tousiours belles.

Tellement que nous pouuons dire que le Roy, la Reyne Regente, & tout l'Estat sont infiniment obligez à la vertu de ces grands Princes, qui ayans raffermy nos conquestes auec leur espee, ont continué de se rendre les dignes Protecteurs du Royaume par leur sagesse, & par l'admirable prudence & addresse d'esprit, qu'ils ont fait paroistre en destournát les maux & les troubles intestins & reparát les fautes d'autruy. Et quoy que les Princes ne regardent le plus souuent vne minorité, que comme vn interregne qui leur donne le droit de regner à leur tour, qui rend toutes leurs demandes & toutes leurs actions legitimes, & qui leur permet d'establir leur authorité sur les ruines de celle d'vn ieune Prince. Nous auons veu & voyons encore tous les iours, qu'ils se tiennét tres-vnis & tres-fermes à suiure les volontez de la Reyne, & qu'ils font tous leurs efforts pour luy ayder à maintenir l'authorité Royalle dans son entier & à rendre sa Regence glorieuse.

Que si Dieu benit les sainctes intentions de ceste Auguste Reyne, & qu'il regarde auec quel zele & quelle pieté elle se prosterne deuant les Autels pour tâcher de fléchir sa misericorde, & donnera à la Chrestienté ceste paix tant desiree, & si long temps attenduë : Nous verrons vn iour qu'elle sera reueree & presque adoree de tous les peuples de la terre : & que tous les bons François la combleront de loüanges & de benedictions d'auoir esteint vne guerre scandaleuse, qu'elle n'a point allumee. Et d'auoir rendu au Roy son fils, lors qu'il sera majeur vn Royaume plus grand, plus paisible, plus riche, & vne authorité aussi souueraine qu'elle estoit auparauant ; & ainsi quitant glorieusement la qualité de Regente, elle s'equerra le tiltre immortel de Princesse de la paix, & de Reyne absoluë des cœurs & des affections de tous les humains,

GASTO FRANCIAE
sub Ludouico 13°
A Magno Patre oriundum pari suffragio
Virtus prosecuta est, ab Eodem eum
Principe Gastone rursus et Borbonios

DVX AVRELIACVS
et Lud° 14°
Licet admirari, prædicando securitatis
Tutorem Domesticæ Hostium
fariæ Exterminatorem

ABREGE DE LA VIE ET DES ACTIONS

GLORIEVSES DE GASTON FILS DE FRANCE, DVC D'ORLEANS,
de Chartres & de Valois, Comte de Blois, de Montlehery & de Limours, Gouuerneur de Languedoc, Oncle du Roy, & Lieutenant general de sa Majesté en
tout le Royaume, Chef de ses Conseils, souz la Reyne Regente, &
Generalissime des armees de France, à present viuant.

LE sang Royal de France est si precieux, que les plus grands Princes du monde en ont tousiours reueré la teinture, & consideré auec de profonds respects, ceux qui en tirent leur origine : En sorte qu'il suffiroit à ce grad & illustre Prince, dont ie vay parler, d'estre, comme il est, vn des plus beaux rejettons de cette admirable tronc, & d'auoir esté engendré par le victorieux Henry, qui fut la gloire & la merueille des Princes, pour faire cognoistre qu'il a acquis par sa seule naissance toutes les facultez & qualitez necessaires pour l'acheuement d'vn grand Heros : Mais comme les plus beaux diamás ont besoin d'estre mis en œuure pour paroistre auec plus d'esclat & plus d'ornement ; ainsi les vertus natu-relles & acquises de l'Auguste Duc d'Orleans, ont brillé auec beaucoup de splendeur, lors que les occasions se sont rencon-trees dignes de leur donner de l'action & de les occuper.

Ce Prince est vn des fils du Roy Henry le Grand, & de Marie de Medicis, frere du Roy Louis le Iuste, & Oncle de nostre jeune & admirable Roy Louis XIV. Il nasquit au Palais Royal de Fontainebleau l'an 1608. le 25. d'Auril, auquel iour l'Eglise celebre la feste de S. Marc ; estant remarquable que le Roy S. Louis, de la tige duquel la famille Royalle tire son origine, nasquit à pareil iour ; Les ceremonies de só baptesme furent differeês assez long-temps, & ne furent celebrees que l'an 1614. L'Illustre Reyne Marguerite fille de France, Duchesse de Valois, & l'Eminentissime Cardinal François Duc de Ioyeuse, Pair de France, presenterent ce ieune Prin-ce sur les sacrez fonds de Baptesme, & luy donnerent le nom de Gaston, suitant la volonté du feu Roy son Pere, qui ayát souuent tesmoigné d'auoir en veneration la memoire du vail-lant Prince Gaston de Foix Duc de Nemours, voulut la re-nouueller en quelque sorte en la personne de son fils par le sacré caractere du Baptesme, & l'obliger par ce moyen à se ré-dre aussi digne heritier & imitateur de la vertu de ce Prince, que de son sang, & de son nom ; A ce rare nom de *Gaston*, l'on adjousta celuy de *Iean Baptiste*, lors qu'il fut confirmé ; mais son Altesse Royalle ne porte à present que celuy de *Gaston*, comme estant le plus beau & le plus particulier.

Lors que la Declaration de la majorité du feu Roy Louis XIII. fut publiee en la Cour de Parlement, où ce grand Mo-narque tint son premier lit de Iustice : Nostre Duc d'Orleans y assista auec les autres Princes, les Grands de l'Estat, & tous les Officiers de la Couronne.

Et pour ce que la personne des grands Princes comme ce-luy-cy, attire l'amour & le respect des peuples ; & qu'il sem-ble que leur presence, authorise & donne plus d'esclat aux actions qui tendent au bien public ; Le Roy fit choix de ce grand Prince son frere, pour presider à l'assemblee des Nota-bles de ce Royaume, connoquee & tenuë à Roüen le 4. iour de Decembre de l'annee 1617. encore qu'il n'eust pas atteint la dixiesme annee de son aage ; là où il fit voir la preuue cer-taine de cette verité, que les Princes & notamment ceux du Royal sang de France, ont l'esprit & le iugement beaucoup plus vif & plus aduancé, que l'ordinaire des autres hommes,

s'estant fait admirer par tous ceux qui le virent. Quelque téps aprés son Altesse Royale assista encore à l'Assemblee & conuocation des Notables à Paris, pour donner ordre aux desor-dres du Royaume suruenus durant le gouuernement d'vn estranger.

L'an 1617. le Roy ayant resolu à quel prix que ce fut de chastier les frequentes rebellions des Rochelois, & d'y em-ployer toutes les forces de son Royaume, pour les ranger dás l'obeissance ; donna premierement à Monseigneur le Duc d'Orleans son frere, la charge de Lieutenant general de ses ar-mees dans les Prouinces de Poictou, de Xainctonge, d'An-goumois & du pays d'Aunis auec vn tres-ample pouuoir, de commencer & de former vn si memorable siege. En suite de quoy les premiers soins de ce genereux Prince furent de visi-ter le fort Louis, & les trauaux qu'il auoit fait commencer, de repousser les sorties des assiegez, & d'animer par sa presence le courage & la valeur des siens ; En quoy il donna des tesmoi-gnages certains de la passion ardente qu'il auoit au seruice du Roy, & à maintenir la grandeur de son Estat, & son authorité souueraine. L'on construisit auparauant l'arriuee du Roy, le fort d'Orleans, & l'on le nomma ainsi pour l'amour de son Altesse qui en auoit tracé le plan, & fait esleuer les bastions.

Et comme sa Maiesté eut soufmis sous sa volonté les Ro-chelois, & que la peste, la guerre, & la famine les eurent obli-gé d'implorer la grace de leur Souuerain ; & qu'il s'en fut re-uenu triomphant & glorieux à Paris ; le Duc de Mantoüe & quelques autres Princes d'Italie ayans inuoqué le secours du Roy pour les deliurer de l'oppression, & les deffendre contre les forces de l'Empereur & du Roy d'Espagne qui tenoient Mantoüe inuestie, & Casal assiegé, sa Maiesté partit en tres-grande diligence pour aller cueillir les palmes qui l'atten-doient, & pour redonner à ces Princes leur premiere liberté. Et d'autre costé sa Maiesté ayant iugé à propos de laisser vne armee en Champagne, il en donna l'absolu commandemét à son Altesse Royale le Duc d'Orleans, lequel fut aussi estably Gouuerneur de Paris & des Prouinces voisines pendant l'absence de sa Maiesté, auec vn tres-ample & tres-absolu pouuoir : mais le Roy estant de retour de son glorieux voyage d'Italie, & de l'entiere conqueste des places occupees dans son Royaume par les rebelles Protestans ; son Altesse Royale prenant auec beaucoup de chaleur les interests de la Reyne sa mere, que quelques enuieux & meschans conseillers auoient fait resoudre à se retirer en Flandres, il quitta aussi la Cour, & s'en alla en Lorraine, & de là à Bruxelles, là où il fut reçeu par l'Archiduchesse Claire Isabelle Eugenie d'Austriche, auec tous les honneurs deus à vn si grand Prince. Et comme il eut fait tous ses efforts pour restablir les affaires au poinct de ses volontez ; & qu'il eut aussi taché de persuader la Reyne sa Mere à la reconciliation auec le Roy : sa Maiesté le fit persua-der de venir tenir le rang qui luy estoit deu prés de sa per-sonne. En suite de quoy il partit auec peu de monde de Bru-xelles, & vint trouuer le Roy qui le receut auec tous les tes-moignages de ioye, de bien-veillance & d'amour fraternelle qu'il auroit peu souhaitter. Quelque temps aprés il fut nommé Lieutenant general de l'armee de Picardie, pour s'opposer aux incurfions du Cardinal Infant. Il remit dans l'obeiffance du Roy la ville de Roye, dont les ennemis s'eftoient emparez; Et enfuite il accompagna fa Majefté au fiege de Corbie, où il conduifit vne tres-belle trouppe de Seigneurs & Gentils-hô-mes volontaires & autres qu'il auoit fait leuer dans les terres de fon appanage, & dans celles de la maifon de Montpenfier. Et depuis lors que le Marefchal de la Melleraye eut pris la vil-le de Hedin en Artois, il y entra auec fa Majefté par la bref-che; qui eft la feule fois que cela s'eft practiqué auec tât d'hô-neur & d'efclat, depuis la guerre declaree entre les deux Cou-ronnes; Eftant à remarquer, que les habitans de cefte ville dirent alors, que durant tout le long-temps qu'ils auoient efté au Roy d'Efpagne, ils ne l'auoient iamais veu, ny aucun de fes enfans ou de fes freres, & que dés le premier iour qu'ils auoient efté reduits foutz l'obeiffance du Roy de France, ils auoient eu l'hôneur de voir fa Majefté & fon Alteffe le Duc d'Orleás fon frere vnique, ce qui leur fit fentir auec plus de douceur le changement de leur fouuerain.

L'an 1642. comme le Roy fut de retour du fiege de Per-pignan & qu'il fut tombé malade de la longue maladie dont il mourut, fa Maiefté defira de voir le Duc d'Orleans fon frere, & luy manda de le venir trouuer à S. Germain en Laye, où ce grand Monarque fe voyant preft de changer les grandeurs de ce monde, en des felicitez plus parfaictes & plus durables, que celles que les plus puiffans Roys fauourent parmy les inquietudes de la terre; declara ce Prince fon frere Lieutenant general du Dauphin fon fils, qui deuoit bien-toft fucceder à fa Couronne, pour exercer cet ample pouuoir par tout le Royaume, & pour eftre chef de fes Côfeils, fous l'au-thorité de la Reyne Regente, afin de foulager cefte grande Princeffe, dans la conduite de l'Eftat. Comme donc le Roy Louis XIII. fut mort; fon Alteffe Royale confola la Reyne, & accôpagna le nouueau Roy fon neveu, dans la folemnelle entree qu'il fit à Paris, & lors qu'il tint fa premiere feance & fon lit de Iuftice en fon Parlement le 18. de May 1643. Et la par vne admirable generofité, il fe defpartit en faueur de la Reyne de la part que le feu Roy fon frere luy auoit donnéà la Regence, & dit, que les claufes inferees dans la derniere De-claration luy auoient toufiours femblé extraordinaires, & aufquelles il n'auoit foufcrit que par obeiffance; & qu'il efti-moit qu'elles ne deuoient point eftre tirees à confequence; Et comme en fon particulier, il s'en eftoit departy pour le bien de l'Eftat, il confentoit que l'authorité demeuraft toute entie-re à la Reyne: Ce qui fut fuiuy par le Prince de Condé, & par tous ceux qui auoient efté nommez adioints.

Et comme la guerre deuoit donner le principal employ à la vertu de fon Alteffe Royale dans cefte Regence, il refolut d'aller en perfonne commander l'armee aux Pays-bas, & de mettre le fiege deuant la tres-forte & tres-importante ville de Graueline, située prés de la mer, entre Calais & Dunker-que. Ce fut là où fa valeur & fa bonne côduite firent voir que la vertu concifte & paroift dans l'action; car il donna les or-dres par tout auec tant d'intelligence, & de preuoyance, que les plus habiles Marefchaux de France, confefferent qu'il ne s'y pouuoient rien adiouter. Et comme le general Picolomi-niffe mine de vouloir hazarder le combat, fon Alteffe tefmoi-gna vne fi hardie refolution, & pourueut fi bien à tout ce qui eftoit neceffaire pour le bien battre s'il y venoit: que cet habi-le General n'oza s'y venir frotter: & ainfi la ville fut côtrain-te de fuccomber fouz les armes Françoifes, aprés la reduction du fort Philippes. L'on eut d'autant plus de fatisfaction de ce que cette ville & autres des enuirons furêt conquifes, qu'elle eftoit de l'ancien patrimoine des Princes de la maifon de Bour-bon Vendofme, tres-illuftres ayeuls de fon Alteffe Royale.

L'armee fuiuante 1645. il commanda encore l'armee, & def-fit quelques trouppes ennemies, au paffage de la riuiere de Colme: & cet heureux fuccez arriué par fes ordres, ouurit le chemin aux prifes de Mardick, de Bourbourg, de Linck, d'Armentieres, de S. Venant, de Lilers & de Bethune, qui font prefque toutes proche de la riuiere du Lis, dont le nom don-noit vn heureux prefage, puis qu'elles eftoiét ioinctes à l'Em-pire des fleurs de Lys, par le foin, par l'adreffe & par le coura-ge de noftre grand Duc, qui eft l'vn des plus illuftres fleurons de la Couronne des Lys. La campagne fuiuante ne fut pas moins heureufe n'y glorieufe à fon Alteffe Royale, car il paf-fa auec vne puiffante armee iufques au milieu de la Flandre, prit Landy: & enfuite fe vint camper deuant la ville de Cour-tray, laquelle il emporta à la barbe de toutes les forces des Pays-bas commandees par cinq de leurs plus fameux Gene-raux, qui ayans tenté d'attaquer les retranchemens de l'armee fráçoife, & de fecourir la place; noftre genereux Generaliffime difpofa toutes chofes à leur donner la bataille, laquelle ils n'o-ferent accepter, lafchans toufiours le pied à mefure qu'ils voyoient paroiftre les François. Aprés quoy fon Alteffe en-uoya fix mille hommes de fon armee aux Holandois; ce qui n'empefcha pas qu'on ne fit encore vne tres longue marche dans le pays ennemy, & qu'on ne prit Berg, & S. Vinoc, & en fuitte le fort de Mardick qui auoit efté furpris. Aprés cela fô Alteffe Royale a continué d'agir auec beaucoup de foin & d'affection en tout ce qui concerne la grandeur de l'Eftat, & l'authorité Royale: & a fait cognoiftre à la France qu'il eft né pour fa gloire & pour fa conferuation: ayant mefme depuis peu fi bien fceu manier l'efprit de la Reyne Regente, & de ceux qui fembloient contrarier aux intentions de fa Ma-iefté, qu'il a temperé par fa douceur ordinaire, toutes les ai-greurs des vns & des autres, & obligé les plus violans à ployer fous le joug de l'obeiffance legitime; feruice fi fignalé & fi im-portant, & que les ennemis de la France qui croyoient de pro-fiter de fes diuifions, fe font trouué trompez en leurs efperan-ces; & leurs orgueilleux deffeins ont efté reduits en fumee: bref noftre genereux Duc a fait voir à toute l'Europe, qu'il eft tres-digne fils du grand Alcide François, tres-digne frere du Roy Louis le Iufte, tres-digne Oncle de noftre ieune Mo-narque Dieu-donné, & encore tres-digne & tres-genereux Protecteur & deffenfeur de la France, qui eft obligee de luy dreffer des ftatuës auffi durables comme les obligations qu'el-le luy a font infinies.

Il a efté autresfois nommé Duc d'Anjou; mais le Roy fon frere luy ayant donné d'autres térres pour appanage, il prit le nom & la qualité de Duc d'Orleans, & de Chartres, & de Cô-te de Blois; & quelque téps aprés de Duc de Valois, de Côte de Montlehery, de Limours & de Montargis.

L'an 1626. il fut marié en premieres nopces auec la Princeffe Marie de Bourbon, Ducheffe de Montpenfier, Souueraine de Dombes & Dauphine d'Auuergne, &c. duquel mariage eft fortie la tres-belle, tres-excellente & tres-accôplie Princeffe Anne, Marie, Louife d'Orleans, qui poffede en perfection les plus rares qualitez qui parent vn efprit, & qui font aimer vn corps, c'eft celle que nous nómons ordinairement Mademoi-felle, fouhaittee des plus grands Monarques, & aymee vniuer-fellement de toute la terre. Le fecond mariage de fon Alteffe Royale fe fit en Lorraine auec la tres-Illuftre & tres-bonne Princeffe Margueritte de Lorraine, fille de François Duc de Lorraine Vaudemôt, de laquelle il a eu trois belles Princeffes; qui eftás vn iour mariees, aux plus grands Monarques de l'Eu-rope rendrôt fon Alteffe Royale le pere & l'ayeul d'vn nom-bre infiny de Roys.

LES DEVISES HEROYQVES
PEINTES DANS LA GALERIE
DV PALAIS CARDINAL.

MONSIEVR LE CHANCELIER
SEGVIER.

VN Soleil ſous les Signes du Mouton & de la Balance, *Æqualis vbique.* Il eſt égal par tout.

Le Soleil eſtant ſous ces Signes, fait l'equinoxe ou l'égalité du jour & de la nuit par toute la Terre.

Monſieur le Chancelier, comme vn autre Soleil, eſtant toûjours ſous le Mouton, qui repreſente ſa douceur, & les Armes de ſa Famille ; & ſous la Balance, Symbole de ſa Charge & de la Iuſtice, la rend par tout également, & en toutes occaſions ſe monſtre juſte & equitable.

Vn Navire dans la tourmente, & le feu S. Elme qui vient ſe poſer deſſus. *Fugiunt hoc ſidere Nimbi* Cet Aſtre paroiſſant, diſſipe les nuages.

On tient que quand ces feux étoillez, que l'on nomme Caſtor & Polux, ou feu S. Elme, paroiſſent, la tempeſte finir, & la bonnace ſuccede.

Monſieur le Chancelier, qui porte deux Eſtoilles dans ſes Armes, diſſipe par ſa preſence toutes émotions.

Vn Soleil dans la ligne Ecliptique, & ſous le Signe de la Balance. *Nec Deuius vnquam.* Il marche toûjours droit.

Il n'y a que ce bel Aſtre ſeul parmy tous les Planettes, qui ſoit toûjours ſous cette ligne, les autres s'en écartans plus ou moins.

Monſieur le Chancelier ne s'éloigne iamais de l'equité & de la droiĉture.

Vn Navire dans le Port ayant paſſé au trauers des écueils. *Non ſorte ſed Arte.* C'eſt par ſon adreſſe, & non par ſon bon-heur.

C'eſt à la bonne conduitte d'vn Pilote, & non point au hazard, qu'on doit le ſalut d'vn Vaiſſeau qui a ſceu éuiter le naufrage dont il eſtoit menaſſé.

Monſieur le Chancelier dans tous les mouuemens de l'Eſtat, a toûjours vſé d'vne grande prudence, & par ſes Aduis & Conſeils l'a ſauué de bancoup de perils.

Vn Oyſeau de Paradis qui vole au deſſus des nuës. *Sub pedibus nimbos, & pauca tonitrua.* Il foule deſſous ſes pieds le Tonnerre & l'orage.

On tient que cet Oyſeau (qu'on dit fauſſement n'auoir point de pieds) s'éleue juſques dans la troiſiéme region au deſſus des pluyes, foudres, & autres meteores qui ſe forment dans la ſeconde.

Monſieur le Chancelier s'eſt éleué par ſa conſtance, par ſa generoſité, & par ſes autres vertus, au deſſus de toutes les paſſions, &c.

SEVGER, ABBE' DE S. DENIS.

VN Eſclair qui ſort d'vne nuë. *De carcere clarior exit.* Il brille dauantage en ſortant de priſon.

L'Abbé Seuger acquit plus de renommée, apres auoir eſté aſſiegé dans Toury en Beauce.

Vn Chien de Berger, & vne Houlette tout proche. *Abſens Paſtor mihi credit ouile.* Mon Maiſtre eſtant abſent, le Troupeau m'obeit.

Le Berger s'écarte quelquesfois du Troupeau, ſur l'aſſurance qu'il a de ſon Chien.

Le Roy allant en Syrie, laiſſa Seuger Regent en France.

Vne Plante de Ioubarde ſur vn toiĉt. *Scandit faſtigia virtus.* Il n'eſt point d'éminence où la Vertu n'arriue.

Cette Plante, quoy qu'elle ſoit petite, monte ſur le feſte des Maiſons.

Seuger eſtant ſimple Moyne, deuint Abbé, & premier Miniſtre d'Eſtat.

Vn Hibou. *Habitat mens cauta receſſus.* Vn Eſprit bien adroit, ſe tient dans la retraite.

SIMON, COMTE DE MONFORT.

VN Miroir ardent. *Cælitus ardet.* Il brûle d'vn feu Celeſte.

Le Comte de Montfort eſtoit porté d'vn zele Diuin dans les Combats.

Vne Lampe ardente. *Dicum adjicit Aris.* Elle honnore les Autels.

Les Lampes auec leur feu continuel, font honneur à Dieu & aux Autels.

Le Comte a maintenu la gloire de Dieu & de l'Egliſe, par le feu de ſa courageuſe pieté, ainſi qu'il a fait voir contre les Albigeois.

Vne fumée d'Encens ſortant d'vn Encenſoir. *Pereundo Numen honorat.* En conſommant, elle rend honneur à Dieu.

L'Encens ſe conſomme glorieuſement, puis que ſa fumée fait honneur à Dieu.

Le Comte de Montfort conſommoit ſes jours, & mettoit ſa vie au hazard, pour le ſeruice de Dieu.

Deux mains qui ſortent d'vne nuë, auec vn Fuſil frappé d'vn caillou. *Clarèt ab iſta.* Son coup luy donne la clarté.

Le Comte de Montfort trouua vne mort glorieuſe, par vn coup de pierre qu'il receut à Toluoſe.

GAYCHER DE CHASTILLON,
CONNESTABLE.

VN Torrent. *Iter ruina quærit.* Il ruine ſes obſtacles, pour ſe faire vn paſſage.

Le Conneſtable de Chaſtillon ne trouuoit aucune difficulté, que ſon grand courage ne vainquit.

Vne Cloche qui écarte vn foudre. *Terroris terror.* L'épouuentail de l'épouuante meſme.

Les Cloches par leur ſon diſſipent les foudres.

Le Conneſtable a repouſſé les efforts du Comte de Bar le Duc.

Le Centaure Chiron. *Regis tutela futuri.* Ie ſuis le Tuteur & le Defenſeur d'vn Roy qui doit venir.

Le Centaure Chiron gouuernoit les Princes & les Enfans des Roys.

Le Conneſtable fut le Protecteur du Roy Iean, & luy conſerua le Royaume, lors meſme qu'il n'eſtoit pas encores nay.

Vn Lyon qui frappe la Terre de ſa queuë. *Preludit in hoſtem.* Il prend bien ſes meſures contre ſon ennemy.

Le Lyon ſe prepare au combat, frapant de ſa queuë contre Terre.

Le Conneſtable ne donnoit point de combat, qu'il n'eut preueu à tout ce qui pouuoit arriuer.

BERTRAND DV GVESCLIN,
CONNESTABLE.

VN Faulcon qui fond ſur vn Heron renuerſé en l'air. *Nil virtus generoſa timet.* La Vertu genereuſe n'apprehende rien.

Le Faulcon courageux ne craint point le bec du Heron.

Le Conneſtable du Gueſclin ne craignoit point les dangers de ſa vie, allant courageuſement aux plus perilleuſes occaſions.

Vn Soleil qui ſe plonge dans l'eau. *Per me ſplendet Iber.* C'eſt moy qui ay donné la ſplendeur à l'Eſpagne.

Le Soleil couchant éclaire les Eſpagnols & les parties Occidentales.

Le Connestable est cause de l'éclat du Roy d'Espagne, parce qu'il donna le Royaume à celuy duquel il est descendu.

Vn bout de Flambeau allumé. *Etiam moriendo corruscat.* Il brille en mourant.

Les Flambeaux rendent plus de lumiere quand ils tirent à la fin.

On apporta les clefs d'vne Ville assiegée à ce Connestable mourant.

Vn Rinocerot. *Dat virtus quod forma negat.* La Vertu donne souuent, ce que la Beauté ne peut pas faire.

Le Rinocerot est recommandable pour sa force, encor qu'il soit laid.

Le Connestable n'estoit pas beau, mais vaillant & vertueux.

OLIVIER DE CLISSON.

VN Feu qui sort d'vne Tour, & la fait creuer. *Nescit vis ista teneri.* Rien ne peut empescher son impetuosité.

Le Feu, quand il est renfermé, brise tous les obstacles de sa liberté.

Ce Connestable estant sorty des prisons, où l'auoit detenu le Duc de Bretagne, donna à ce Prince de grandes affaires à démesler.

Vn grand Mast dans vn petit Nauire. *Dignus maiore carina.* Il est digne d'vn plus grand Vaisseau.

Vn grand Mast doit seruir dans vn grand Vaisseau.

Le courage de ce Connestable luy fit quitter le party du Duc de Bretagne, pour prendre celuy du Roy, qui estoit plus grand & plus considerable.

Vne teste de Saule. *Per vulnera crescit.* Il croist par ses playes.

Plus cet Arbre est couppé, plus il produit de branches.

L'assassinat commis en la personne de ce Connestable comme il retournoit de l'Hostel de S.Paul, seruit beaucoup pour augmenter sa renommée.

Vn Ioug. *Indomitos domat.* Il dompte les indomptez.

Le Ioug assujetit les plus fiers Toreaux.

Ce Connestable a reduit les Bretons sous l'obeïssance du Roy.

LE MARESCHAL BOVCICAVLT.

VNE Main tenant vne Fronde. *Sterno gigantas.* Ie terrasse les Geants.

Dauid tua Goliath d'vn coup de Fronde.

Ce Mareschal tua vn Cheualier Anglois, qui estoit d'vne hauteur prodigieuse.

Vn Barbet tenant vn Heron à sa gueule. *Prædam de pradone facit.* Il fait sa proye du Rauisseur.

Le Chien prend les Oyseaux qui viuent de rapines, & les apporte à son Maistre.

Le Mareschal Boucicault prit le Comte de Perigord prisonnier, & l'amena au Roy.

Vne Fleche dans le but. *Mittentis vota secundat.* Elle seconde l'intention de celuy qui l'a décochée.

L'Arbalestrier est réjoüy, quand il a frappé le but.

Ce Mareschal s'estant acquitté dignement de son Ambassade en Espagne, par sa prudence accomplit les volontez du Roy.

Vn Lyon enchaisné. *Virtutem fortuna premit.* Souuent la Fortune oppresse la Vertu.

Le courage du Lyon ne l'exempte pas des coups de la Fortune.

Ce Mareschal fut fait prisonnier par les Anglois.

LA PVCELLE D'ORLEANS.

VNE Main tenant vn Peloton de Filet. *Regem eduxit labyrintho.* Elle a tiré le Roy hors du labyrinthe.

Ariadné sauua Thesée Roy d'Athenes, par le secours qu'elle luy donna de son Conseil, & de la Pelotte de Filet, pour sortir du labyrinthe.

Nostre braue Pucelle sauua le Roy & son Royaume, le faisant sacrer à Rheims, en chassant les Anglois hors de France.

Vn Faucon. *Mares hæc fœmina vincit.* Cette Femelle surmonte les Masles.

La Femelle du Faucon est plus forte & plus courageuse que le Masle.

La Pucelle remit le cœur aux François, & ruina les mauuais desseins des Anglois.

Vne Abeille dessus sa Ruche. *Regnum Mucrone tuetur.* Elle defend le Royaume auec son aiguillon.

Les Abeilles mettent toújours en faction au dessus de la Ruche, vne des plus courageuses d'entr'elles, afin de defendre leur Monarchie de l'inuasion des Taons, & des volleries des autres bestes.

Cette vaillante Fille chassa les Anglois de France auec la pointe de son Espée.

Vn Phœnix sur son brasier. *Inuito funere viuet.* Il viura malgré la mort.

Le Phœnix pour estre consommé par le feu, n'est pas moins immortel, car il renaist plus beau & plus vigoureux de ses cendres.

La vertu de la Pucelle durera eternellement, bien que les Anglois l'ayent brûlée viue, pour tâcher d'étouffer sa memoire sous les cendres de l'oubly.

LOVIS DE LA TRIMOVILLE.

VN Serpent dépoüillé de sa vieille peau. *Cur senio prælata iuuentus.* Pourquoy preferer la jeunesse à la vieillesse ?

La vieillesse est nommée la Mere de la sagesse, à cause de ses experiences: c'est pourquoy le Serpent pourroit se plaindre de la Nature, qui luy donne tous les ans vne jeune peau, qui est le Symbole de la temerité.

Ce vieil Capitaine se plaignit auec raison, de ce qu'ayant méprisé son conseil, on auoit suiuy l'ardeur des jeunes volontaires, pour donner la bataille de Pauie, qui fut si dommageable à la France.

Le Caducée de Mercure. *Hostes ad fœdera cogit.* Le Caducée est la marque de l'Eloquence & du respect que l'on doit à celuy qui le porte, comme enuoyé des Dieux.

Louis de la Trimoüille mania si adroittement les esprits des Suisses qui estoient descendus en Bourgogne, & qui tenoient Dijon assiegé, que par son bien dire il leur fit leuer le siege, renouuella l'alliance, & les renuoya satisfaits.

Vn Bouclier. *Venientia tela repellit.* Il renuoye les traits d'où ils sont lancez.

Le Bouclier resiste aux coups, & repousse les fleches qui luy sont décochées.

Ce sage Capitaine a si bien vsé de sa force & de son adresse, que fort ou foible, il a toújours remporté de la gloire à la confusion de ses ennemis.

Vne Couronne de Chiendent ou Gramen, liée auec vne autre de Laurier. *Dignus vtraque.* Il est digne de toutes les deux.

La verdeur continuelle du Laurier dénotte sa chaleur & sa force; & le Chiendent pousse des racines si profondes, que quand il y en a dedans vne Terre, il est presque impossible de l'en dépeupler.

Le nombre des années n'a pû diminuer la chaleur du courage, ny mesme affoiblir la force de l'esprit de nostre Louis; au contraire cet inuincible Capitaine a produit ses plus hautes & genereuses actions vers le déclin de sa vie.

IEAN, COMTE DE DVNOIS.

VNE Comete. *Nunquam visus impune.* Iamais on n'en a veu sans dommage.

Ce Meteore est l'auant-coureur des vengeances Diuines.

Iamais les ennemis du Roy n'ont veu ce Comte, qu'ils n'ayent dit eux-mesmes qu'il estoit le prognostic de leur perte.

Vn Aigle regardant le Soleil fixement. *Non degener ortu.* Il ne degenere point.

Les Aigles exposent leurs Aiglons au Soleil, & conseruent seulement ceux qui peuuent en soûtenir l'éclat, parce que c'est vne marque qu'ils succedent à la vertu de leurs parens.

Ce Comte en toute occasion a monstré que son courage estoit digne de ses Ancestres.

Vne Ente chargée de beaux fruits. *Nothum probat insita virtus.* Autrefois le nom de Bastard n'estoit pas odieux.

La Vertu entée sur le Bastard, le rend legitime.

La tige des plus beaux Arbres fruictiers, est ordinairement
bastarde,

Baſtarde, mais elle deuient franche quand elle eſt entée de quelque bonne eſpece.

Le Comte de Dunois eſtoit né Baſtard, mais ſa vertu le mit au nombre des legitimes.

Vne Main tenant la deſpoüille d'vn Lyon. *Nothi eſt ſpoliare rapacem.* C'eſt au Baſtard de deſpoüiller le Rauiſſeur.

Hercule, Baſtard de Iupiter, tua vn Lyon qui rauageoit le pays, & luy arracha ſa deſpoüille.

Ce Comte chaſſa l'Anglois hors de France, & luy fit quitter toutes les villes qu'il auoit pris dans ce Royaume.

GEORGES CARDINAL D'AMBOISE.

LA Thiare du Pape poſée ſur vne table. *Par oneri caput.* Vne Teſte proportionnée à ſon fardeau.

Le grand Genie du Cardinal d'Amboiſe qui le rendoit capable de gouuerner ſi ſagement l'Eſtat, l'euſt bien rendu digne de la Papauté qui eſt vne adminiſtration paiſible.

Vne Gruë qui dort tenant vne pierre en l'air auec le pied. *Non dormit qui cuſtodit.* Celuy qui garde ne dort point.

On a remarqué que la Gruë ne dort iamais qu'auec vne pierre en l'vn de ſes pieds, crainte d'eſtre ſurpriſe en dormant.

Ce Cardinal ne prenoit aucun repos, qu'en meditant quelque deſſein pour l'hōneur de ſon Maiſtre, & pour la gloire de ſa Patrie.

Vne plante de Saffran. *Per aſpera purpureſcit.* C'eſt dedans les pays raboteux qu'elle ſe teint de pourpre la fleur de Saffrā qui eſt de couleur de pourpre, croiſt dans les mazures & dans les vallées.

Georges d'Amboiſe fut fait Cardinal en recognoiſſance des difficultez qu'il auoit ſurmontées dans le maniment qu'il auoit eu des grandes affaires.

Deux Clefs liées & paſſées en ſautoir. *Nec me labor iſte grauabit.* Ce laborieux trauail ne me ſurchargera point.

Les Clefs ſont le ſymbole des plus grands ſoings de la vie. Le grand cœur du Cardinal d'Amboiſe n'eſtoit propre qu'à de hautes charges, & qui ſont touſiours accompagnées de nobles inquietudes pour s'en acquiter dignement, comme il auroit fait du Souuerain Pontificat.

LE CHEVALIER BAYARD.

VNe Couronne Royale chargée d'vne autre de Laurier. *Honorer honorantis.* L'honneur eſt deub à celuy qui honnore.

C'eſt de la Couronne Royale que toutes les autres tirent leur eſclat, neantmoins François Premier prit à grand honneur de ſoumettre la ſienne à celle de Laurier, voulant eſtre fait Cheualier de l'Accollade par noſtre braue Bayard.

Vn Porc-Epic. *Vires agminis vnus habet.* Il a luy ſeul les forces d'vne armée.

Cet animal a quantité de pointes qu'il iette contre ſes ennemis. Le Cheualier Bayard empeſcha luy ſeul deux cens Eſpagnols de paſſer vn pont.

Vne Lune qui eſclaire la terre. *Accipit vt det.* Elle reçoit pour donner.

La Lune emprunte la lumiere du Soleil pour la communiquer ſur la terre.

Ce genereux Cheualier ayant receu deux mille piſtolles d'vn Gentil-homme, pour ſauuer l'honneur de ſa famille, & exempter ſa maiſon du pillage, il en fit vn genereux preſent à ſes deux filles.

Vn Lyon qui briſe auec ſes dents la fleche dont il eſt bleſſé. *Non morietur inultus.* Il ne mourra pas ſans s'eſtre vangé.

Le courage du Lyon eſt ſi grand, que pour vanger ſa mort il rompt la fleche qui l'a percé.

Cet excellent Cheualier mourut en reprochant à Charles de Bourbon d'auoir quitté le party de ſon legitime Prince.

GASTON DE FOIX.

VN Champignon. *Naſcendo Maturus.* Il eſt meur en naiſſant. Le Champignon croiſt & meurit en vne nuict.

Ce braue Gaſton fut fait Vice-Roy de Naples à l'âge de vingt ans, qui eſt vne marque de ſa prudence & de ſa maturité.

Vn ieune Citronnier chargé de gros fruiets. *Breui quam grādia preſtet.* Qu'il porte de beaux fruiets, quoy qu'il ſoit petit.

Le Citronnier, quoy que ieune, porte de gros Citrons.

Gaſton de Foix, qui mourut ieune homme, ne laiſſa pas de produire des actions auſſi belles & en grand nombre que beaucoup de vieux Capitaines.

Vn foudre qui ſort d'vne nuë. *Qua ſeuit parte cadendum eſt.* Il briſe tout ce qu'il frappe.

Le Foudre deſtruit tout ce qu'il rencontre en ſon chemin.

Noſtre Gaſton a deffait les Suiſſes, & eſt entré par force dans toutes les villes qu'il a aſſiegées.

Vn Rameau d'Oliue & vn de Cyprés paſſez en Sautoir. *Lenit victoria mortem.* La victoire rend la mort douce.

La Palme & le Cyprés eſtans les ſymboles de la victoire & de la mort, on peut iuſtement donner ces deux rameaux à noſtre inuincible Gaſton qui mourut victorieux à la bataille de Rauenne.

CHARLES DE COSSE', Mareſchal de France.

VN Lyon. *Vaillant & veillant.* Le Lyon eſt le ſymbole de la vaillance & de la vigilance, parce qu'il dort les yeux ouuerts, & qu'il eſt animal Solaire.

En toutes occaſions le Mareſchal de Coſſé, a donné des preuues de ces deux belles qualitez.

Vne Maſſuë d'Hercule. *Hoſtes domat atque Leones.* Elle dompte les Ennemis & les Lyons.

Hercule auec ſa Maſſuë a purgé la terre de Monſtres, & a vaincu ſes ennemis.

Le Mareſchal de Coſſé a touſiours remporté la victoire ſur les ennemis du Roy malgré l'enuie des Courtiſans qui eſtoient ialoux de ſa faueur.

Vn Leurier qui tient vn Lievre. *Nec iuſſus capta relaxat.* Il ne veut point quitter ſa proye quand ſon maiſtre la luy demande. Bien que le Chien ſoit le ſymbole de la fidelité, il ne laiſſe pas de deſobeir ſouuent à ſon Maiſtre, quand il luy commande de quitter ſa priſe.

L'obeiſſance que ce Mareſchal auoit voüée au Roy, fut preſque ſans effet quand il fut queſtion de rendre le Pied-Mont pour ſatisfaire au traicté de paix, qu'il eſtimoit deſauantageux.

Vn Bras ſortant d'vne nuë, & arrachant la Langue d'vn Lyon. *Fata præludia noſtri.* Ce ſont les auant-coureurs de noſtre deſtinée.

Le Mareſchal de Coſſé qui eſtoit deſtiné pour faire des actions extraordinaires dans la ſuitte de ſa vie, ſe battit contre vn Lyon dans la Cour de l'Ouale à Fontaine-Bleau, eſtant encor ieune homme, pour complaire à vne Maiſtreſſe inconſiderée; ce qui fut vn heureux preſage des rudes ſecouſſes qu'il donna au Lyon d'Eſpagne.

ANNE DE MONTMORENCY, Conneſtable de France.

VN Oranger chargé de fleurs & de fruicts. *Nil mihi tollit hyems.* L'Hiuer ne m'oſte rien.

L'Oranger conſerue ſes fleurs & ſes fruicts malgré les rigueurs de l'Hyuer.

Anne de Montmorency s'eſt touſiours monſtré ferme & vigoureux nonobſtant le nombre de ſes années.

Vn Canon. *Obſeſſas protegit vrbes.* Il deffend les villes aſſiegees.

Les meilleures bouches que les villes aſſiegees puiſſent employer à leur deffence, ſont celles des Canons.

Le Conneſtable de Montmorency par ſon eloquence animoit le courage des Habitans & des Garniſons des villes où il ſe trouuoit aſſiegé; & par ſa valeur il leur ſeruoit d'eſguillon & d'exemple pour les exciter à repouſſer viuement les attaques qu'on leur faiſoit.

Vn Bras armé tenant vne eſpée. *A PLANOS. Sans errer ny varier.*

Seconde deuiſe de la Maiſon de Montmorency.

Les coups d'eſpées d'vn Conneſtable doiuét eſtre infaillible pour le Seruice de leur Maiſtre.

Ce Conneſtable l'a bien teſmoigné quand les occaſions s'en ſont preſentées.

Vn Belier esgorgé au pied d'vn Autel. *Moriendo sacra tuetur.* En mourant il protege les sacrifices.

Anciennement l'honneur des sacrifices estoit maintenu par la mort des victimes.

Ce grand Connestable fut tué en la bataille de S. Denis, pour la deffence de la foy Catholique.

FRANCOIS DVC DE GVISE.

LE Mont Vesuue jettant des flammes. *Vndique vror.* Il donne de la terreur de tous costez.

Le Mont Vesuue en Sicile qui vomit la flamme, jette la frayeur dedans l'ame de ceux qui l'approchent & qui le regardent.

Ce genereux Duc a rendu le nom François redoutable en Italie, & a jetté l'espouuante & la crainte dans le cœur de tous les ennemis de son Roy.

Vn Aigle attaché sur les colomnes d'Hercule. *Non ultra metas.* Il ne passera pas les bornes.

Il y a de l'equiuoque dans le mot (*Metas*) par ce qu'il signifie la ville de Mets aussi bien que des limites; l'Empereur Charles le Quint voulant tesmoigner le dessein qu'il auoit de se faire Monarque de tout le Monde, eust pour deuise les Colomnes d'Hercule auec ce mot (*Plus ultra*, Plus outre) mais ce Duc l'ayant contraint de se retirer de deuant Mets, attacha l'Aigle de l'Empire sur les deux Colomnes, auec ce mot, *Tu ne passeras pas plus auant que Mets.*

Vn Heron qui volle au dessus des nuées. *Altior procellis.* Plus haut que les tempestes.

Le Heron qui preuoit les tempestes, s'esleue par son vol au dessus de la moyenne region de l'air où elles se forment.

Ce Duc s'est tousiours mis par son adresse au dessus de toutes les embusches de ses ennemis.

Vn Cube. *Stabo quocumque ferar.* Ie seray tousiours droit de quel costé que l'on me tourne.

Le Cube a cela de propre qu'il ne peut iamais estre renuersé. Iamais on n'a pû esbransler le grand courage de ce Duc.

CHARLES CARDINAL DE LORRAINE.

L'Huistre. *Purpura*, dont on tire la pourpre. *Nobiscum purpura nata est.* La pourpre est née auecque nous.

La pourpre se tire du sang de ce poisson.

Elle l'est aussi au sang de la maison de Lorraine, & ce Charles fut fait Cardinal à vingt-sept ans.

Vn Laurier. *Doctos fortesque coronat.* Il couronne les sçauans & les guerriers.

Des Rameaux de cet arbre on fait des chapeaux pour couronner ces vaillans & les doctes.

Ce Cardinal sçauoit fort bien recompenser les vns & les autres.

Le Parnasse. *Prebet iuga bina camenis.* Son double Sommet sert de demeure aux Muses.

Ce Cardinal a fondé deux Vniuersitez pour la residence des Muses, l'vne à Rheims, & l'autre à Pont-a-Mousson.

Vn Lierre au tour d'vne Pyramide. *Te stante virebo.* Ie seray tousiours vert pendant que tu seras debout.

Le Lierre qui s'attache aux pyramides & aux murailles, conserue sa verdeur tandis qu'elles subsistent.

Ce Cardinal fondoit sa grandeur sur la prosperité du Roy.

BLAISE DE MONLVC Mareschal de France.

VNe Austruche qui avalle vn morceau de fer. *Durum sed digerir.* Il est dur, mais elle le digere.

L'Austruche digere le fer par la grande chaleur de son estomach.

Le Mareschal de Monluc ne perdit point courage au siege de Rabastens pour auoir receu vn coup de mousquet contre les deux machoires qui les luy rompit; mais d'vn cœur enflammé pour le seruice de son Maistre, & pour sa propre reputation, sans songer à sa blessure, il poursuiuit son attaque, emporta la place, & mit dedans tout à feu & à sang.

Vne Espée. *Deo duce, ferro comite.* Dieu m'aidant, mon Espée me seconde.

C'est la deuise propre de Monluc pour les grands succez qu'il a eus contre les ennemis du Roy.

Vn Tambour fait d'vne peau de Loup, & de celle d'vne Brebis. *Etiam post funera bellat.* Il fait encore la guerre apres sa mort.

Tandis que le Loup est en vie, il fait tousiours la guerre aux Brebis, & si de sa peau on fait vn Tambour apres sa mort, il fera creuer celle de la Brebis lors qu'on battra dessus.

Le Mareschal de Monluc a fait la guerre tandis qu'il a vescu, & a monstré par ses Commentaires à bien faire la guerre encor apres la mort.

Vn Paon qui se mire dans sa queuë. *Proprios ostentat honores.* Il fait parade de ses propres honneurs.

Le Paon se mire dans sa queuë à cause de la beauté de son plumage, parce qu'il en a sujet.

Le Mareschal de Monluc a vanté ses belles actions, mais il a eu raison de le faire à cause qu'elles estoient toutes heroïques.

ARMAND DE BIRON, Mareschal de France.

DE petits Feux au tour d'vne Montaigne. *Ingentis semina flamma.* Les semences d'vn grand embrasement.

Les grands Feux sont allumez par les petits.

La journée de S. Barthelemy & le siege de la Rochelle où ce braue Mareschal fit merueilles de sa personne contre les Protestás, ont esté les foibles commencemens du desastre qui est arriué du depuis à tout leur party.

Vne botte de Mesche allumée. *Perit sed in armis.* Elle perit, mais c'est parmy les armes.

La Mesche se consomme au milieu des combats.

Ce braue Mareschal trouua la mort au siege d'Espernay.

Vn Taureau assis. *Non differt bella timendo.* La crainte ne luy fait pas differer le combat.

Bien que cet animal n'aille pas au deuant de son ennemy pour le combattre, il ne laisse pas d'estre tres courageux: ce n'est pas la crainte qui le terrasse, mais sa pesanteur & sa prudence l'obligent à se conseruer par le repos, & à ramasser ses forces pour s'en seruir dans la necessité.

Ce braue Mareschal ne fut pas reputé auoir moins de courage pour ne rien hazarder sans raison.

Vn Arc desbandé. *Cessando maiora parat.* En cessant il prepare de plus grands coups.

L'arc desbandé reprend de nouuelles forces pour descocher ses fléches auec plus de roideur quand il en sera besoin.

Ce Mareschal n'a pas laissé que de faire de tres-hautes actions, bien que plusieurs fois il soit demeuré comme immobile dans les combats de tres-grande importance.

LE CONNESTABLE DE LESDIGVIERES.

VNe Aigle qui a les aisles plus estenduës que son aire n'est grande. *Penna nido maiores.* Ses aisles sont plus grandes que son nid.

L'Aigle qui remporte le prix du courage & de la generosité par dessus tout le reste des oyseaux, ne peut renfermer ses aisles dans la petite espace de son aire.

Cet excellent Connestable à son imitation n'a pû se resserrer dans la fortune de ses ancestres, puisque de Gentil-homme il est paruenu à la plus haute gloire, & à la premiere charge où l'Espée puisse atteindre.

Vn Soleil couchant. *Stadium cum luce cucurrit.* Sa vertu a esté esclatante iusques au bout de sa course.

Le Soleil depuis le Leuant iusqu'au Couchant est tousiours lumineux.

Ce Connestable durant sa vie a tousiours esté accompagné de la gloire, & a voulu mourir dans la lumiere de l'Eglise.

Vn Crocodile. *Sic crevit ab ouo.* Quoy qu'il soit grand, il est sorty d'vn œuf.

Le Crocodile croist iusqu'à la mort, c'est pourquoy pour estre esclos d'vn œuf, il paruient à vne grandeur si prodigieuse.

Le grand Duc de Lesdiguieres, de simple Gentil-homme a esté

fait

fait Connestable, &'a augmenté sa reputation iusques à la mort.

Vn Foudre qui fend vn Rocher. *Frangit inaccessa.* Il brise les Rochers inaccessibles.

Le Foudre se fait voye à trauers tout ce qui luy fait resistance.

Ce braue Connestable força les ennemis retranchez dans vn Roc sur les Alpes.

LE ROY HENRY LE GRAND.

Vne main qui sort d'vne Nuë tenant vne Balance, dans laquelle est vne Couronne & vne Espée. *Vis iuris vindex.* La force maintient le droict.

La Couronne de France estoit deuë par droit à nostre inuincible Henry; il a pourtant fallu qu'il ait eu recours à son Espée pour s'en rendre possesseur.

Vn Lyon ayant vn Tigre renuersé dessous luy. *Sternit & parcit.* Il abbat, puis il pardonne.

Le Lyon Roy des Animaux est ennemy de la cruauté; aussi se contente-il de terrasser son ennemy, sans le deuorer, comme il pourroit faire, s'il vouloit se seruir de son aduantage.

Henry le Grand s'est contenté d'abbatre le party des liqueurs, sans perdre entierement les Chefs.

Vne Main tenant vn Rameau d'Oliuier & vn de Palmier. *Clemens victor.* Victorieux Debonnaire.

La Palme est le symbole de la victoire, & l'Oliue c'est la paix.

Ce grand Monarque se pouuoit bien faire vne Couronne de ces deux Rameaux, puis qu'après auoir remporté la victoire sur ses ennemis, s'il les laissoit iouïr d'vne profóde paix, sans garder dans son cœur aucun fiel de vengeance & d'animosité à l'encontre d'eux.

Vne Boule Imperiale. *Maneat nostros ea cura nepotes.* Le soin en est reserué à nos successeurs.

Les Roys de France ont autrefois esté Empereurs, c'est pourquoy Henry IV. pouuoit iustement souhaitter que cette authorité retournast à ses enfans.

LA REYNE MARIE DE MEDICIS.

Vn Grenadier. *Fulgens diademate partus.* Mes enfans naissent couronnez.

Les fruicts du Grenadier sont couronnez dès leur naissance.

Les enfans de cette Auguste Reyne ont eu le mesme aduätage

Vn Soleil au haut d'vne Pyramide. *Vmbras lux recta fugat.* La lumiere perpendiculaire ne fait point d'ombre.

Les Pyramides & les peuples qui ont le Soleil vertical ne jettent point d'ombre.

La Reyne Marie de Medicis qui a eu l'assemblage des vertus pour ascendent n'a iamais fait remarquer le moindre ombrage en toutes ses actions.

Vn Iris ou Arc en Ciel. *Nitet atque serenat.* Il brille & il calme.

L'Arc celeste brille par ses viues couleurs, & denotte l'alliance de Dieu auec les hommes.

La presence de cette merueille des Reynes rendoit toute la Cour pompeuse & brillante, & son retour après la reconciliation du Pont de Sé fut le tesmoignage de la tranquillité dont l'Estat deuoit iouïr.

Vn Palmier. *Nunquam sub mole faliscit.* Il ne rompt iamais sous la charge.

Le Palmier peut bien se courber sous le faix, mais non pas se rompre.

Marie de Medicis a bien pû estre touchée par les disgraces & les aduersitez, mais sa haute vertu l'en a tousiours releuez.

ARMAND, CARDINAL DVC DE RICHELIEV.

Trois Fleurs de Lys au naturel. *Sola mihi redolent.* Leur seule senteur m'est agreable.

Ce grand Cardinal auoit tant d'amour pour le seruice de son Maistre, & pour la gloire de l'Estat, qu'il ne pouuoit sentir d'autre parfums que celuy des Lys.

Vn Oeillet incarnat meslé de filets blancs. *Candorem purpura seruat.* La blancheur se conserue auec la Pourpre.

Le meslange de la blancheur auec l'incarnat réd cet Oeillet plus beau & plus rare.

La sincerité des intentions du Cardinal de Richelieu pour la gloire du Roy & la grandeur de l'Estat, a autant estably sa reputation que l'esclat qu'il tiroit de la pourpre Romaine.

Vn Aigle tenant vn Foudre. *Expertus fidelem Iupiter.* Iupiter l'a experimenté fidele.

Iupiter a confié son Foudre à l'Aigle, & luy a donné l'Empire sur le reste des oyseaux en recompense de sa fidelité.

Le Roy Louis XIII. a tant recognu de fidelité dans la personne du Cardinal de Richelieu, qu'il s'est deschargé dessus luy de ses plus importantes affaires, & luy a mis en main la recompense & les chastimens.

Vn Cadran exposé au Soleil. *Nec momentum sine linea.* Il n'est pas vn moment sans marquer sa ligne.

Le Soleil est dans vne perpetuelle action.

Le Cardinal de Richelieu trauailloit incessamment pour le seruice de son Maistre, & produisoit tousiours quelque chose d'vtile & de glorieux à l'Estat.

LOVYS LE IVSTE.

Le Soleil souz le signe de la Balance. *Sub iusto temperat orbem.* Sous le Iuste il tempere le monde.

L'Equinoxe d'Automne auquel le iour est égal à la nuict, par toute la terre se fait quand le Soleil est sous le signe des Balances.

Le Roy Louys XIII. qui est né sous ce signe en a retenu les vertus, car il a esté le plus Pieux & le plus Iuste de tous nos Roys.

Le Soleil sous la ligne entre le Scorpion & le Lion. *Nec me mó-stra morantur.* Les Monstres ne m'arrestent point.

Le Soleil continuë son chemin sans qu'il soit arresté par les Monstres du Zodiaque.

Le Roy Louys le Iuste a tousiours poursuiui la pointe de ses victoires, sans que les Monstres l'heresie & de la rebellió l'en ayent pû diuertir.

Vn Esperuier. *Aquilis generosior ales.* Cet oyseau est plus genereux que l'Aigle.

L'Esperuier est le plus courageux de tous les oyseaux, puis qu'il ose attaquer l'Aigle.

Cet inuincible Monarque peut a bon droit iestre appelié le Roy de tous les autres Roys, puis qu'il a reprimé le vol audacieux de l'Aigle de l'Empire qui viuoit de rapines, & qu'aucun autre Potentat n'a iamais pû surmonter.

Vne Massuë d'Hercule. *Et Gallis suus Alcides.* Les François ont aussi leur Alcide.

Les Grecs ont voulu emporter la gloire dessus toutes les Natiós à cause qu'Hercule estoit originaire de leur pays.

Les François peuuent s'en preualoir à meilleurs tiltres, puis qu'effectiuement nostre glorieux Monarque a vaincu tous les Monstres que les fables ont faussement fait surmonter à Hercule.

LA REYNE ANNE D'AVSTRICHE.

Vne Hermine. *Intaminatis fulget honoribus.* Elle brille d'vn honneur sans tache.

L'Hermine ayme mieux mourir que de soüiller sa blancheur.

La Reyne conseruera tousiours l'esclat de ses vertus sans les ternir de la moindre tâche.

Vn Daulphin à l'entour d'vne Ancre. *Ad spem spes addita Gallis.* Vne esperance nouuelle est adjoustee à l'espoir des François.

L'Ancre qui est le symbole de l'esperance, estant iettee en mer nous fournit de quoy esperer de nouueau quand vn Daulphin s'y attache.

La Reyne Regente qui a tousiours esté l'esperance des François, nous en a produit vne nouuelle, en nous donnant vn Daulphin qui est le Roy Louys XIIII. à present regnant, que Dieu veuille combler de bon-heur & de felicitez.

Vne Estoille. *Cœlo hæret, terris lucet.* Elle est attachée au Ciel, mais elle esclaire la terre.

Les Estoilles qui sont attachees au Firmament, influent icy bas la benignité de leurs vertus, en nous esclairant de leur lumiere.

La Reyne Anne d'Austriche est attachee au Ciel par sa pieté, mais elle esclaire icy bas par sa vertu, & par son exemple.

Vn Oliuier esmondé. *Quondam rescisa virescet.* Il est couppé pour mieux recroistre.

L'Oliuier pousse de plus longues branches, & en plus grande quantité apres qu'il a esté taillé.

Il ne faut pas s'estonner de la rupture de la paix, puis que ce n'a esté que pour l'auoir plus glorieuse pour le Roy & plus ferme pour l'Estat.

GASTON DE FRANCE, DVC D'ORLEANS.

VNe Colombe ayant vn rameau d'Oliue à son bec. *Veniens fert omina pacis.* Par son retour elle fait esperer la paix.

La Colombe qui retourna dans l'Arche de Noé, apporta à son bec vne branche d'Oliuier, comme symbole de la reconciliation de Dieu & des hommes.

Le retour de son Altesse Royalle en France, nous donnoit vn agreable esperance de la paix.

Le Belier des anciens. *Hostiles diruit arces.* Il renuerse les forteresses ennemies.

Anciennement il estoit presque impossible de pouuoir sapper les murailles d'vne ville, sans l'assistance des Beliers.

Nous eussions esté reduits à la mesme extremité dans la prise de Grauelines sans les efforts incroyables de nostre incomparable Duc.

Le Sceptre. *Sustentat brachia Regis.* Il soustient les bras du Roy.

Le Sceptre est la marque de l'authorité Roayle.

Le Duc d'Orleans a maintenu l'authorité du Roy contre ceux qui vouloient y faire atteinte.

Vn Croissant. *Fraterna luce corruscet.* Il brille par la lumiere de son frere.

Le Croissant emprunte la lumiere du Soleil.

Nostre braue Gaston peut se tenir glorieux d'auoir esté frere du plus puissant Monarque de l'Europe.

EXTRAICT DV PRIVILEGE DV ROY.

PAr grace & Priuilege du Roy donné à Paris le 20. Decembre 1649. Signé, Par le Roy en son Conseil, BERAVD, & scellé du grand sceau de cire jaune, il est permis à ZACARIE HEINCE, & FRANÇOIS BIGNON Peintres & Graueurs ordinaires de sa Majesté, de peindre & grauer en taille douce tous les Portraits, Eloges, Batailles, Armes & Deuises des Hommes Illustres cy-deuant peints dans la Gallerie du Palais Royal, imprimer ou faire imprimer leurs vies en abbregé, & iceux vendre ou faire vendre & debiter par tous les lieux & endroits du Royaume durant l'espace de dix ans, à compter du iour & datte dudit Priuilege, auec deffences à toutes personnes de quelque qualité & condition qu'elles soient de contre-faire lesdits Portraits, Eloges, Batailles, Armes & Deuises des Hommes Illustres, tant en bois, eau forte, taille douce, qu'en quelque sorte & maniere que ce soit, imprimer ou faire imprimer leurs vies, n'y iceux vendre & distribuer, soit qu'ils fussent faicte dans ce Royaume, ou apportez par estrangers, à peine contre les contreuenans de trois mil liures d'amende, confiscation des exemplaires, & de tous despens, dommages & interests, ainsi qu'il est plus amplement porté par ledit Priuilege.